Baedeker
Allianz Reiseführer

Stuttgart

VERLAG KARL BAEDEKER

Die wichtigsten Sehenswürdigkeiten

**** Top-Sehenswürdigkeiten – auf keinen Fall versäumen!**

Blumenmarkt im Renaissanceambiente auf dem Schillerplatz
▶ S. 149

* Herausragende Sehenswürdigkeiten – möglichst besuchen!

Aussichtsturm auf dem Killesberg ▶ S. 112

Schloss Rosenstein beherbergt das Naturkundemuseum ▶ S. 156

Inhalt

Natur, Kultur, Geschichte

Seite 10 – 45

Das Stuttgarter Ballett hat Weltrang ▶ S. 41

Sehenswürdigkeiten von A bis Z

Seite 46 – 189

Beliebtes Ausflugsziel: der Bärensee ▶ S. 65

Galatea-Brunnen am Eugensplatz ▶ S. 84

Einkaufsbummel in der Markthalle ▶ S. 136

Erholung im Schlossgarten ▶ S. 151

Dickhäuterliebe in der Wilhelma ▶ S. 188

Pause beim Wilhelma-Besuch ▶ S. 184

Praktische Informationen von A bis Z

Seite 190 – 242

Gemütlicher Laden im Bohnenviertel ▶ S. 198

Kinder in der Staatsgalerie ▶ S. 210

Wahrzeichen der Innenstadt: Stiftskirche und Merkursäule ▶ S. 1

Schwabens

Häberle und Pfleiderer

Urbild der Schwaben?

Stuttgart sei der Name, den die Schwaben dem Paradies auf Erden gegeben haben – so schrieb 1519 Ulrich von Hutten. Das klingt heute zwar übertrieben, doch auch voreingenommene Besucher der baden-württembergischen Landeshauptstadt, für die Stuttgart bisher nur als Wirtschaftsstandort oder gar als Muster an Provinzialität gegolten hat, müssen zugeben, dass die Lage der “Großstadt zwischen Wald und Reben”, wie es einst in einem Werbeslogan hieß, ganz besonders schön ist: ringsum Wälder, in einem Tal gelegen mit Gärten, Parks und Weinbergen bis hinunter in die Stadt.

Nein, Stuttgart ist nicht die Kapitale eines Musterländles, in dem allein Schaffen und Sparen gilt. Die Schwabenmetropole bietet – laut Focus-Umfrage im Jahr 2000 – höchste Lebensqualität und vielfältigste Erlebnisse. Kunstinteressierte zieht es in die Museen und Galerien, ganz besonders in die Staatsgalerie, postmodernes Meisterwerk von James Stirling, mit einer der größten Picasso-Sammlungen der Welt. Ballett, Musical, Varieté, Kabarett, Pantomime – alles da, und manches international gerühmt.

Cannstatter Volksfest

Fest der Schwaben aus aller Welt

Wilhelma

Das Schmuckstück ist Deutschlands einziger zoologisch-botanischer Garten

Paradies

Eine gute Gelegenheit, Stuttgart kennen zu lernen, ist der Besuch eines seiner Feste. Das bekannteste ist das Cannstatter Volksfest im September, Deutschlands zweitgrößtes Fest, mit über 150-jähriger Tradition. Im übrigen Jahreslauf ist für jeden etwas dabei: das stilvolle Sommerfest oder das eher rustikale Weindorf im Herbst mit württembergischen Weinen und schwäbischen Spezialitäten. Und in der Adventszeit folgt der Weihnachtsmarkt, einer der größten und schönsten in Europa. Freizeitspaß und Erholung gibt es nicht zu knapp, sogar auf ganz besondere Weise – in der Wilhelma, Deutschlands einzigem zoologisch-botanischen Garten oder in den Mineralbädern, gespeist aus dem größten Mineralwasservorkommen Westeuropas. Zudem hat sich Stuttgart mit hochkarätigen Veranstaltungen einen Namen als Sportstadt gemacht und ist tatsächlich zum "Partner der Welt" geworden.

So hat sich einiges getan, seit Karl Baedeker 1846 urteilte: "Stuttgart hat wenig sogenannte Sehenswürdigkeiten", doch seinen weiteren Ausführungen kann man noch immer zustimmen: "Die Lage der Stadt aber und ihre Umgebungen sind so reizend, dass einige Tage hier genussreich zugebracht werden können."

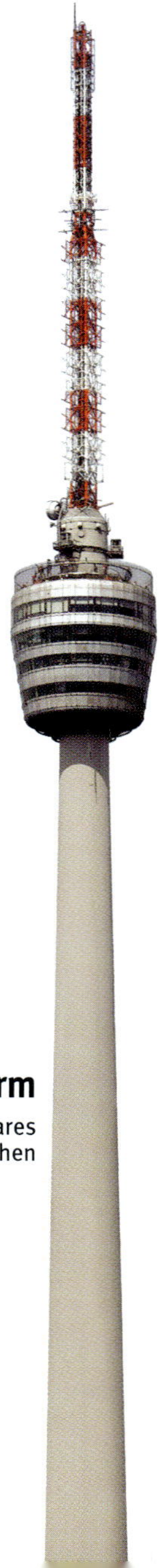

Fernsehturm

Weithin sichtbares Wahrzeichen

Staatsgalerie

Anziehungspunkt für Kunst- und Architekturliebhaber

Württemberg

Einst Stammburg – heute Grabkapelle

Natur, Kultur, Geschichte

Zahlen und Fakten

Allgemeines

Landeshauptstadt

Stuttgart ist die Hauptstadt des Bundeslands Baden-Württemberg und des Regierungsbezirks Stuttgart, Sitz des Regionalverbands Stuttgart (Mittlerer Neckar) und des Stadtkreises Stuttgart. Mit mehr als 2,5 Mio. Einwohnern und etwa einem Drittel aller Arbeitsplätze in Baden-Württemberg ist die Region Stuttgart das wirtschaftliche Schwergewicht im deutschen Südwesten.

Lage

Die Stadt liegt in einem nahezu geschlossenen Talkessel. Einst floss der Nesenbach durch das Tal, heute ist er zum größten Teil unter die Erde verlegt und im Stadtbild nicht mehr wahrzunehmen. Der höchste Geländepunkt des Stadtgebiets ist mit 549 m ü.d.M. die Bernhartshöhe nahe der Autobahnkreuzung Stuttgart-Vaihingen, der tiefste Punkt liegt mit 207 m ü.d.M. beim Neckarwehr in Hofen. Das Stadtgebiet umfasst eine Fläche von 20 731 ha. Davon sind nur etwa 43% überbaut, d.h. mehr als die Hälfte der Fläche wird von öffentlichen Anlagen, von Wald, Wiesen, Äckern und – eine Reminiszenz des historischen Haupterwerbs – immerhin noch 2% Rebland eingenommen.

Stuttgart

Landeshauptstadt von Baden-Württemberg

Lage: 48°46' nördl. Breite und 9°10' östl. Länge

Fläche: 20731 ha

Einwohnerzahl: 589 927

◂ **Oase der Ruhe: der Maurische Garten in der Wilhelma**

Stadtbild

Stuttgarts Kessellage zwischen steil ansteigenden, bewaldeten Höhen und der Öffnung nach Osten zum Neckar hin ist einzigartig. Vom Zentrum im Talkessel wuchs die Stadt erst im 20. Jh. an den steilen Hängen empor. Die großenteils eingemeindeten Vorstädte liegen auf der umgebenden Hochfläche und im Neckartal. Weinberge in bester Aussichtslage ziehen sich noch heute bis in die Innenstadt hinein, Parkanlagen und Waldstücke sind von jedem Ort der Stadt aus in Kürze zu Fuß zu erreichen.
Typisch für Stuttgart und seine Kessellage sind die Treppen oder Steilwege, die im gesamten Stadtbereich zu finden sind und als Staffeln oder Stäffele (▶ Baedeker Special S. 85) sogar Eingang in die Schriftsprache gefunden haben. Wo die steile Topografie Straßen oftmals zu langen Kehren und Serpentinen zwang, dienen sie noch heute als autofreie Direktverbindung zwischen Tal und Anhöhen und stammen fast alle aus der Zeit, als die Hänge noch Weinberge oder Gärten waren.

Die Kessellage ist für Stuttgart charakteristisch.

Natur- und Landschaftsschutz

Etliche Flächen des Stadtgebietes stehen unter Naturschutz. Besonders schön ist der Eichenhain in Sillenbuch mit seinen jahrhundertealten Eichen oder das älteste Naturschutzgebiet der Stadt, der Rot- und Schwarzwildpark beim Bärensee.

Klima

Die vielen Grünflächen wirken sich positiv auf das Klima in der Stadt aus, die umgebenden Höhen schützen sie vor kalten Winden. Kennzeichnend für Stuttgart sind vergleichsweise warme Sommer und ziemlich milde Winter, das Frühjahr tritt zeitig ein, der Herbst bleibt lange warm. Im Talkessel kann die Sommerhitze allerdings unangenehm drückend werden, Smog ist ein jährlich wiederkehrendes Problem und wer kann, verzieht sich in klimatisch günstigere Höhenlagen.

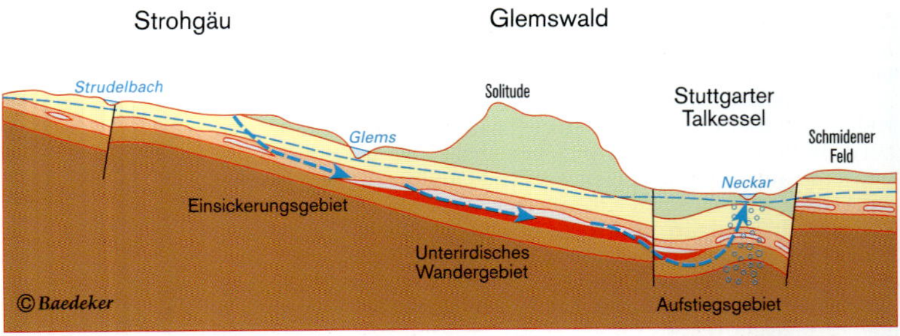

Überhöhte Darstellung nach W. Carlé

Geologisches Profil

Allgemeines (Fortsetzung) Mineralwasservorkommen

Das nach Budapest größte Mineralwasservorkommen Europas tritt im Stuttgarter Talkessel und im Neckartal bei Bad Cannstatt zutage. Aus 19 Bohrbrunnen und etlichen wilden Austritten quellen etwa 300 l Wasser pro Sekunde. Der Einzugsbereich der Stuttgarter bzw. Cannstatter Mineralquellen ist das verkarstete Muschelkalkgebiet des Strohgäus westlich von Stuttgart. Das Wasser versickert dort und nimmt auf seinem Weg nach Stuttgart Mineralien der Muschelschicht sowie Kohlensäure auf (▶ Baedeker Special S. 58).

Baedeker TIPP Kosten kostet nix

Emsige Schwaben füllen die lokalen Heilwasserspezialitäten an öffentlichen Mineralbrunnen gleich kistenweise ab. Für eine Kostprobe sei der Lautenschlägerbrunnen vor dem Cannstatter Kurbad empfohlen. Wer dann tatsächlich weitertrinken möchte: Etliche Brunnen verschiedener Geschmacksrichtung stehen über Cannstatt verstreut zur Auswahl, z. B. der Auquellbrunnen an der Neckartalstraße, das Kellerbrünnele in der Kellerbrunnengasse oder der Polizeibrunnen in der Lammgasse.

Bevölkerung und Verwaltung

Bevölkerungsentwicklung

Stuttgart ist nach Frankfurt am Main und München die drittgrößte Stadt im Süden Deutschlands. Im Jahr 2001 lebten hier 589 927 Menschen, das waren etwa 6 % der Einwohner des Landes Baden-Württemberg.

1871 zählte Stuttgart noch keine 100 000 Einwohner. Seither ist die Bevölkerung der Landeshauptstadt, trotz vieler Opfer in den beiden Weltkriegen, auf das mehr als Sechsfache angewachsen. In den 1950er-Jahren kamen Flüchtlinge und Vertriebene in die Stadt, dann setzte der Zustrom von Gastarbeitern ein. So hatte Stuttgart 1962 mit 643 734 die höchste Einwohnerzahl. Doch seither kehrten viele Einwohner, unter ihnen besonders junge Familien, dem eigentlichen Stadtgebiet den Rücken. Teure Lebenshaltungskosten und ein eklatanter Mangel an familienfreundlichem und bezahlbarem Wohnraum ließ sie in attraktivere Wohngebiete des ländlich geprägten Umlandes abwandern. Erstmals in den Jahren 2000 und 2001 konnte wieder eine leichte Zunahme der Einwohnerzahlen registriert werden, da die relativ günstige Arbeitsmarktlage in Stuttgart für eine vermehrte Zuwanderung aus den neuen Bundesländern sorgte. Die ehemaligen Stuttgarter Einwohner haben jedoch zum überwiegenden Teil ihren Arbeitsplatz weiterhin innerhalb der Stadtgrenzen, mit der Folge, dass sich morgens und abends rund 200 000 Pendler durch die wenigen Ein- und Ausfallachsen des Stadtkessels quälen müssen.

Bevölkerungsentwicklung (Fortsetzung)

Ausländer stellen fast ein Viertel der Stuttgarter Stadtbevölkerung.

Ausländische Mitbürger

Nach Frankfurt am Main hat Stuttgart – man sollte es kaum glauben – mit knapp 23% den zweithöchsten Ausländeranteil aller bundesdeutschen Großstädte. Von den Ende 2001 hier lebenden rund 134 000 Einwohnern mit ausländischem Pass stellen die Türken die größte Gruppe, gefolgt von Griechen, Italienern, Kroaten und anderen Volksgruppen aus dem ehemaligen Jugoslawien.

Religion

Die Mehrheit der Stadtbevölkerung ist traditionell evangelisch (derzeit 33 %). Etwa 27 % der Stuttgarter bekennen sich zum katholischen Glauben, fast jeder zweite gehört einer anderen religiösen Gemeinschaft oder gibt an, wie häufig in Großstädten, konfessionslos zu sein.

Stadtgebiet

Verwaltung

Stadtbezirke

Das Stadtgebiet ist verwaltungstechnisch in 23 Bezirke gegliedert. Fünf davon liegen im inneren Stadtgebiet: S-Mitte, S-West, S-Nord, S-Ost und S-Süd, die übrigen Stadtbezirke bilden einen weiten Ring um den Kessel.

Stadtverwaltung

Oberster Leiter der Stadtverwaltung ist der von der Bevölkerung für eine Amtsperiode von acht Jahren gewählte Oberbürgermeister. Seine sieben Beigeordneten führen Amtsbezeichnungen wie "Baubürgermeister", "Sozialbürgermeister" etc. und sind für einzelne Geschäftsbereiche verantwortlich. Der Gemeinderat besteht aus dem Oberbürgermeister als Vorsitzenden und 60 von der Bevölkerung auf fünf Jahre gewählten ehrenamtlichen Stadträten. In den 23 Stadtbezirken gibt es je einen Bezirksbeirat, der jedoch lediglich beratende Funktion hat.

Partnerstädte

Stuttgart pflegt Städtepartnerschaften mit St. Helens (England), Cardiff (Wales), St. Louis (USA), Strasbourg (Frankreich), Mumbai / Bombay (Indien), Menzel-Bourguiba (Tunesien), Kairo (Ägypten), Lodz (Polen), Brünn (Tschechien) und Samara (Russland).

Zentrum von Wissenschaft und Forschung

Stuttgart ist, besonders auf den Gebieten der Technik, ein anerkanntes Zentrum für Forschung und Lehre. Zwei renommierte Universitäten, das Stuttgart Institute of Management and Technology SIMT, mehrere Akademien und Fachhochschulen, etliche außeruniversitäre Forschungseinrichtungen wie die Deutsche Forschungsanstalt für Luft- und Raumfahrttechnik sowie mehrere Fraunhofer- und Max-Planck-Institute haben hier ihren Sitz.
Zukunftstechnologien wie Computer Integrated Manufacturing (CIM), Gentechnologie, Biotechnik, Mikroelektronik, Laseranwendung, alternative Energiegewinnung, Verkehrsleittechnik, Umweltsanierung und Entsorgung sind bevorzugte Forschungsgebiete in Stuttgart.

Universität Stuttgart

An der Universität Stuttgart können alle Bereiche der Ingenieur-, Natur-, Geistes- und Sozialwissenschaften belegt werden. Mit rund 18 000 Studenten umfasst die Universität 150 Institute in 10 Fakultäten. Die Universität unterhält einen zentrumsnahen Standort am Stadtgarten sowie das Universitätszentrum Pfaffenwald in Vaihingen. Auf dem dortigen Campus entstanden die naturwissenschaftlich-technisch ausgerichteten Zweige der Universität, u. a. Institutsgebäude für Statik und Dynamik der Luft- und Raumfahrt, Aero- und Gasdynamik, Thermodynamik, Kernenergetik und Plasmaforschung, Elektrotechnik, Physik, Chemie, Bauingenieurwesen, Bioverfahrenstechnik und das Labor für Bildschirmtechnik sowie die Informatik. Von besonderem architektonischem Interesse sind das Institut für leichte Flächentragwerke und das Hysolar-Gebäude der Universität Stuttgart.

Universität Hohenheim

Rund 5000 Studenten sind an der Universität ▶ Hohenheim für natur-, agrar-, wirtschafts- und sozialwissenschaftliche Studiengänge immatrikuliert. Zudem gibt es Aufbaustudiengänge für Journalistik und Pflanzenmedizin. Vorläufer der Universität Hohenheim war die 1818 im Schloss eingerichtete landwirtschaftliche Lehranstalt.

Weitere Hochschulen

Stuttgart gehört zu den hochschulreichsten Städten Deutschlands. Neben den Universitäten befinden sich hier noch die Staatliche Hochschule für Musik und Darstellende Kunst, hervorgegangen aus einer 1857 gegründeten privaten, später staatlichen Musikschule, die Staatliche Akademie der Bildenden Künste (1829 gegründet), die Fachhochschulen für Technik, Öffentliche Verwaltung, Druck und Bibliothekswesen sowie die Berufsakademie und das Seminar des Bundes der Freien Waldorfschulen.

Institute

Von den mehr als drei Dutzend Instituten der Fraunhofer-Gesellschaft, der größten deutschen Forschungsgesellschaft im Bereich der angewandten Forschung, befinden sich sechs auf dem Universitätsgelände in Stuttgart-Vaihingen. Zwei von 65 Max-Planck-Instituten sind in Stuttgart angesiedelt: das Institut für Festkörperforschung und das Institut für Metallforschung. Die Stuttgarter Abteilung der Deutschen Forschungsanstalt für Luft- und Raumfahrttechnik arbeitet hier eng mit der Industrie zusammen und testet in Heilbronn Raumfahrtantriebe für das europäische Träger-

Bildung und Wissenschaft (Fortsetzung)

raketenprogramm. Des Weiteren haben auch das Institut für Bildungsplanung und Studieninformation und das Institut für Psychotherapie und Tiefenpsychologie ihren Sitz in Stuttgart. Jüngste "Kinder" im Reigen hochkarätiger Institute sind das Stuttgart Institute of Management and Technology (SIMT) und das Sony Advanced Technology Center.

Wirtschaft und Verkehr

Wirtschaftliche Entwicklung

Die einst in einem abgelegenen Talkessel eher zufällig entstandene Stadt konnte sich aufgrund ihrer wachsenden Bedeutung als Herzogs- und später Königssitz im 18. Jh. zum geschäftigen Handelsplatz entwickeln. Mit Macht setzte im 19. Jh. die Industrialisierung ein. Männer wie Gottlieb Daimler und Robert Bosch (▶ Berühmte Persönlichkeiten) haben den Grundstein für die Entwicklung zur Industriemetropole gelegt. Ihre Hauptstadtfunktion, eine ideenreiche, oftmals von protestantisch-pietistischen Wertmaßstäben geprägte Handwerker- und Arbeiterschaft, in großer Zahl aus ärmeren ländlichen Regionen hereinströmende Arbeitssuchende und nicht zuletzt ihre heutige Bedeutung als Verkehrsknotenpunkt haben Stuttgarts Entwicklung zum unangefochtenen Zentrum des gesamten Mittleren Neckarraums begünstigt.

Beschäftigte

In Stuttgart waren im Jahre 2000 rund 3,5 Mio. Menschen sozialversicherungspflichtig beschäftigt, davon fast die Hälfte im Dienstleistungsbereich, mehr als ein Drittel im produzierenden Gewerbe. In den 1990er-Jahren war es zu einem spürbaren Verlust an Arbeitsplätzen gekommen, allein im verarbeitenden Gewerbe gingen fast 25% der Stellen verloren. Doch der Arbeitsmarkt erholte sich: Die Arbeitslosenrate der Stadt im Jahr 2002 lag – nach zweistelligen Zahlen im Jahre 1997 – bei nur noch gut 5%.

Export

Im Export steht die Region Stuttgart im bundesdeutschen Vergleich an erster Stelle. Die schwäbischen Exportschlager sind natürlich Fahrzeuge und Maschinen sowie die Produkte der Elektro- und Elektronikindustrie.

Industrie

Die Fahrzeugindustrie gibt den Ton der Stuttgarter Wirtschaft an. Mit den weltbekannten Autoschmieden DaimlerChrysler und Porsche sowie ihren Zulieferern (u. a. Behr, Mahle) sind die Geschicke der Stadt eng mit dem Wohl und Wehe der Autokonjunktur verknüpft. Zweites Standbein sind Elektrotechnik und Elektronik (u. a. Bosch, IBM, Alcatel SEL, Siemens), gefolgt vom Maschinen- und Präzisionsinstrumentenbau. Größter Arbeitgeber ist DaimlerChrysler mit rund 40 000 Beschäftigten in der Region, auf Platz zwei steht die Robert Bosch GmbH mit knapp 10 000 Beschäftigten.

Geld und Versicherungen

Die Stadt der Wirtschaft ist auch eine Stadt des Geldes: Die in Stuttgart ansässige Landesbank Baden-Württemberg, die 1998 aus der Fusion von Landesgirokasse und Landeskreditbank hervorging, gehört zu den größten Geldinstituten Deutschlands. Stuttgart ist fer-

DaimlerChrysler-Firmenzentrale: Der Weltkonzern ist eines der ▶ bekanntesten Symbole erfolgreichen schwäbischen Unternehmertums.

Gescheite Leute

Baden-Württemberg ist arm, sehr arm sogar. Auch Stuttgart ist arm, immer schon gewesen. Das Ländle ist arm an Rohstoffen: kein Erz und keine Steinkohle – Produkte, die andere Industrieregionen geprägt und groß gemacht haben. Die Region Stuttgart hat dafür aber gescheite Leute.

Die Tüftler haben dem Land im Südwesten seinen Wohlstand beschert. Nirgendwo sonst haben Menschen so viele pfiffige Ideen – ein cleveres Völkchen. Pro 100 000 Einwohner werden in Baden-Württemberg alljährlich 120 Patente angemeldet, in Stuttgart allein sind es mehr als 140 – ein Rekord, nicht nur in Deutschland, sondern in ganz Europa. Der Schnitt im Bundesgebiet beläuft sich gerade mal auf 64 Patentanmeldungen. Die Tüftler sitzen übrigens nicht nur in den hier angesiedelten Konzernen, sondern auch in den vielen kleinen und mittelständischen Betrieben.
Gibt es also einen Zusammenhang zwischen Ideenreichtum und Rohstoffarmut? Man kann es vermuten, aber nicht beweisen.

Stern und Rössle

Wer mit der Bahn kommt, sieht gleich, wem Stuttgart seinen Wohlstand zum großen Teil zu verdanken hat: dem Stern. Hoch oben auf dem Bahnhofsturm dreht er sich. Der Mercedes-Stern des Daimler-Chrysler-Konzerns ist zu einer Art Wahrzeichen der Stadt geworden. Gottfried Daimler, begnadeter Ingenieur und talentierter Unternehmer, hat den Grundstein für den mit Abstand größten deutschen Konzern gelegt. Wilhelm Maybach stand ihm dabei zur Seite. Beinahe wäre der Name dieses "Königs der Konstrukteure" in Vergessenheit geraten, doch die neue Luxuslimousine des Weltkonzerns hat ihn zurück in die Erinnerung gebracht. Auch Ferdinand Porsche war einmal "beim Daimler". Er konstruierte nicht nur Autos, er fuhr auch Rennen – und machte sich, mit dem Stuttgarter Rössle als Firmenwappen, selbstständig. Gemessen an anderen ist das Unternehmen zwar klein, doch es gilt als die weltweit profitabelste Autoschmiede. Und es sieht sich auf gewisse Art immer noch als Tüftler-Werkstatt.

Der rote Bosch

Keine Frage, Stuttgart ist eine Autostadt. Um die prominenten Adressen DaimlerChrysler und Porsche haben sich eine Vielzahl bedeutsamer, nicht minder traditionsreicher Zulieferer versammelt: Kühler kommen von Behr, Kolben von Mahle, Katalysatoren von Eberspächer. Die unbestrittene Nummer Eins ist zweifellos Bosch. Robert Bosch hat sich aber nicht nur als Erfinder einen Namen gemacht. Der "rote Bosch" genoss bei den Beschäftigten auch wegen seiner sozialen Einstellung Ansehen, zahlte er doch die höchsten Löhne und führte den Achtstundentag ein. Der Spruch "Halt dei Gosch, I schaff beim Bosch", von einem Bosch-Arbeiter einem Gewerkschafter entgegen geschleudert, soll allerdings keine umfassende Gültigkeit mehr besitzen.

Partner der Welt

Aber in Stuttgart werden nicht nur Autos produziert. Auch Maschinenbau, Informations- und Kommunikationstechnik sind stark. Alcatel SEL

"Beim Daimler"

etwa. Vor allem der sprichwörtlichen Tüftler wegen soll das Unternehmen, heute zum französischen Alcatel-Konzern gehörend, nach dem Zweiten Weltkrieg nach Stuttgart gekommen sein. Ursprünglich hieß es Standard Elektrik Lorenz, kurz SEL, und diese drei Buchstaben gehören heute noch wie selbstverständlich zum Wortschatz der Mitarbeiter. Auch SEL hat Tradition: Es waren Lorenz-Richtfunkgeräte, die die Krönung von Königin Elisabeth II. von England vor 50 Jahren auf die heimischen Bildschirme übertragen haben. Heute geht es natürlich um neue Technologien wie Digitaltechnik oder Mobilfunk. Der schwäbische Schaffensdrang hat auch US-Konzerne in die Region gezogen: Hewlett-Packard zum Beispiel. Bill Hewlett – einer der Firmengründer – soll die Entscheidung persönlich getroffen haben. "Bill, was wollen Sie denn bei den Schwaben, die können doch nichts außer schaffen" – dieser Satz eines darob enttäuschten Münchners hat sich als Eigentor erwiesen.

Ruhe und Kraft

Eher zufällig hat dagegen IBM nach Stuttgart gefunden, doch hat die Tochter des weltgrößten Computerkonzerns, einer der großen Arbeitgeber in der Region, eine schwäbische Tugend bestens verinnerlicht: Schaffen, ohne groß darüber zu reden. Genauso ruhig ist es um einen anderen Koloss: Holtzbrinck, einer der ganz großen deutschen Medienkonzerne. Das Imperium, zu dem der Berliner "Tagesspiegel" oder "Die Zeit" gehören, ist weitgehend im Verborgenen gewachsen. Auch die anderen Verlage hier wie Klett, Thieme oder Mairs Geographischer Verlag mit Baedeker, Falk und Marco Polo arbeiten eher weniger im Rampenlicht.

Das leidige Image

Stuttgart ist eine High-tech-Metropole. Zwar mag die Bedeutung der Informations- und Kommunikationsindustrie geringer sein als anderswo, doch neueste Technologie und Elektronik – vieles ausgetüftelt im Universitätszentrum Pfaffenwald – stecken in den hier produzierten Maschinen, Anlagen und Autos.
Stuttgart braucht sich also hinter Berlin, Hamburg oder München nicht zu verstecken. Und doch, die Landeshauptstadt hat ein Imageproblem. Vor allem Mittelständler merken, wie schwer es ist, Spitzenkräfte in die Landeshauptstadt zu locken. Manchem fehlen Glanz und Glamour, vielleicht auch der gewisse Hauch von Luxus, obwohl er z. B. in einem Porsche unverkennbar steckt. Die Stadt wirkt nach außen eher bodenständig. Dazu tragen wohl auch manche zurückhaltend auftretende Spitzenmanager bei, die man sich nur schwerlich in der – vielleicht gar nicht so nötigen? – Schickeria vorstellen kann. Aber wer genauer hingeschaut und Stuttgart kennen gelernt hat, weiß, wie sehr der Ruf einer Stadt täuschen kann.

Solide Gründer

Schwäbische Tüftler fühlen sich in der eigenen Region besonders wohl. Doch den rechten Mut für den Sprung in die Selbstständigkeit scheinen sie nicht zu haben. Zumindest gemessen an der Zahl der Existenzgründungen haben andere Regionen die Nase vorn. Doch Vorsicht vor voreiligen Schlüssen: Zwar verzeichnet die Region weniger Neugründungen, aber es gibt auch weniger Pleiten junger Unternehmen. Unterm Strich steht das Musterländle also auch bei Existenzgründungen mindestens gleich gut da wie andere Wirtschaftszentren.

Geld und Versicherungen (Fortsetzung)

ner Sitz der genossenschaftlichen Zentralbank der württembergischen Volks- und Raiffeisenbanken sowie der Landesbank Baden-Württemberg. Alle wichtigen nationalen sowie einige internationale Großbanken unterhalten in Stuttgart Hauptstellen.
Auch namhaften Versicherungen gefällt die Schwabenhauptstadt: Allianz Leben, Allianz Vesicherung, Sparkassenversicherung, Allgemeine Rentenanstalt und der Württembergische Gemeindeversicherungsverein sind bekannte Institutionen.
Und wo Geld ist, gibt es auch eine Börse. Sie residiert in der Schlossstraße und nimmt heute unter den acht deutschen Wertpapierbörsen nach Frankfurt den zweiten Platz ein.

Dienstleistungen

Die Erschütterungen im verarbeitenden Gewerbe haben dem Dienstleistungsbereich in Stuttgart einen enormen Zuwachs beschert: Die Zahl der Beschäftigten im Sozial-, Erziehungs- und Kulturbereich sowie im Gesundheitswesen ist seit 1980 um ca. 60% angewachsen.

Buch- und Verlagsstadt

Stuttgart ist ein erfolgreicher Verlagsstandort. Unter 130 Medienhäusern und Verlagen im Zentrum und 250 in der Region sind am bekanntesten die Namen Holtzbrinck, Klett, Motor-Presse und Mairs Geographischer Verlag. Mit den "Stuttgarter Buchwochen", die jedes Jahr im November / Dezember im Haus der Wirtschaft veranstaltet werden, verfügt Stuttgart über die zweitgrößte Bücherschau Deutschlands. In Fachkreisen bedeutend ist die "Stuttgarter Antiquariatsmesse", die jeden Januar im Kunstgebäude am Schlossplatz stattfindet.

Medienstadt

Die Region Stuttgart versteht sich mit mehreren Rundfunk- und Fernsehsendern, der Filmhochschule Baden Württemberg in Ludwigsburg und einer Vielzahl branchennaher Unternehmen als zukunftsorientierter Medienstandort.

Tourismus

Die Stadt und das Umland freuen sich über ständig wachsende Besucherzahlen. Der plötzliche Stuttgart-Boom begann mit der Eröffnung der Musicaltheater, doch auch Attraktionen wie das Varieté im Friedrichsbau und publikumswirksame Veranstaltungen wie Fischmarkt, Cannstatter Wasen, Weindorf und Weihnachtsmarkt beleben das Geschäft.

Messen

Die Messe Stuttgart verkauft sich als "Messezentrum für Wachstumsbranchen". Veranstaltungen wie die "CMT" (Caravan, Motor, Touristik) im Frühjahr, die "Intergastra" (Fachausstellung für das Hotel- und Gaststättengewerbe), die herbstliche Verbrauchermesse "HAFA" und die erst 2001 hinzugekommene "Retro-Classics" erweisen sich als wahre Publikumsmagneten. Aufgrund der beengten Räumlichkeiten auf dem ▶ Killesberg ist eine Verlegung der Messe Stuttgart auf die Fildern beim Flughafen vorgesehen.

Land- und Forstwirtschaft

Zwar sinkt ihre Bedeutung seit Jahren kontinuierlich, dennoch ist die Land- und Forstwirtschaft aus dem Stadtbild noch nicht verschwunden. Immerhin ist Stuttgart mit nicht weniger als 320 Weinbaubetrieben auf rund 400 ha Land noch heute eine der größten Weinbaugemeinden Deutschlands.

Ein Wald aus stählernen Bäumen trägt das Dach des zentralen Flughafen-Terminals.

Großmarkt

Doch auch im "Ländle" lebt man nicht nur von Wasser und Wein: Der Großmarkt Stuttgart im Stadtbezirk Wangen versorgt rund 4 Mio. Menschen im Mittleren Neckarraum und in den angrenzenden Gebieten mit Erzeugnissen aus Landwirtschaft, Obst- und Gartenbau.

Hafen

Und wie kommen die Rohstoffe zum Produzenten? Auf dem Neckarhafen wurden im Jahr 2000 mehr als 3 Mio. Tonnen Güter umgeschlagen, vor allem Baustoffe, Eisen, Stahl, Schrott, Kohle, Getreide, Futtermittel, Ölsaaten sowie petrochemische Produkte.

Flughafen

Die schnelle Anbindung zur Welt schafft der Flughafen auf den Fildern bei Echterdingen. In den 1990er-Jahren wurde er erweitert und befindet sich immer noch in stetem Ausbau. 2001 wurden rund 8 Mio. Passagiere abgefertigt. Täglich starten und landen etwa 400 Flugzeuge. Der Flughafen ist inzwischen zum größten Arbeitgeber auf den Fildern avanciert.

Stadtgeschichte

"Stutengarten"

Der Name der Stadt Stuttgart leitet sich von einem Gestüt ab (Stutkarten oder Stuotgarten), das der Herzog Luidolf von Schwaben um 950 n. Chr. auf dem Gebiet um die heutige Stiftskirche anlegen ließ, und das später zur Keimzelle der Stadt wurde. Noch heute erinnert das Stadtwappen (schwarzes Ross auf gelbem Grund) an den Ursprung der Stadt. Von Natur aus ohne günstige Verkehrslage, verdankt Stuttgart seine Entwicklung der Anziehungskraft des Sitzes der Grafen und späteren Herzöge von Württemberg. Diese hatten, auf ihrem Stammsitz Wirtemberg bedrängt, den Talkessel für die Errichtung einer Wasserburg gewählt und dort die neue Residenz aufgebaut. Der nächstgelegene wichtige Verkehrschnittpunkt war Cannstatt, nördlich außerhalb des Talkessels, hier hatten schon in vorgeschichtlicher Zeit Siedlungen bestanden und die Römer unterhielten hier ein großes Kastell.

Stuttgart als Grafensitz (1160 – 1495)

Ursprung

Urkundlich wurde der Weiler Stutkarten erstmals um 1160 durch die Erwähnung eines Hugo de Stutkarten; um 1220 erhielt der Ort die Stadtrechte. Neben einer von Ulrich I., dem "Stifter" (1241 bis 1265) errichteten Wasserburg und einer Filiale der Martinskirche auf der Altenburg entwickelte es sich zu einer Stadt, die als Marktort für die fruchtbare Filderebene von Bedeutung war und lange Zeit den Charakter eines Weingärtnerstädtchens hatte. Mittelpunkt war schon damals der heutige Marktplatz. Die Stadtbefestigung verlief vom Alten Schloss entlang der oberen Königstraße (früher "Großer Graben") sowie der Eberhardstraße ("Kleiner Graben") und hatte drei Tore: im Osten das Esslinger Tor, im Westen das Obere Tor und im Norden das Tunzhofer Tor. Auf den bewaldeten Hängen standen damals wehrhafte Burgen; Namen wie z. B. "Weißenburg", heute ein Parkgelände oberhalb der Neuen Weinsteige, erinnern noch entfernt daran.

Entwicklung der Stadt

Während der Regierungszeit Graf Eberhards I., des "Erlauchten" (1279 – 1325) wurde die Stadt 1286 durch Kaiser Rudolf von einer Wagenburg aus belagert (noch heute gibt es die "Wagenburgstraße") und zur Schleifung der Mauern gezwungen.
Im 1310 bis 1313 geführten Reichskrieg gegen Graf Eberhard unterlag der Württemberger, und Stuttgart fiel an die Reichsstadt Esslingen. Nachdem die staufertreuen Esslinger 1311 die Stammburg Württemberg und die Grabstätte in Beutelsbach im Remstal zer-

stört hatten, verlegte Eberhard 1321 seinen Sitz und das Beutelsbacher Chorherrenstift mit der gräflichen Grabstätte nach Stuttgart. Von hier aus waren die Besitzungen der Grafen in Urach und Nürtingen bequem zu erreichen, denn man war nicht auf den gefährlichen Weg durch das Neckartal angewiesen, der von den Esslingern leicht versperrt werden konnte. Die alte Kreuzkirche wurde zur "Stiftskirche" erhoben; sie wurde zur offiziellen Grablege der Württemberger und erhielt zu diesem Zweck eine Gruft und einen hohen Chor.

Entwicklung der Stadt (Fortsetzung)

Als Sitz der Württemberger entwickelte sich die Stadt nun rasch, wuchs über den zuvor genannten Mauerring hinaus und zählte um das Jahr 1400 bereits 4000 Einwohner. Um die St. Leonhardskapelle entstand Mitte des 14. Jh.s die Leonhards- und Esslinger Vorstadt. Unter Graf Ludwig I. (1426 – 1450) wurde Württemberg 1442 in eine obere und eine untere Hälfte geteilt. Im oberen (südwestlichen) Teil des Landes regierte Ludwig (Sitz in Urach) und nach seinem Tode sein Sohn Eberhard im Bart. Den unteren (nordöstlichen) Teil mit der Residenz Stuttgart erhielt Ludwigs Bruder Graf Ulrich V., der "Vielgeliebte" (gest. 1480). Unter ihm wuchs die Hauptstadt: Er ließ im Nordwesten auf dem Turnieracker nach dem regelmäßigen Grundriss der italienischen Renaissancestädte die "Obere Vorstadt" anlegen, die als eine damals bevorzugte Wohngegend auch die "Reiche Vorstadt" genannt wurde. In ihrer Mitte errichtete Ulrichs Hofbaumeister Aberlin Jörg (1447 - 1492), der zuvor das neue Langhaus der Stiftskirche und 1463 bis 1474 die St. Leonhardskirche erbaut hatte, das Dominikanerkloster mit der spätgotischen Kirche (Hospitalkirche; 1471 – 1493). Unter Ludwigs I. Sohn Eberhard im Bart (1459 – 1496) wurden 1482 im Vertrag von Münsingen beide Landesteile wieder vereinigt.

Stadtgeschichte

Hauptstadt des Herzogtums (1495 – 1805)

Eberhard im Bart

Kaiser Maximilian erhob 1495 Württemberg zum Herzogtum. Eberhard im Bart vollendete die Bauten Ulrichs, und in der folgenden Zeit entstand eine neue äußere Mauer um das vergrößerte Stadtgebiet, welche die zuvor genannten Vorstädte einbezog. An diese Ummauerung erinnern noch der Rest des Schellenturms und ein kleiner Teilabschnitt nahe der Marienpassage. Unter der Regierung des jähzornigen Herzogs Ulrich (1498 – 1550), der 1519 durch den Schwäbischen Bund vorübergehend vertrieben wurde, kam die Stadt bis 1534 unter österreichische Herrschaft. 1534 kehrte Ulrich nach seinem Sieg bei Lauffen wieder zurück und führte durch den Marburger Eberhard Schnepf und den Konstanzer Ambrosius Blarer die Reformation ein.

Bauernkrieg und Reformation

Auch um Stuttgart erhob sich, wie überall in Süd- und Mitteldeutschland, die Landbevölkerung im Zuge des Bauernkrieges 1525 / 1526. Der Aufstand des schon 1514 gegen Herzog Ulrich gebildeten württembergischen Bauernbundes "Armer Konrad" wurde 1525 in der Schlacht bei Böblingen blutig niedergeschlagen.

Ulrichs Sohn Herzog Christoph (1550 – 1568) ließ durch Aberlin Tretsch 1553 bis 1578 die mittelalterliche Wasserburg in das heutige Alte Schloss umbauen, das mit seinem berühmten Arkadenhof als Meisterstück der Renaissance-Baukunst angesehen wird. Er voll-

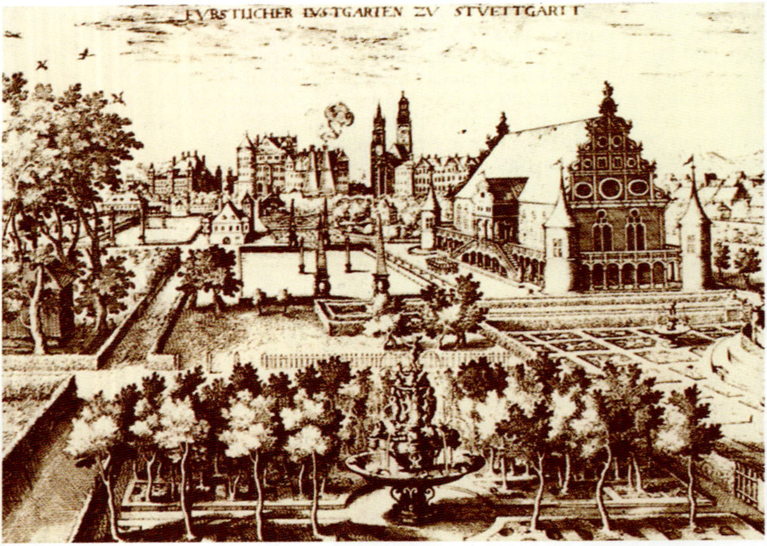

Der Lustgarten zu Stuttgart war eine weithin berühmte Prachtanlage (Stich von 1638 nach Matthäs Merian).

Bauernkrieg und Reformation (Fortsetzung)

endete auch die unter seinem Vater begonnene Reformation, veranlasste eine große Kirchenordnung durch den schwäbischen Reformator Johannes Brenz (1499 – 1570), den Schöpfer der altwürttembergischen Landeskirche, und legte den Grundstein zu dem vorbildlichen Schulwesen seines Landes. Stuttgart blühte auf, auch unter Christophs Sohn Herzog Ludwig (1568 – 1593), unter dem Jörg Beer das Lusthaus erbaute, eine der anmutigsten Schöpfungen der deutschen Renaissance. Ludwigs Nachfolger Herzog Friedrich I. (1593 – 1608), der in der württembergischen Besitzung Mömpelgard (Montbéliard) an der Pforte zu Burgund aufgewachsene Enkel Herzog Ulrichs, versuchte als Mann von Welt Gewerbe und Handel zu steigern und seine Residenz durch glänzende Bauten wie den Neuen Bau und den Prinzenbau Heinrich Schickhardts zu verschönern. Zu dieser Zeit hatte Stuttgart etwa 9000 Einwohner.

Unruhige Zeiten

Der Dreißigjährige Krieg schlug tiefe Wunden in die zur Zeit der Renaissance überaus prunkvolle und prosperierende Residenzstadt, die für ihre rauschenden Hoffeste und brillanten Künstler weithin berühmt war. An seinem Ende zählte die Stadt nur noch etwa 4500 Einwohner. Auch die Kriegszüge des französischen Königs Ludwig XIV. verwüsteten 1688 bis 1693 Württemberg.

Barocke Herrscher

Ein weiteres Debakel für die Stadt war der Entschluss Eberhard Ludwigs (1677 – 1733), den Hof 1717 in das von ihm gegründete Ludwigsburg zu verlegen. Im dortigen Schloss führte er ein verschwenderisches Hofleben nach französischem Vorbild und erklärte die neu geschaffene Stadt 1724 zur alleinigen Residenz. Sein Nachfolger

Carl Alexander (1733 – 1737) hielt sich wieder in Stuttgart auf, jedoch Herzog Carl Eugen (1737 – 1793) residierte von 1764 bis 1775 wiederum in Ludwigsburg, das er zu einem der glänzendsten Höfe Europas machte, obwohl als Preis für seine Rückkehr nach Stuttgart dort bereits 1746 das kolossale Neue Schloss begonnen worden war. Auf der Waldhöhe im Westen der Stadt errichtete er 1763 das Lustschloss Solitude, bei dem sich zunächst auch die von ihm gegründete Carlsschule befand. Auf der Filderhochebene unweit südlich von Stuttgart ließ der alternde Herzog schließlich noch 1785 Schloss Hohenheim erbauen. Die Carlsschule wurde bald in die Akademie hinter dem Neuen Schloss nach Stuttgart verlegt. Dort war Schiller bis 1780 Schüler und schrieb das Drama "Die Räuber", das ihn in Zwist mit der Obrigkeit brachte.

Carl Eugen

Königliche Residenzstadt (1806 – 1918)

Herzog Friedrich II. wurde 1803 durch den Reichsdeputationshauptschluss zum Kurfürsten und am 26. Dezember 1805 von Napoleon als Friedrich I. zum König erhoben, nachdem Württemberg im Dritten Koalitionskrieg auf Seiten Frankreichs gekämpft hatte. Stuttgart wurde Hauptstadt des von Napoleon auf die doppelte Größe erweiterten Königreichs Württemberg. Im Oktober 1813 sagte sich Friedrich von Napoleon los, 1815 trat er dem Deutschen Bund bei. Unter König Wilhelm I. (1816 – 1864) wurde Württemberg zur konstitutionellen Monarchie erklärt.

Hauptstadt des Königreichs Württemberg

Ein ungeheurer Aufschwung setzte ein, der zu einem raschen Anstieg der Einwohnerzahl (1852 schon 50 000) und zu zahlreichen, das Stadtbild teilweise bis heute prägenden Neubauten führte. Königstraße, Friedrichstraße, Schlossstraße und Neckarstraße entstanden, die Stadtmauern wurden größtenteils beseitigt, die Gräben aufgefüllt. 1824 bis 1829 baute sich der König am Ende des Unteren Schlossgartens einen Sommersitz: Schloss Rosenstein ist somit das einzige Schloss Stuttgarts, das nicht in irgendeiner Weise mit Carl Eugen zu tun hat. Unweit unterhalb davon gönnte er sich als exotisches Refugium die Wilhelma (1842 bis 1853), eine prachtvolle Oase im opulent maurischen Stil.

Baedeker TIPP Historische Stadtrundgänge

Wo lebte und wirkte Schiller? Wie lebten die Gräfinnen und Herzoginnen von Württemberg? Oder was trieb Casanova in der Stadt? Fragen wie diese beantworten die Stuttgart-Spezialisten von "Kultur und Wandern" auf Rundgängen zu speziellen Themen der Stuttgarter Geschichte. Information und Anmeldung: ☎ 6 15 98 18, www.kulturundwandern.de

Im Oktober 1845 fuhr die erste württembergische Eisenbahn von Cannstatt nach Esslingen und nach Fertigstellung des (alten) Stuttgarter Bahnhofs, des Rosenstein- und Pragtunnels und der Cannstatter Neckarbrücke wurde die Bahnstrecke 1846 bis Ludwigsburg verlängert. Nicht zuletzt diese verbesserte Infrastruktur förderte Stuttgarts stete Entwicklung zu einer bedeutenden Industriestadt. Am Schlossplatz entstanden Königsbau und Kronprinzenpalais, in der Neckarstraße die klassizistischen Bauten des Staatsarchivs und des Museums der Bildenden Künste (Alte Staatsgalerie), auf dem Hügel am Ende der Neckarstraße die Villa Berg. Auch unter König

Entwicklung zur Industriestadt

Das erste "Auto": die Daimler-Motorkutsche

Entwicklung zur Industriestadt (Fortsetzung)

Karl (1864 – 1891) fand die rege Bautätigkeit ihre Fortsetzung. 1868 führte die erste Pferde-Straßenbahn von Stuttgart nach Cannstatt. Im letzten Drittel des 19. Jh.s trat ein neuer Aufschwung ein, in dessen Folge Stuttgarts heutige Bedeutung als Großstadt begründet wurde. Die Verkehrs- und Wirtschaftspolitik des Staates verschaffte den Bewohnern Stuttgarts günstige Entfaltungsmöglichkeiten. 1885 fuhr das erste Automobil aus Gottlieb Daimlers Versuchswerkstätte in Cannstatt. Am Beginn des 20. Jh.s entstanden unter König Wilhelm II. (1891 – 1918; gest. 1921 in Bebenhausen) eine Reihe schöner Profanbauten, vor allem das Staatstheater (1907 – 1912) sowie das Kunstgebäude am Schlossplatz (1912 / 1913). Auch die Industrie war in stetigem Anwachsen. Um die Jahrhundertwende zählte die Stadt bereits 180 000 Einwohner.

Stuttgart als Landeshauptstadt (ab 1918)

Erster Weltkrieg

Im Ersten Weltkrieg fielen 9860 Stuttgarter Soldaten; die Stadt war wiederholt Fliegerangriffen ausgesetzt und erlitt Verluste an Menschen und Gebäuden. Am 29. November 1918 verzichtete König Wilhelm II. auf den Thron. Der Freistaat Württemberg wurde gegründet und erhielt am 25. November 1919 seine Verfassung. Stuttgart blieb Hauptstadt. Im Zuge des Kapp-Putsches flüchtete die Berliner Regierung samt Reichspräsident und Reichstag nach Stuttgart. Am wirtschaftlichen Aufschwung der folgenden Jahrzehnte nahm Stuttgart starken Anteil, und eine Reihe moderner Hochbauten gaben der inneren Stadt seither ein modernes Gepräge, darunter am markantesten der Hauptbahnhof von 1922. Bei den Bemühungen deutscher Großstädte, an ihren Rändern moderne Wohnsiedlungen zu schaffen, zeichnete sich Stuttgart durch den Bau der Weißenhofsiedlung aus. Die Einwohnerzahl war durch Eingemeindungen 1939 auf 450 000 angewachsen und kam 1943 der halben Million nahe.

Erster Weltkrieg (Fortsetzung)

Zweiter Weltkrieg

Im Zweiten Weltkrieg zerstörten Bombenangriffe drei Viertel der Innenstadt. Die meisten Bauten aus Stuttgarts Residenzzeit waren vernichtet oder stark beschädigt und ganze Stadtviertel und Vororte wie beispielsweise Bad Cannstatt, Feuerbach, Untertürkheim glichen einem Trümmermeer. Die Großangriffe vom 25. und 29. Juli 1944 waren die schwerwiegendsten Ereignisse in der Geschichte der Stadt. Im Ganzen wurde Stuttgart von 53 Luftangriffen heimgesucht, wobei 5000 Flugzeuge ca. 12 000 Spreng- und 300 000 Brandbomben abwarfen. Die Zahl der Toten betrug 4477, die der Verletzten 8908. Bei Kriegsende war die Einwohnerzahl auf 266 000 gesunken.

Stuttgart nach 1945

Am 21. April 1945 wurde Stuttgart von den Franzosen besetzt, am 8. Juli 1945 ging die Stadt an die Amerikaner über und wurde Sitz der Landesregierung von Württemberg-Baden. Nach der Volksabstimmung vom 15. Dezember 1951 wurde aus den Landesteilen in der amerikanischen und französischen Besatzungszone das Bundesland Baden-Württemberg mit Stuttgart als Hauptstadt gebildet. Am schnellen Wiederaufbau der Stadt und der raschen Wiedererlangung der wirtschaftlichen Bedeutung waren die beiden Oberbürgermeister Dr. Arnulf Klett (1945 – 1974) und Manfred Rommel (1974 – 1996) wesentlich beteiligt. Zu Beginn der 1950er-Jahre wurde – eingeleitet durch die Währungsreform – der wirtschaftliche Aufschwung immer stärker beschleunigt. Nicht nur einheimische Betriebe wuchsen, auch internationale Firmen zogen nach Stuttgart, da die Stadt die Industrieansiedlung förderte, indem sie Baugelände und gute Verkehrsverbindungen (Ausbau des Neckarhafens und der Flughafens) anbot.

Partner der Welt

In den letzten Jahren machte Stuttgart in verstärktem Maß als Stadt der Kultur (Ballett, Staatsgalerie) und der leichteren Muse (Musicals) von sich reden. Immer wieder gelang es ihr, bedeutende Großveranstaltungen auszurichten (Int. Gartenschau/Expo 1993, Leichtathletik-WM 1993, Evangelischer Kirchentag 1999). Am Beginn des 21. Jahrhunderts steht das Milliarden-Projekt “Stuttgart 21” im Blickpunkt, das den Umbau des Stuttgarter Hauptbahnhofs zu einem wichtigen Knotenpunkt im europäischen Verkehrsnetz vorsieht. Die große Troia-Ausstellung, die 2001 im LBBW-Forum am Hauptbahnhof stattfand, war ein viel beachteter Publikumserfolg. Mit der Eröffnung des Hauses der Geschichte des Landes Baden-Württemberg im September 2002 ist die “Kulturmeile” ihrer Vollendung um einen wichtigen Meilenstein näher gerückt, und mit der Bewerbung Stuttgarts für die Olympischen Spiele im Jahre 2012 demonstriert die Stadt den Willen, sich durch mutiges und in die Zukunft schauendes Engagement ihren Platz in der Weltöffentlichkeit zu sichern.

Berühmte Persönlichkeiten

Hans Bayer (Thaddäus Troll) (1914 – 1980) Schriftsteller

In Bad Cannstatt geboren, hat der Journalist und Schriftsteller den bildkräftigen Dialekt seiner Heimat in vielen seiner Bücher literaturfähig gemacht. Die "Schwaben-Bibeln" ("Deutschland, Deine Schwaben" und "Preisend mit viel schönen Reden") sind die berühmtesten Werke des treffsicheren Stilisten, weniger bekannt sind die Theaterkritiken und Feuilletons, die er unter seinem bürgerlichen Namen für zahlreiche deutsche Zeitungen verfasste. Wie sein großes literarisches Vorbild Kurt Tucholsky schied Troll freiwillig aus dem Leben.

Robert Bosch (1861 – 1942) Unternehmer

Der in Albeck bei Ulm geborene Elektrotechniker Robert Bosch gründete 1886 in Stuttgart eine Werkstatt für Feinmechanik und Elektrotechnik. 1902 wurde in seinem Haus die Hochspannungs-Magnetzündung entwickelt, durch die sein Unternehmen zu Weltruf gelangte. Es gehört heute zu den führenden Großunternehmen der Bundesrepublik Deutschland. Durch seine Beschäftigung mit sozialen und wirtschaftspolitischen Fragen (Einführung des 8-Stunden-Tages und des arbeitsfreien Samstags) war Robert Bosch ein bisweilen unbequemer Zeitgenosse. Seiner Initiative verdankt Stuttgart das nach ihm benannte Robert-Bosch-Krankenhaus, das als "Stuttgarter Homöopathisches Krankenhaus GmbH" geplant wurde. Die Gewinne, die das Unternehmen durch den Ersten Weltkrieg erzielte, steckte Bosch in den Bau des Neckarkanals. Die 1964 gegründete Robert-Bosch-Stiftung fördert insbesondere Aktivitäten in den Bereichen Gesundheitspflege, Völkerverständigung, Wohlfahrtspflege sowie Bildung und Erziehung.

Carl Eugen (1728 – 1793) Herzog von Württemberg

Herzog Carl Eugen, in Brüssel geboren, katholisch und am Hofe Friedrichs des Großen erzogen, regierte von 1744 bis zu seinem Tode. Als geistreicher, kunstbeflissener Herrscher gab er dem kulturellen Leben Württembergs wichtige Impulse. Er gründete die Landesbibliothek und installierte die Hohe Carlsschule, eine Bildungsstätte für die Elite des Landes, aus der Friedrich Schiller als berühmtester Schüler hervorgehen sollte. Unter der Regentschaft des umtriebigen Herrschers entstanden nicht nur das Neue Schloss in

Stuttgart, sondern auch Schloss Monrepos in Ludwigsburg, Schloss Solitude, Schloss Hohenheim und das Scharnhäuser Schloss. Seine zweite Gemahlin, Franziska von Hohenheim, hatte einen mäßigenden Einfluss auf sein heftiges Temperament.

Carl Eugen (Fortsetzung)

Der in Stuttgart geborene Freiherr war Inhaber der Tübinger Buchhandlung J. G. Cotta und wurde dank seiner persönlichen Beziehungen zu Schiller und Goethe der bedeutendste Verleger der zeitgenössischen deutschen Literatur. Er gründete die lange Zeit maßgebende "Allgemeine Zeitung". Seine Buchhandlung wurde 1889 vom Stuttgarter Verlagsbuchhändler Adolf von Kröner übernommen. Auch als Politiker machte Cotta von sich reden. Er war wesentlich am Zustandekommen der württembergischen Verfassung 1819 beteiligt und bekleidete 1826 bis 1830 das Amt des Vizepräsidenten des Landtags.

Johann Friedrich Freiherr Cotta von Cottendorf (1764 – 1832) Verleger

Gottlieb Daimler, in Schorndorf geboren, absolvierte das Stuttgarter Polytechnikum und entwickelte 1883 zusammen mit Wilhelm Maybach in seiner Cannstatter Versuchswerkstatt einen schnell laufenden Einzylinder-Viertakt-Verbrennungsmotor, der bis 1885 zum Fahrzeugmotor weiterentwickelt werden konnte. Einen seiner ersten Motoren passte Daimler 1885 in ein hölzernes Zweirad ein; auch ein Boot wurde mit dem neuen Motor angetrieben. 1886 baute er schließlich seinen ersten "Kraftwagen", eine motorisierte Kutsche. Im Jahre 1890 gründete er in Untertürkheim die Daimler-Motoren-Gesellschaft, die 1926 mit der Firma von Carl Benz zur Daimler-Benz Aktiengesellschaft fusionierte.

Gottlieb Daimler (1834 – 1900) Ingenieur

Josef Eberle, gebürtiger Rottenburger, hat sich unter dem Pseudonym Sebastian Blau einen Namen als schwäbischer Erzähler und Mundartlyriker gemacht. Der gelernte Buchhändler und Journalist war von 1927 bis 1933 beim Süddeutschen Rundfunk tätig. 1936 erhielt er Schreibverbot. Nach dem Krieg war er bis 1971 Herausgeber der "Stuttgarter Zeitung". Zu den bekannteren Werken Eberles, der auch als Freund lateinischer Poesie hervorgetreten ist, gehören: "Rottenburger Bilderbogen", "Lateinische Nächte" und "Hier irrte Goethe".

Josef Eberle (Sebastian Blau) (1901 – 1986) Schriftsteller

Der jung verstorbene Stuttgarter Dichter Wilhelm Hauff gehörte zum Kreis der Schwäbischen Romantiker um Uhland und Kerner. Bekannt wurde er durch seinen historischen Roman "Lichtenstein", seine Erzählung "Jud Süß" sowie seine Märchen "Kalif Storch", "Zwerg Nase", "Das Kalte Herz" und "Das Wirtshaus im Spessart".

Wilhelm Hauff (1802 – 1827) Dichter

Der Stuttgarter Georg Wilhelm Friedrich Hegel war Stiftler in Tübingen und widmete sich dort dem Studium der Theologie und Philosophie. Das Zimmer teilte er sich mit Hölderlin und Schelling – welch wahrhaft "geistreiche" Wohngemeinschaft! 1801 wurde Hegel Privatdozent in Jena. In dieser Zeit entstand seine "Phänomenologie des Geistes". 1816 nahm er eine Professur in Heidelberg an und wechselte 1818 nach Berlin, wo seine "Grundlinien der Philosophie des Rechts oder Naturrecht und Staatswissenschaft im Grundrisse" (1821) entstanden. Seine Vaterstadt stiftete anlässlich des 200. Geburtstages ihres berühmten Sprösslings den Hegel-Preis für herausragende geisteswissenschaftliche Arbeiten.

Georg Wilhelm Friedrich Hegel (1770 – 1831) Philosoph

Ida Kerkovius (1879 – 1970) Künstlerin

Die geborene Baltin kam 1908 als Meisterschülerin von Adolf Hoelzel nach Stuttgart. Ihr zwischen gegenständlich und abstrakt liegender persönlicher Stil entwickelte sich aus der Begegnung mit Paul Klee, Wassilij Kandinsky und Johannes Itten am Bauhaus in Weimar, wo sie ab 1920 einige Semester studierte. Bis zu ihrem Tode 1970 lebte sie in Stuttgart und zählt heute, mit ihren in leuchtenden Farben gemalten Landschaften, Stillleben, Blumenbildern sowie ihren gewebten Wandteppichen zu den bekannten deutschen Malerinnen des 20. Jahrhunderts.

Katharina (1788 – 1819) Königin von Württemberg

Katharina, geboren 1788 als Tochter des russischen Zarenpaares und Enkelin der berühmten Kaiserin Katharina der Großen, heiratete im Januar 1816 den württembergischen Kronprinzen. Im Sinn sozialer Verantwortung erzogen, regte sie in den nur drei Jahren, die sie vor ihrem frühen Tod in Stuttgart lebte, diverse Projekte an, um ihren Untertanen zu helfen. Viele ihrer Initiativen bestehen indirekt noch heute. So gründete sie eine landesweite Hilfsorganisation für die Armen, aus der später das Wohlfahrtswerk Baden-Württemberg werden sollte. Zur Finanzierung der 1818 gegründeten Württembergischen Spar-Casse (Vorgängerin der ehemaligen Landesgirokasse, heute LBBW) spendete das Königspaar 2000 Gulden aus seiner Privatschatulle. Auch das Königin-Katharina-Stift, das Katharinenhospital und selbst die Universität Hohenheim gehen auf Anregungen der Königin zurück. Völlig überraschend starb sie 1819 im Alter von 31 Jahren an den Folgen einer Gesichtsrose. Ihr Gemahl ließ ihr auf dem Württemberg eine ▶ Grabkapelle errichten.

Reinhold Maier (1889 – 1871) Politiker

Der in Schorndorf bei Stuttgart geborene liberale Politiker war vor der Hitlerzeit Vorsitzender der Deutschen Demokratischen Partei und Mitglied des württembergischen Landtags sowie von 1930 bis 1933 Wirtschaftsminister. Direkt nach dem Krieg wurde Reinhold Maier erster Ministerpräsident des Bundeslandes Württemberg-Baden, 1952 / 1953 des neu geschaffenen Landes Baden-Württemberg.

Eduard Mörike (1804 – 1875) Dichter

Der in Ludwigsburg geborene Eduard Mörike, Mitglied der Schwäbischen Schule und wohl bedeutendster Dichter der Spätromantik, war von 1851 bis 1866 Lehrer am Stuttgarter Katharineum. Dort verfasste er sein Märchen “Das Stuttgarter Hutzelmännlein”. Viele seiner lyrischen Gedichte wurden von namhaften Komponisten vertont. Etliche seiner Arbeiten sind im Schiller-Nationalmuseum in Marbach ausgestellt.

Willy Reichert (1896–1973), Oscar Heiler (1906–1995) alias "Häberle und Pfleiderer"

"So, so ..." "Ja, ja ..." – mit diesem tief schürfenden Dialog des Schwaben-Duos Häberle und Pfleiderer wurde die Befindlichkeit der Schwaben unsterblich auf den Punkt gebracht. Die beiden Figuren sind eine Erfindung des Schauspielers (und Stuttgarter Faschingsprinzen) Willy Reichert, der aus einer finanziellen Notlage heraus das Stück "Die Friedenskonferenz" des ungarisch-jüdischen Paares Hasek und Sajo ins Schwäbische übersetzte und damit fast wider Willen den unglaublichen Erfolg der beiden ungleichen Schwaben begründete. Reichert alias Pfleiderer, der Kleinere mit Melone, war der spießige, stets "bruddelnde" Materialist und skeptische Pragmatiker. Heiler alias Häberle, der Große mit dem weißen Strohhut, übernahm die Rolle des (letztendlich unterlegenen) Idealisten und Träumers – er hatte seinen Chef Reichert auch privat lebenslänglich zu siezen, wogegen dieser ihn immer duzte. Tourneen, später Rundfunk und Fernsehen verbreiteten ihren Ruf als immer noch legendäre Botschafter schwäbischer Wesensart.

Baedeker TIPP **So, so – ja, ja ...**

... das legendäre Gespräch der zwei Berufsschwaben Häberle & Pfleiderer ist Titel einer Audio-CD mit ihren berühmtesten Sketchen (Silberburg-Verlag Tübingen).

Ferdinand Porsche (1875 – 1951) Ingenieur

Der in Maffersdorf bei Reichenberg (Böhmen) geborene Ferdinand Porsche wurde 1923 technischer Leiter der Daimler-Benz AG in Untertürkheim. 1931 gründete er ein eigenes Büro, wo er 1934 den legendären Volkswagen konzipierte. Besonders nach dem Zweiten Weltkrieg entstanden in seinem Zuffenhausener Werk schnelle Sportwagen, die rasch in aller Welt bekannt geworden sind.

Friedrich von Schiller (1759 – 1805) Dichter

Friedrich von Schiller wurde in ▶ Marbach am Neckar geboren, wuchs teils in ▶ Ludwigsburg auf und besuchte die von Herzog Carl Eugen gegründete Hohe Carlsschule. Nach dem Studium der Rechtswissenschaften und Medizin wurde er im Alter von 21 Jahren Regimentsarzt in Stuttgart. Während seiner Akademiezeit beschäftigte er sich mit den Werken und den Gedanken Klopstocks, Rousseaus und Shakespeares. Seine Auseinandersetzung mit dem Konflikt Trieb – Geist – Natur – Freiheit schlug sich auch in dem 1781 im Selbstverlag erschienenen Werk "Die Räuber" nieder, nach dessen Uraufführung am Nationaltheater in Mannheim Schiller auf Geheiß Carl Eugens jede weitere poetische Betätigung verboten wurde. Er floh – ▶ Schubarts Schicksal vor Augen – 1782 mit dem Musiker Andreas Streicher aus Stuttgart nach Mannheim.

Oskar Schlemmer (1888 – 1943) Künstler	Der aus Stuttgart stammende Oskar Schlemmer war Hoelzel-Schüler an der hiesigen Akademie und vertrat als Maler bzw. bildender Künstler den Konstruktivismus. Berühmt geworden am Bauhaus in Weimar und Dessau, fiel Schlemmer 1933 der Verfemung zum Opfer und wurde aus dem Lehramt entlassen. Er starb vor Ende der Nazi-Dikatatur 1943. In der Staatsgalerie befindet sich ein Oskar-Schlemmer-Archiv.
Christian Friedrich Daniel Schubart (1739 – 1791) Musiker und Schriftsteller	Der in Obersontheim geborene Christian Friedrich Daniel Schubart war von 1769 bis 1773 Organist und Kapellmeister am Hof in Ludwigsburg. Als politischer Schriftsteller und Herausgeber der "Deutschen Chronik", mokierte er sich über den Hof, fiel in Ungnade und wurde vom württembergischen Herzog Carl Eugen von 1777 bis 1787 auf dem Hohenasperg eingekerkert. Nach seiner Begnadigung wurde er Theater- und Musikdirektor am Stuttgarter Hof, war jedoch für den Rest seines Lebens ein gebrochener Mann.
Gustav Schwab (1792 – 1850) Dichter	Gustav Schwab gehörte der Schwäbischen Schule an, dem Dichterkreis um die Romantiker Uhland und Kerner. Neben Liedern und Romanen gab er die "Schönsten Sagen des Klassischen Altertums" heraus. Zusammen mit Adalbert von Chamisso edierte er den "Deutschen Musenalmanach".
Rudolf Steiner (1861 – 1925) Begründer der Anthroposophie	Der Theosoph und Begründer der Anthroposophie Rudolf Steiner richtete 1919 auf Ersuchen des Leiters der Stuttgarter Waldorf-Astoria-Zigarettenfabrik an der Uhlandshöhe die erste Waldorfschule ein. Aus der Steinerschen freien Schule erwuchs wenig später eine rasch um sich greifende weltweite Waldorfschulbewegung, deren Zentrum auch heute noch Stuttgart ist.
Joseph Süß Oppenheimer (1692 – 1738) Finanzrat	Der gebürtige Heidelberger, Jud Süß genannt, erschloss seinem finanzschwachen Herzog Carl Alexander immer neue Geldquellen. Er wurde dafür zum Geheimen Finanz- und Staatsrat ernannt, aber unmittelbar nach dem Tode seines Herzogs auf Betreiben der Landstände unter dem Vorwurf Hochverrat und Betrug verhaftet. In einem Verfahren, dessen Urteil, wie die Akten später bewiesen, bereits von vorneherein fest stand wurde er zum Tode verurteilt und auf dem Pragsattel gehenkt. Seine Leiche wurde in einem eigens angefertigten Eisenkäfig noch Jahre nach seinem Tod an einem Gerüst zur Schau gestellt. Das Opfer eines antisemitischen Justizmordes wurde literarische Gestalt u.a. bei Wilhelm Hauff und Lion Feuchtwanger. Veit Harlan machte aus dem Stoff einen berüchtigten nationalsozialistischen Hetzfilm.
Ludwig Uhland (1787 – 1862) Dichter	Der Tübinger Dichter und Jurist war Mitbegründer der Schwäbischen Schule. Mehr als andere Romantiker setzte Uhland die nationalen und liberalen Ideen der Bewegung auch in praktische Politik um. 1831 wurde er Abgeordneter der Stadt Stuttgart im oppositionellen Landtag und 1848 Mitglied der Nationalversammlung in der Frankfurter Paulskirche, wo er für die großdeutsche Lösung eintrat. Bekannt wurde Uhland als Meister der Ballade und des Liedes. Seine Balladen greifen fast immer auf historische Stoffe zurück und viele seiner schlichten, volksnahen Lieder sind mit der Zeit zu echten Volksliedern geworden wie "Ich hatt' einen Kameraden" oder "der Wirtin Töchterlein".

Margarete von Wrangell gehörte 1904 zum ersten offiziellen Jahrgang für Studentinnen an der Universität Tübingen – der Beginn einer konsequent wissenschaftlichen Karriere: 1920 verfasste sie die erste Habilitation in der Geschichte der Landwirtschaftlichen Hochschule in Stuttgart-Hohenheim und wurde damit im Alter von 46 Jahren 1923 ordentliche Professorin am dort ansässigen Pflanzenernährungs-Institut. Von ihren Arbeiten erhoffte man sich, dass das Düngemittel Aereboe-Wrangell die Wirtschaft unabhängig von Auslandsphosphaten machen sollte. Sie verstarb mit 55 Jahren an einem Nierenleiden.

Margarete von Wrangell (1877-1932) Professorin

Die im sächsischen Wiederau als Clara Eißner geborene Politikerin schloss sich schon früh der Sozialdemokratie an. Nach einem Aufenthalt in Zürich ging sie nach Paris, wo sie mit dem russischen Revolutionär Ossip Zetkin zusammenlebte. 1891 kehrte sie nach Deutschland zurück und ließ sich in Stuttgart nieder, wo sie eine sozialistische Frauenzeitschrift herausgab. Ab 1903 wohnte sie mit ihrem Mann Friedrich Zundel in Sillenbuch in der Kirchheimer Straße 14. Dieses Haus wurde zum Treffpunkt von Revolutionären und Arbeiterführern und sah u.a. Lenin (1907) und Rosa Luxemburg als Besucher. Nach ihrem Bruch mit der Sozialdemokratie schloss sie sich 1919 der KPD an und wurde bald eines ihrer führenden Mitglieder. Seit 1920 saß sie für ihre Partei im Reichstag. Bei der konstituierenden Reichstagssitzung im November 1932 richtete sie als Alterspräsidentin einen ebenso eindringlichen wie vergeblichen Appell an KPD und SPD, sich zur antifaschistischen Einheitsfront zusammenzufinden. Clara Zetkin starb im Exil in Moskau, wo sie an der Kremlmauer bestattet wurde.

Clara Zetkin (1857-1933) Politikerin

Kunst und Kultur

Kulturelle Einrichtungen

Museen und Galerien

Das im In- und Ausland bekannteste Stuttgarter Museum ist die Staatsgalerie: Ihre Besucher schätzen ihre bedeutende Kunst- und Gemäldesammlung, die großen Sonderausstellungen, aber auch die Architektur des postmodernen Gebäudes von James Stirling. Neu hinzugekommen ist das architektonisch verschwisterte Haus der Geschichte Baden-Württembergs. Die Galerie der Stadt Stuttgart im Kunstgebäude am Schlossplatz ist für hervorragende Spezialsammlungen bekannt. In einem Neubau auf dem Kleinen Schlossplatz werden sie voraussichtlich ab 2004 noch umfassender präsentiert.
Zu den wichtigsten ihrer Art in Europa gehören die ethnografischen Sammlungen des Linden-Museums. Einblicke in die Entwicklung der Kultur im württembergischen Raum vermittelt das Württembergische Landesmuseum im Alten Schloss. Naturhistorische Raritäten beherbergt das Staatliche Museum für Naturkunde an gleich zwei verschiedenen Museumsstandorten.
Das Institut für Auslandsbeziehungen dient dem Kultur- und Informationsaustausch auf internationaler Ebene. Seine Galerie zeigt Ausstellungen mit Werken ausländischer Künstler, Fotografen und Architekten.

Städtische Kultureinrichtungen

Das Kulturzentrum "Treffpunkt Rotebühlplatz" vereint als "Stuttgarter Centre Pompidou" die Volkshochschule, die Musikschule und eine große Mediathek und dient als Forum für Konzerte, Vorträge, Tanz, Theater und Filmveranstaltungen. Die Filmszene mit Kommunalem Kino, Filmbüro Baden-Württemberg und dem Veranstalter des Stuttgarter Filmwinters "Wand 5" hat im Filmhaus in der Friedrichstraße ihr zentrales Domizil.

Bibliotheken

In Stuttgart existieren – mit Zweigstellen – etwa 100 Bibliotheken und Büchereien mit einem Gesamtbestand von etwa 6,5 Mio. Bänden und über 43 000 Zeitschriften. Die bedeutendsten sind die Württembergische Landesbibliothek, die Stadtbücherei mit ihren 17 Außenstellen, die Universitätsbibliotheken und die Bibliothek des Instituts für Auslandsbeziehungen

Kunstförderung

Im Bereich der Nachwuchsförderung müssen neben dem Schriftstellerhaus und dem Künstlerhaus das 2001 ins Leben gerufene Literaturhaus Stuttgart sowie die 1990 gegründete Akademie Schloss Solitude hervorgehoben werden. Letztere vergibt nach dem Vorbild der Villa Massimo in Rom Wohnstipendien an junge Künstler aus verschiedenen Sparten und versteht sich als internationale Arbeits- und Begegnungsstätte.

Folgende Kunstsparten sind auf der Solitude vertreten: Musik (Komponisten, Dirigenten, Instrumentalisten, Vokalsolisten), Bildende Kunst (Bildhauer, Maler, Installationskünstler u. a.), Literatur (Schriftsteller, Bühnenautoren, Essayisten, Übersetzer), Darstellende Kunst (Schauspieler, Regisseure, Dramaturgen, Bühnenbildner, Puppenspieler), Architektur, Design und Video / Film.

Kulturelle Einrichtungen (Fortsetzung)

Oper, Theater und Ballett

Staatstheater

Oper, Ballett und Schauspiel – drei Sparten sind unter dem Dach des Staatstheaters Stuttgart vereint. Für den hervorragenden Ruf dieser Bühne stehen ein internationales Solistenensemble, einer der weltbesten Opernchöre und das hervorragende Staatsorchester mit seiner über 400-jährigen Tradition.

Oper

Die Oper Stuttgart gehörte schon in früheren Jahrhunderten zu den besten deutschen Bühnen. Nach den Wirren des Zweiten Weltkriegs konnte recht bald ein qualifiziertes Ensemble aufgebaut werden, dessen Mitglieder bei den Bayreuther Festspielen und auch auf internationaler Ebene sehr gefragt waren. Der Wagnerenkel Wieland Wagner schuf in den 1950er-Jahren allein 17 Inszenierungen für Stuttgart und auch die nachfolgenden Intendanten bereicherten diesen "Stuttgarter Stil". Besonderes Augenmerk legt das Haus auf die Präsentation zeitgenössischer Werke: Hans Werner Henze, Krzysztof Penderecki, Philip Glass oder der Stuttgarter Helmut Lachenmann werden mit viel Erfolg aufgeführt. Unter dem Intendanten Klaus Zehelein wurde die Stuttgarter Oper seit 1998 insgesamt vier Mal zur "Oper des Jahres" gekürt.

Ballett

Weltberühmt wurde das Stuttgarter Staatstheater durch seine Ballett-Kompanie, die international mit Bezeichnungen wie "Ballett von Weltruf" oder "Ballettwunder" bedacht wurden, einer Entwicklung, die mit der Berufung John Crankos im Jahre 1961 ihren Anfang nahm (▶ Baedeker Special S. 40). Noch heute gehören Cranko-Ballette wie "Romeo und Julia", "Schwanensee", "Der Widerspenstigen Zähmung" zum Repertoire des Stuttgarter Balletts. Ab 1976 leitete die Primaballerina Marcia Haydée die Kompanie und setzte Crankos Werk fort. Im September 1996 trat der Kanadier Reid Anderson die Nachfolge Haydées an.

Schauspiel

Das Schauspiel wird von Kritikern zu den besten deutschen Bühnen gezählt. Unter seinem Intendanten Friedrich Schirmer konnte an den in den 1970er-Jahren mit Claus Peymann begründeten Ruf des Hauses als Bühne der Innovation mit anspruchsvollen und spektakulären Inszenierungen angeknüpft werden.

Weitere wichtige Theater

Der Aufführung deutscher Klassiker und aktueller Stücke europäischer und amerikanischer Autoren widmet sich das Alte Schauspielhaus. Außergewöhnlich ist seine Spielstätte: ein Jugendstiltheater mit 486 Plätzen. Unter der selben Intendanz steht die "Komödie im Marquardt" – hier gibt es echtes Boulevardtheater.
Im literarischen Kabarett im Renitenztheater starteten Talente wie der schwäbische Schnellsprecher Matthias Richling ihre Karriere.
Seit 1985 füllt das alternativ geprägte "Theaterhaus " eine Lücke im Kulturangebot. Seine neue Spielstätte erhielt es auf dem Pragsattel in der alten Rheinstahlhalle, einer maßgeschneidert umgebauten Gründerzeit-Fabrik.

Tanz der Spitzenklasse

Seit mehr als vierzig Jahren begeistert das Stuttgarter Ballett sein Publikum mit Spitzenleistungen. John Cranko legte seit 1961 als Direktor und Choreograf die Grundlagen für den beispiellosen Erfolg der Kompanie, die mit derzeit 70 Tänzerinnen und Tänzern vom klassischen Handlungsballett bis zum zeitgenössischen Tanztheater ein vielseitiges und hochkarätiges Repertoire präsentiert.

Obwohl längst im Ruhestand, sind die Tänzerinnen und Tänzer der ersten Stunde Marcia Haydée, Ray Barra, Birgit Keil, Richard Cragun, Egon Madsen, Vladmir Klos unvergessen in den Herzen des Stuttgarter Publikums. Blumenregen nach jeder Aufführung und eine Sitzplatz- Auslastung von 98% in den letzten Spielzeiten zeugen von der Verbundenheit der Stuttgarter. Heute geben junge Talente den Ton an, wechseln die Tänzerinnen und Tänzer der internationalen Kompanie häufiger als in der Verganenheit, bringen aber auch neue Ideen mit. Als erste Solisten haben in den letzten Jahren Bridget Breiner, Sue Jin Kang, Julia Krämer, Yseult Lendvai, Elena Tentschikowa, Tamas Detrich, Vladimir Malakhov, Robert Tewsley und Roland Vogel Glanzpunkte bei den Aufführungen gesetzt. Nicht zuletzt sind etliche frühere Kompaniemitglieder international geschätzte Choreografen und Ballettintendanten geworden, darunter John Neumeier, Jirí Kylián, William Forsythe, Uwe Scholz und Renato Zanella.

Aus der Geschichte

Die Begeisterung der Schwaben für den Tanz keimte in der Vergangenheit mehrfach auf, währte jedoch selten länger als ein paar Jahre. 1609 rief Herzog Johann Friedrich erstmals eine Tanzkompanie an seinem Hof ins Leben. Seit 1760 wirkte für sechs Jahre der bedeutende Ballettreformer Jean-Georges Noverre in der Stadt. In den 1840er-Jahren erkor die Familie Taglioni für vier Jahre die Hauptstadt des Königreichs Württemberg zu ihrer Ballettresidenz. Wenig Aufmerksamkeit dagegen erregte die Uraufführung von Oskar Schlemmers "Triadischem Ballett" 1922 in Stuttgart. Erst 1957, als Nicholas Beriozoff in die Landeshauptstadt kam und mit Klassiker-Produktionen wie "Dornröschen" und "Nussknacker" aufwartete, erlebte der Spitzentanz hierzulande eine Renaissance. Die 1958 von Fritz Höver gegründete Noverre-Gesellschaft zur Förderung des choreografischen Nachwuchses war dann eine wichtige Plattform für die weitere Entfaltung des "Ballettwunders" unter dem 1961 berufenen John Cranko, der vom Londoner Royal Ballett mit missionarischem Eifer nach Stuttgart kam.

Ära Cranko

Unter Crankos Leitung wurden Ballette geschaffen, die Publikum und Kritiker gleichermaßen von den Stühlen rissen. Neben abendfüllenden Handlungsballetten wie "Romeo und Julia", "Onegin" und "Der Widerspenstigen Zähmung" choreografierte Cranko auch Einakter wie "The Lady and the Fool", "Opus 1", "Prince of the Pagodas", die sowohl den Geschmack des traditionellen Opernhausabonnenten wie des aufgeschlossenen Jungpublikums trafen. John Cranko setze auf das schöpferi-

Von Publikum und Presse gefeiert: das Stuttgarter Ballett

sche Potenzial seiner Tänzer, die seine Ideen auf der Bühne getanzte Wirklichkeit werden ließen. Zur rechten Zeit am richtigen Ort, sorgte Cranko in einem Ballettentwicklungsland wie der jungen Bundesrepublik für Aufbruchstimmung und die Stuttgarter zogen mit. Als das Stuttgarter Ballett auf seiner ersten Amerikatournee 1969 gefeiert wurde wie kaum eine Ballettkompanie zuvor, hatte es fortan seinen Platz in der Oberliga der internationalen Ballettwelt. Cranko setzte sich für eine intensive Nachwuchsförderung ein und gründete dafür 1971 die John-Cranko-Ballettschule, die seitdem viele Begabungen professionell ausgebildet hat.

Bewahrung und Aufbruch

Der Tod Crankos 1973 war ein Schock, führte aber nicht zur Auflösung der Kompanie. Der Amerikaner Glen Tetley, von Cranko ein Jahr zuvor zum Haus-Choreografen berufen, stärkte den Teamgeist mit seiner vom Modern Dance kommenden experimentellen Bewegungssprache, bevor Crankos Muse Marcia Haydée, eine Primaballerina von außergewöhnlichem Format und Weltruf, die Leitung 1976 übernahm. Sie setzte sich für das künstlerische Erbe Crankos ein, brachte seine berühmten Handlungsballette immer wieder auf die Bühne und holte zahlreiche namhafte Choreografen nach Stuttgart, vor allem John Neumeier mit der legendären Tennessee-Williams-Ballettversion "Endstation Sehnsucht" oder Hans van Manen mit seinen sensiblen Einaktern. Als Marcia Haydée nach 20-jähriger Leitungstätigkeit ihren Abschied nahm, trat der Kanadier Reid Anderson 1996 ihre Nachfolge an. Er war selbst viele Jahre Tänzer im Stuttgarter Ballett, konnte mit einer technisch perfekten, hoch motivierten Kompanie und zusätzlichen jungen, äußerst talentierten Tänzern neue Wege gehen. Unter Andersons Intendanz wurden über 20 neue Stücke von den unterschiedlichsten Choreografen aufgeführt. Der wohl größte Gewinn für das Stuttgarter Ballett ist dabei der junge Haus-Choreograf Christian Spuck, einst Tänzer in der Kompanie, in dessen Werken wie "Carlotta's Portrait" und "Songs" Musik und Text eine fabulöse Verbindung eingehen.

Den Blick nach vorn

Intensität, Sinnlichkeit und intellektuelle Tiefe zeichnen alle Aufführungen des Stuttgarter Balletts aus, dargeboten von einer brillianten Tänzertruppe, die auch im Ausland, ob in Brasilien, Südostasien oder in New York, begeistert gefeiert wird. "John Cranko", sagt der derzeitige Ballettchef Reid Anderson,"hat vor vierzig Jahren einen Stein in einen See geworfen und den Welleneffekt spüren wir heute noch in der ganzen Welt." Mit dieser Tradition im Rücken lässt es sich hoch motiviert ins noch junge Millennium tanzen.

Varieté und Musical

Zu den neueren Stuttgarter Errungenschaften auf Theater-Ebene gehören das Friedrichsbau-Varieté (als Nachfolger des ehemaligen renommierten Friedrichsbau-Theaters von 1900 bis 1944) und die beiden Musical-Theater im SI-Center in Stuttgart-Möhringen.

Musik

Sinfonieorchester

Gleich drei große Sinfonieorchester hat Stuttgart zu bieten: Als Spitzenorchester der Stadt und des Landes gilt das Radio-Sinfonieorchester Stuttgart des Südwestrundfunks. Das Opernorchester des Staatstheaters erspielte sich drei Mal hintereinander den Titel "Opernorchester des Jahres". Die traditionsreichen Stuttgarter Philharmoniker bieten als drittes A-Orchester in Stuttgart neben Abonnement-Konzerten auch Jugend-, Kinder- und Familienkonzerte an.

Kammerorchester / Kammermusik

Eines der sehr bekannten europäischen Kammerorchester ist das 1945 unter Karl Münchinger gegründete Stuttgarter Kammerorchester. Seit 1995 steht es unter der Leitung von Dennis Russell Davies. Das in Stuttgart ansässige und an der Musikhochschule lehrende Melos-Quartett ist Streichquartettliebhabern auf der ganzen Welt ein Begriff, und das jüngere Arcata-Kammerorchester leistet hervorragende Arbeit im nicht subventionierten Musikbereich.

Chöre

Mit rund 150 Sängern im Alter von 8 bis 25 Jahren sind die Stuttgarter Hymnus-Chorknaben einer der angesehensten Knabenchöre Deutschlands. Von den zahlreichen Stuttgarter Chören genießen auch der Süddeutsche Madrigalchor, der Stuttgarter Oratorienchor, der Kammerchor Stuttgart und der Stuttgarter Liederkranz einen besonderen Ruf. Volkstümliche Unterhaltung bietet der Remstäler Gotthilf Fischer, dessen personengewaltige Chöre sich nicht nur aus sangesfreudigen Stuttgartern rekrutieren.

Internationale Bach-Akademie

Die Internationale Bach-Akademie gehört zu den wichtigsten Kulturbotschaftern der Stadt. Die beiden Ensembles "Gächinger Kantorei Stuttgart" und "Bach-Collegium Stuttgart" unter der Leitung von Prof. Helmuth Rilling feiern bei Gastspielen weltweit Erfolge. Im jährlichen Wechsel werden die Stuttgarter "Sommerakademie" und das "Europäische Musikfest" abgehalten, wo sich Meisterschüler, Dozenten, Musikwissenschaftler und Künstler treffen.

Barockmusik

Das "Musikpodium Stuttgart" ist mit seinem Leiter Frieder Bernius die Stuttgarter Adresse für Barockmusik. Sein Aushängeschild sind die "Internationalen Festtage für Alte Musik Stuttgart".

Neue Musik

Die Institution "Musik der Jahrhunderte" unter der künstlerischen Leitung Manfred Schreiers kümmert sich beispielhaft um die Aufführung zeitgenössischer Musik in Stuttgart. Das Festival "ECLAT-Neue Musik Stuttgart" ist der jährliche Höhepunkt ihrer Arbeit.

Jazz

Begründet wurde die heute lebhafte Stuttgarter Jazz-Szene durch das Erwin-Lehn-Orchester und durch die Konzertreihe "Treffpunkt Jazz" des Süddeutschen Rundfunks. International bekannt ist der Pianist und Mitbegründer des "United Jazz and Rock Ensemble" Wolfgang Dauner. Beliebt sind Open-Air-Veranstaltungen wie z. B.

im Kurpark Bad Cannstatt oder beim alljährlichen Open-Air-Jazz-Festival auf dem Killesberg. Ältester Jazztreff ist die Kneipe Roger's Kiste; in der "Röhre" bietet die IG Jazz ein Forum für den Modern Jazz. Europaweit beachtet werden die Jazz-Tage, die das Theaterhaus jedes Jahr zu Ostern organisiert, und das "Festival LBBW jazzopen" vereint jedes Jahr im Juli Jazzgrößen in der Liederhalle.

Musik (Fortsetzung)

Bekannte Bands und Interpreten wie Pur, Fools Garden, Dr. Mablues, Wolle Kriwanek Band oder Pe Werner haben Wurzeln oder Wohnsitz in der Stuttgarter Region.

Pop / Rock

Die Fantastischen Vier aus dem Stuttgarter Süden landeten mit "Die da" einen nationalen Hit und machten Stuttgart zur deutschen Hip-Hop-Hauptstadt. Die Hip-Hop-Open in Stuttgart sind mit zehntausenden Besuchern ein überregionaler Open-Air-Erfolg.

Hip-Hop

Architektur

Villenarchitektur

Bevorzugt in der Halbhöhenlage entstanden zwischen 1840 und 1880 repräsentative Wohnhäuser für die wohlhabende Oberschicht. Obwohl viele der Gebäude die letzten hundert Jahre nicht überdauerten, kann man in der Goethestraße, auf der Wagenburg, an den Hängen der Reinsburg, im Gebiet der Kriegsberg- und Jägerstraße sowie des Herdwegs noch dem Villen-Ambiente nachspüren. Einzelne bekannte Villen haben auch heute noch repräsentative Funktionen: Villa Reitzenstein (Richard-Wagner-Str. 15, Staatsministerium), Villa Bosch (Heidehofstr. 31, Sitz der Robert-Bosch-Stiftung), Villa Berg (Sickstr. 1, Südwestrundfunk), Villa Gemmingen (Mörikestr. 12, Landesdenkmalamt und Lapidarium) und Villa Bohnenberger (Olgastr. 9 – 11, Französisches Verbindungsamt).

Weißenhofsiedlung

Das Stuttgarter Mekka für Architekturfans liegt auf dem Killesberg, denn dort entwarfen national und international bekannte Architekten 1927 die ▶ Weißenhofsiedlung als Mustersiedlung für modernes Wohnen. Walter Gropius, Mies van der Rohe und Le Corbusier sind nur die berühmtesten der beteiligten Architekten, deren Wohnvorstellungen bis heute große Aktualität besitzen.

Fernsehturm

Mit der kühnen Idee des Ingenieurs Fritz Leonhard, den ▶ Fernsehturm nicht wie geplant als reinen Stahlgittermast, sondern in seiner heute sichtbaren Gestalt zu bauen, wurde 1956 in Stuttgart Architekturgeschichte geschrieben. Die schlanke Nadel mit dem Turmkorb ist ein ästhetisches und bautechnisches Meisterwerk und wurde weltweit häufig nachgeahmt.

Anthroposophische Architektur

Weitgehend unbekannt ist Stuttgart als ein Zentrum anthroposophischer Architektur. Unterhalb der ▶ Uhlandshöhe, wo 1919 die erste Waldorfschule von Rudolf Steiner gegründet wurde, befinden sich verschiedene interessante Gebäude auf dem Schulareal und dessen Umgebung wie das Rudolf-Steiner-Haus und das Eurythmeum. Kennzeichnend ist die Umsetzung der anthroposophischen Architekturvorstellung wie die Vermeidung des rechten Winkels, der als unorganisch gilt, beispielsweise in Form von bewegten Umrisslinien und angeschrägten Wandöffnungen.

Hend 'se scho' d'Kehrwoch' g'macht?

Begonnen hat alles im Jahre 1492, als Graf Eberhard im Bart in der Stadtordnung die Anfänge der Kehrwoche wie folgt befiehlt: "Damit die Stadt rein erhalten wird, soll jeder seinen Mist alle Woche hinausfahren".

Die Arbeitswoche ist überstanden und aller Orten freut sich die Menschheit auf ein paar Stunden der Muße, einen kleinen Einkaufsbummel oder eine erholsame Kurzreise. Nicht so die Schwaben: Bevor man vor den Augen des "Herrgöttles" – und der Nachbarn – die Schürze ablegen und die Hände zum Sonntagsgebet in den Schoß legen darf, hat Gott die schwäbische Kehrwoche gesetzt.

"Schaffa isch a G'schäft!"

Mit "Bäsa, Kuddrschauffl, Schrubbr ond Oimer" bewaffnet, gilt es, Haus, Hof und "sei' Sach'" dem wöchentlichen Großputz zu unterziehen. Die Nachbarin grüßt man mit: "So, au schaffa!" und auf die Frage "Wie geht's" lautet die richtige Antwort: "Emmer viel Gschäft". Landesfremde leisten bereits mit der Unterschrift unter den Mietvertrag oft unwissentlich einen heiligen Eid zur wöchentlichen Reinlichkeitsdemonstration, denn irgendwo im Kleingedruckten findet sich fast immer das Zauberwort: "Kehrwoche".

Tätigkeitskatalog

Mannigfaltig sind die Verrichtungen, die damit einhergehen und die von jeder "Partei" im wöchentlichen Rotationsverfahren erwartet werden. Das Kehren der "Straße, der Treppen, Zugänge und Einfahrten zur Haustüre" sowie winterlicher Streu- und Schneeschippdienst und das Reinigen von "Treppen und Treppenhausfenstern vom Keller bis zum Speicher" stellen den Grundkanon der geforderten Tätigkeiten dar. Doch auch das "Säubern der Knöpfe der Klingelanlage und der Haustüre einschließlich des Schlosses" kann im Katalog der notwendigen Verrichtungen enthalten sein. Sogar das feuchte Auswischen der "Kuttereimer" (Mülltonnen) wird mancherorts erbarmungslos eingefordert.

Bedeutender, wenn auch inoffizieller Bestandteil der Kehrwoche ist das Argusauge des "Kehrwochendrachens", der in Gestalt von Vermieter, Hausverwalter oder gar Mitbewohner(in) die ordentliche Ausführung der Kehrwoche aus versteckter Postion überwacht. Daher ist es weit verbreiteter Brauch, bei der Ausübung der wöchentlichen Putztätigkeiten laut mit den Gerätschaften zu klappern und an scharf riechenden Putzmitteln nicht zu sparen – um die Welt und die Mitbewohner von der treuen Pflichterfüllung nachhaltig in Kenntnis zu setzen.

Abschaffen? Nie!

Als 1988 der Stuttgarter Gemeinderat den entscheidenden Paragrafen der Stuttgarter Kehrwochen-Satzung strich, überflutete eine Woge vaterländischer Entrüstung die lokalen Medien. Und obwohl auch umliegende Gemeinden mit einer Lockerung der Kehrvorschriften nachzogen, pocht die Mehrheit der guten Schwaben weiterhin auf ihr samstägliches Ritual. Gesetz oder nicht: "D'Kehrwoch' wird älleweil g'macht!"

Wohnanlagen

Einige Wohnanlagen in Stuttgart galten zur Zeit ihrer Entstehung als hochmoderne Musterbeispiele und veranschaulichen rückblickend die jeweils gültigen ästhetischen und sozialplanerischen Vorstellungen. Den Anfang machte die Arbeiterkolonie Ostheim (1891 bis 1897), die 1960er-Jahre dokumentieren die Hochhausanlagen im Fasanenhof und im Asemwald ("Hannibal"); das Wohngebiet Neugereut mit Hoch- und Terrassenhäusern demonstriert die Vorstellungen modernen Wohnens ein Jahrzehnt später um 1970.

Postmoderne

Mit dem 1984 eröffneten Neubau der Staatsgalerie von James Stirling besitzt die Stadt Stuttgart ein weltweit beachtetes Meisterwerk der Postmoderne. Ergänzend hinzu kam zunächst das Gebäude der Staatlichen Hochschule für Musik und Bildende Kunst, und mit dem 2002 fertig gestellten Haus der Geschichte konnte der ausladende architektonische "Stirling-Komplex" schließlich einheitlich vollendet werden.

Blickfang am Charlottenplatz: Neubau der Allianz Versicherungs-AG

Zeitgenössische Architektur

Zu den architektonisch profiliertesten zeitgenössischen Bauten zählen das Löwentor-Center mit dem Bülow-Turm, das Allianz-Gebäude neben dem Wilhelmspalais, die L-Bank in der Theodor-Heuss-Straße mit dem Friedrichsbau, das "Haus der Dienstleistungen" der LBBW in der Fritz-Elsaß-Straße, der Aussichtsturm auf dem Killesberg sowie das Institut für leichte Flächentragwerke und das Hysolar-Gebäude der Universität Stuttgart.

Sehenswürdigkeiten von A bis Z

Stadtbesichtigung

Cityrundweg

Die Stadt Stuttgart hat einen Cityrundweg ausgeschildert, der die wichtigsten Sehenswürdigkeiten berührt. Quadratische gelbe Schilder mit dem Stuttgarter Rössle sowie einem schwarzen und einem weißen Pfeil weisen den Weg. Im nachfolgenden Innenstadtplan ist die Strecke markiert. Die **fett gedruckten Begriffe** beziehen sich auf die Hauptstellen im Abschnitt "Sehenswürdigkeiten von A bis Z".

Verlauf

Wählt man den ** **Hauptbahnhof** bzw. den Arnulf-Klett-Platz und den Hindenburgbau als Ausgangspunkt für eine Stadterkundung, so trifft man zunächst auf die **Königstraße**, die große Flanier- und Einkaufsmeile der Landeshauptstadt. Sie ist gesäumt von großen Kaufhäusern, Banken und kleineren Traditionsgeschäften und im Sommer von großen Platanen beschattet.
Auf halber Strecke mündet sie in den weiten und immer belebten * **Schlossplatz**, der vom Königsbau, Kleinen Schlossplatz, ** **Altem Schloss**, ***Neuem Schloss** und vom * **Kunstgebäude** – mit dem goldenen Hirsch auf der Kuppel – umrahmt wird. Kunstliebhaber nutzen bei einem Rundgang hier die Gelegenheit, die berühmten Bilder von Otto Dix in der Galerie der Stadt Stuttgart anzusehen.
Hinter dem Kunstgebäude erstreckt sich der * **Schlossgarten**, in dem der baden-württembergische **Landtag** sowie das Württembergische **Staatstheater** als markante Bauwerke hervorstechen. Ein Besuch im ** **Alten Schloss** ist lohnend, wer Zeit hat, besichtigt zumindest einen Teil der umfangreichen Sammlungen des Landesmuseums.
Die Westflanke des Alten Schlosses begrenzt das stimmungsvolle Renaissance-Ensemble ** **Schillerplatz** mit einem überlebensgroßen Standbild des Dichters. Ab hier bewegt man sich in dem Gebiet, das einst den ältesten Kern der Stadt bildete. Hinter dem spitzgiebligen Fruchtkasten ragen die Türme der geschichtsträchtigen ** **Stiftskirche** auf. Südlich gegenüber dem Alten Schloss lohnt ein Bummel durch die geschäftige ***Markthalle**, ein Bauzeugnis aus dem Jugendstil.
Vom Schillerplatz gelangt man durch die kurze Kirchstraße auf den **Marktplatz** mit dem **Rathaus** aus den 1950er-Jahren. Um den Platz herum gibt es zahllose Einzelhandelsgeschäfte und Kaufhäuser. Südlich vom Marktplatz passiert man entlang der Eberhardstra-

◂ **Am Schlossplatz, dem belebten Mittelpunkt der Stadt, gibt sich Stuttgart weltstädtisch, großzügig, geschichtsbewusst und modern.**

Eine Stadt zum Erwandern: Von keinem Punkt ist es weiter als 1,5 km zum nächsten Waldstück.

Cityrundweg (Fortsetzung)

ße – hier verlief einst die äußere Stadtgrenze – das Schwabenzentrum und trifft auf das * **Hegel-Haus**, das Geburtshaus des Philosophen. Weiter westlich begrenzt das markante 1920er-Hochhaus * **Tagblatt-Turm** den alten Stadtkern.

Südöstlich jenseits der Hauptstätter Straße lohnt das gemütliche **Bohnenviertel** mit dem Schellenturm, der Leonhardskirche, dem kleinen Spielzeugmuseum und zahllosen kleinen Läden, Galerien und Kneipen einen Besuch.

Ein Muss für jeden Stuttgart-Besucher ist die "Kulturmeile" zwischen Charlottenplatz und dem Inter-Continental-Hotel. Entlang der Konrad-Adenauer-Straße trifft man auf das **Wilhelmspalais** (Stadtbibliothek), die Landesbibliothek, den **Landtag**, das * **Staatstheater** und vor allem die ** **Staatsgalerie**, ergänzt durch den ebenfalls von James Stirling entworfenen Neubau des * **Hauses der Geschichte Baden-Württemberg**. Etwas abseits, im oberen Teil des Mittleren Schlossgartens, stehen das achteckige * **Carl-Zeiss-Planetarium** sowie der Landespavillon. Im Mittleren Schlossgarten (unterhalb des Planetariums) kommt man an den Ruinenresten des einst am Schlossplatz gelegenen Renaissance-Lusthauses vorbei. Wer gut zu Fuß ist, kann seinen Weg durch den Unteren Schlossgarten zum * **Schloss Rosenstein**, zur ** **Wilhelma** und nach * **Bad Cannstatt** fortsetzen.

Der * **Schlossgarten** mit dem Rosensteinpark (oberhalb von Schloss Rosenstein bzw. Wilhelma) wurde anlässlich der Internationalen Gartenschau Expo 1993 zusammen mit dem Leibfried'schen Garten, dem Gebiet Wartberg / Steinberg und dem Höhenpark Killesberg zum **"Grünen U"** verbunden.

Stuttgart
Innenstadt
200 m
© Baedeker
Azenbergstraße
Herdweg
Wiederholdstraße
Seestraße
Relenbergstraße
Smaragdweg
Saphirweg
Topasweg
Diamantenweg
Panoramastraße
Hölderlinstraße
Tiergartenweg
Krankenhaus
Kronenstraße
Jägerstraße
Goethestr.
straße
Katharinen-
hospital
Keplerstr.
Oberer Hoppenlauweg
Sattler-
Herdweg
Hegelstraße
Kriegsbergstraße
Kronen
Linden-
Museum
Lerchenstr.
Hoppenlaustr.
Hegelstraße
Hegel-
platz
Seidenstraße
straße
Universitäts-
bibliothek
Universität
Geschwist
Scholl-St
Keplerstraße
Kade-Weg
Stadtgarten
Rosenberg-
Hoppenlau-
Friedhof
Max-
J.-v.-Egle-Weg
Willi-
Holzgartenstraße
Friedrichsbau-
Varieté
St.-Fidelis-
Kirche
Gewerbe-
Schule
Alte
Reithalle
Fachhochschule
für Technik
Schellingstraße
Hubertstr.
Krankenhaus
Kultur- und
Kongresszentrum
Platz der
Deutschen
Einheit
straße
Kiene-
Bleicher-
Sozial-
Ministerium
Sporthalle
Seidenstraße
Bosch-
Areal
Landes-
vermessungsamt
Breitscheid-
Liederhalle
AOK
Schlossstraße
Haus der
Wirtschaft
Falkertschule
Breitscheidstraße
Berliner
Platz
straße
Str.
Gewerkschafts-
haus
Klein
Schloss
pla
Silcherstraße
Schlossstraße
Leuschnerstraße
Büchsenstraße
Heustr.
Ministerium für
Wirtschaft, Mittelsta
und Technologie
Schloss-
realschule
Gymnasiumstraße
Straße
Hospital-
platz
Kiene-
Schlossstraße
Fritz-
Elsas-
Straße
Lange
St.-Agnes-
Gymnasium
Hospital-
Kirche
Straße
Schloss-
realschule
Hohe
Firnhaberstraße
Str.
Silberburgstraße
Leuschnerstraße
Theodor-Heuss-
Calwer Straße
Straße
Feuerwehr
West
Weimarstr.
Hohe Straße
Max-Eyth-
Schule
Hospitalstraße
Gymnasiumstr.
Ministerium für
Wissenschaft
und Forschung
R.-Mayer-
Schule
Jobstweg
Treffpunkt
Rotebühlplatz
Lange Straße
Kronprinz
Königstraße
Oberfinanz-
direktion
Calwer Straße
Ludwigstraße
Rotebühl-
bau
Rotebühl-
platz
Alte Poststr.
Neue Brücke
Schmale
Weimarstr.
Gutenbergstraße
Herzogstraße
Wilhelms-
bau
Breite
Str.
Johannes-
Kirche
Feuersee-
platz
Sophien-
Tagblatt-
Turm
Kl. Königstr.
Altes
Schauspielhaus
Rotebühlstraße
Marienstraße
Krumme Str.
Silberburgstraße
Augustenstraße
Paulinenstraße
Tübinger Straße
Christophstr.
Verwaltungs-
gericht
Nesenbach

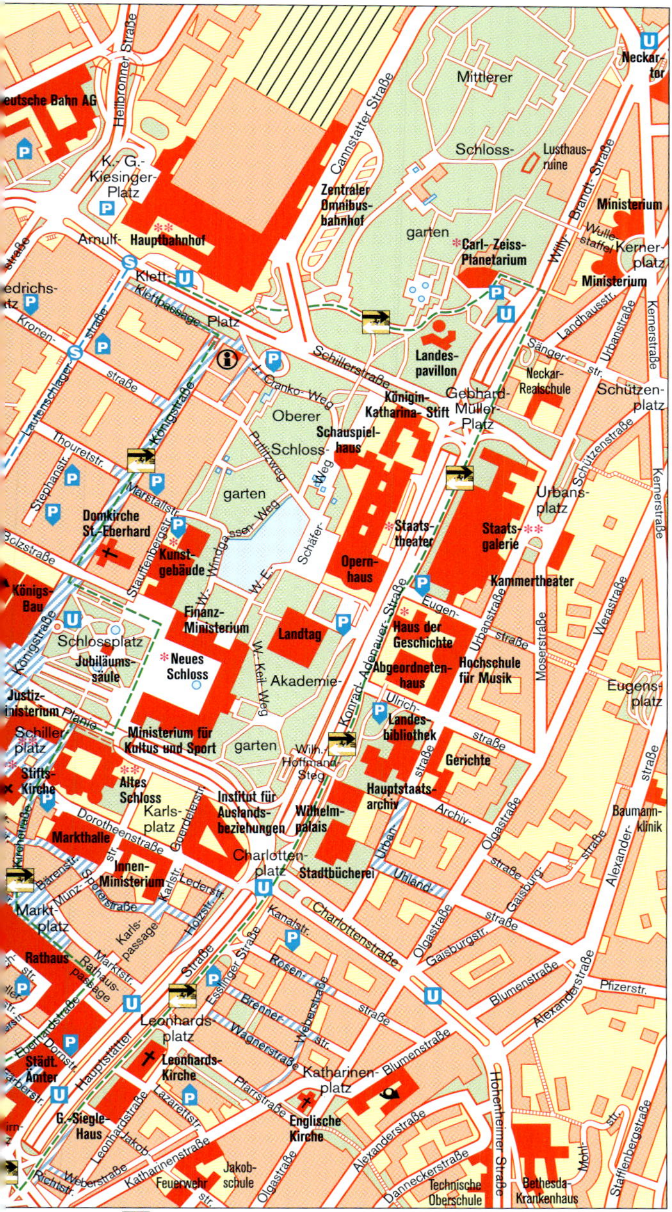

Cityrundweg

Empfehlungen für einen längeren Aufenthalt

Museen

Wer länger in Stuttgart bleiben will, hat Zeit für ausführlichere Muesumsbesuche, so z. B. im ** **Lindenmuseum**, im ** **Mercedes-Benz-Museum**, im * **Haus der Geschichte** oder in den naturkundlichen Museen * **Schloss Rosenstein** oder * **Museum am Löwentor** am Rosensteinpark. Ein touristisches Highlight ist die ** **Wilhelma**, mit ihren maurisch inspirierten historischen Gebäuden vielleicht schönste Zoologisch-Botanische Garten der Welt.

Äußeres Stadtgebiet

Ein Ausflug nach Rotenberg zur * **Grabkapelle auf dem Württemberg** lohnt besonders wegen der schönen Aussicht. Von hier aus kann man durch die Weinberge nach **Uhlbach** zum *Weinbaumuseum wandern. Architekturinteressierte planen einen ausführlichen Gang durch die ** **Weißenhofsiedlung** aus den 1920er-Jahren nahe beim * **Killesberg**, und wer sich für außergewöhnlich gut erhaltene Sakralkunst der Gotik begeistert, besichtigt die Fresken in der * **Veitskirche** in Mühlhausen.

Baedeker TIPP Mit dem Rössle um die Stadt

Nach dem Museumsprogramm ein wenig "aussichtsreiche" Erholung gefällig? Auf den Höhen einmal rund um den Talkessel, quer durch Wälder, Weinberge und Wohngebiete führt der "Rössleweg". Sein Symbol ist das schwarze Rössle im gelben Kreis; bei der Touristik-Information i-Punkt Stuttgart am Arnulf-Klett-Platz gibt es die dazugehörige Karte gegen eine kleine Gebühr zu kaufen.

Umgebung

Auch ein Blick jenseits der Stadtgrenzen sei empfohlen: Nur maximal eine halbe Stunde Fahrzeit entfernt sind ** **Ludwigsburg** mit dem barocken Residenzschloss inmitten wunderbarer Gartenanlagen, die ehemalige Stauferstadt ** **Esslingen** mit dem erhalten gebliebenen mittelalterlichen Stadtkern oder ** **Marbach**, der Geburtsort Friedrich Schillers und Sitz des Schiller-Nationalmuseums.

Aussichtspunkte rund um das Stadtgebiet

Birkenkopf · Bismarckturm · Geroksruhe

Dank der wunderschönen Lage im Talkessel bieten sich von den Höhen rund um Stuttgart immer wieder schöne Ausblicke auf die Stadt. Der 511 m hohe Birkenkopf ist der höchste Punkt Stuttgarts am Südwestrand des Talkessels und bietet den schönsten Ausblick. Nach dem Ende des Zweiten Weltkrieges wurde hier Trümmerschutt aus der stark zerstörten Stadt aufgeschüttet, was den an sich schon hohen Berg um 40 m erhöhte und ihm den Spitznamen "Monte Scherbelino" einbrachte. Der Bismarckturm auf dem Kräherwald wurde 1904 von Stuttgarter Studenten errichtet. Viele Jahre war er geschlossen, erst 2002 wurde er dank der Bemühungen des Verschönerungsvereins wieder zugänglich. Von der Aussichtsplattform an der Geroksruhe kann man über den Stuttgarter Osten bis zu den Löwensteiner Bergen sehen. Steil und beschwerlich ist

Stadtgebiet Stuttgart

der Weg zum **Weißenburgpark**, doch oben angekommen, entschädigt die wunderbare Aussicht umgehend. Und im Sommer kann man sich mit einem Glas Wein und einem Salat auf der großen Terrasse des “Teehauses” stärken. Vom Pragsattel aus gelangt man bei einem angenehmen Spaziergang durch die Weinberge zum Aussichtsturm Burgholzhof mit Blick ins Neckartal. Eine der reizvollsten Aussichten bietet sich vom Hasenberg aus über Heslach, Degerloch, links bis Uhlandshöhe und Rotenberg, rechts bis Kaltental und Vaihingen. Vom Kriegsbergturm sieht man auf die Innenstadt hinunter. In der Nähe fand der China-Garten, ein Geschenk der südchinesischen Partnerprovinz Baden-Württembergs, nach der Internationalen Gartenausstellung 1993 seinen neuen Platz. Bislang neueste Errungenschaft unter den Aussichtstürmen ist die luftig-filigrane Drahtseilkonstruktion des Killesbergturms im Höhenpark. Der Aufstieg ist so Schwindel erregend wie die Aussicht dann bezaubernd.

Weißenburgpark

Burgholzhof

Hasenberg

Kriegsbergturm

Killesbergturm

Sehenswürdigkeiten von A bis Z

**Altes Schloss C 3

Lage
Schillerplatz 6

Stadt-/ Straßenbahn
Schlossplatz (U 5, U 6, U 7, 15)

Bus
Schlossplatz (42, 44)

Auf den Pferdeweiden des "Stutengarten" im Nesenbachtal errichtete Eberhard I. 1320 eine Wasserburg als Sitz der Grafen von Württemberg. Unter den Herzögen Christoph und Ludwig erfolgte 1553 bis 1578 ein großzügiger Ausbau des Schlosses im Stil der deutschen Renaissance. Baumeister waren Aberlin Tretsch sowie Blasius und Martin Berwart. Der älteste Teil des Schlosses ist der Dürnitzbau, die mächtige Südostpartie der Anlage. Sie wurde im 16. Jh. aufgestockt und erhielt eine Terrasse. Für den schwergewichtigen – oder manches Mal auch betrunkenen – Adel baute man im Treppenhaus "Reittreppen" ein, über die man auch hoch zu Ross die Gemächer erreichen konnte. Im alten Wassergraben hielten die Grafen, bevor er im 18. Jh. beseitigt wurde, Bären und Hirsche. 1931 brannte ein Teil der Anlage aus, 1944 wurde sie – kaum wieder errichtet – durch Bombardierungen schwer in Mitleidenschaft gezogen. Die Wiederaufbauarbeiten konnten erst 1969 beendet werden.

Schlosshof

Als Glanzstück der Renaissancebaukunst gilt der im Rahmen des Ausbaus 1557 entstandene Schlosshof, eingerahmt von dreigeschossigen Außengängen hinter zisellierten Stichbogenarkaden. Der Empfangs- und Repräsentationshof dient heute als stimmungsvolle Kulisse für Hofkonzerte, Theateraufführungen und für die alljährliche Eröffnung des Weihnachtsmarkts. Ludwig Hofer gestaltete 1859 das Reiterstandbild des wackeren Grafen Eberhard im Bart.

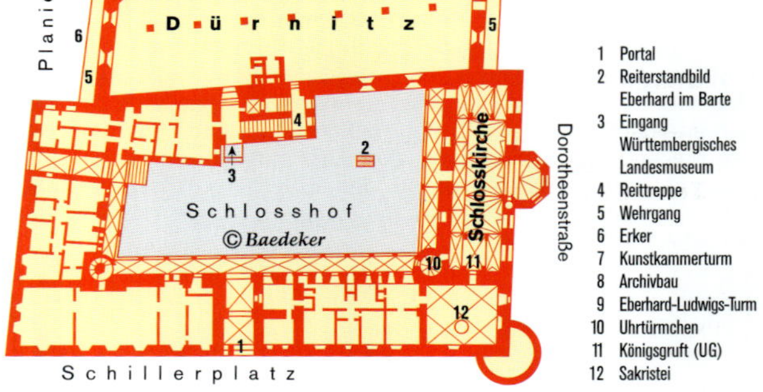

Ein Kleinod der Renaissancebaukunst: der Innenhof des Alten Schlosses

* Schlosskapelle

In den Jahren 1558 bis 1562 wurde im Südwestflügel des Schlosses die gestalterisch richtungsweisende Schlosskapelle von Aberlin Tretsch eingerichtet. Als erste protestantische Kirche des Landes übernahm sie die reformatorische Idee, dass die Predigt im Mittelpunkt des Gottesdienstes stattfinden sollte und verlegte den Chor mit Kanzel und Altar an die Mitte der Längsseite des Predigtsaales.
Lediglich einige Reliefs an Kanzel und Altar sind von der ursprünglichen Ausstattung der Kirche übrig geblieben. Das Innere wurde 1865 im neogotischen Stil renoviert.

Königsgruft

In der Königsgruft unter der Schlosskirche sind König Karl († 1891), Königin Olga († 1892), Herzog Eugen († 1877) und Herzogin Wera († 1912) bestattet (Öffnungszeiten: Di. 10^{00} – 13^{00}, Mi. – Fr. 10^{00} – 17^{00}, Sa. / So. 10^{00} – 12^{00} u. 14^{00} – 17^{00} Uhr).

** Württembergisches Landesmuseum

Öffnungszeiten
Di. 10^{00} – 13^{00}
Mi. – So.
10^{00} – 17^{00}

Führungen
So. 11^{00} und n.V.,
☎ 279-34 00

Das Württembergische Landesmuseum wurde 1862 ins Leben gerufen und ist seit 1948 im Alten Schloss beheimatet. Sein historisches Kernstück, die Kunstkammer der Herzöge, geht jedoch bis ins 16. Jh. zurück. Auf dem Gebiet der Landeskunde verfügt das Museum über reichhaltige Sammlungen, die sich von der Steinzeit über die Zeit der Kelten, Römer und Alamannen, das Mittelalter sowie über Barock und Neuzeit bis in die Gegenwart erstrecken.
Darüber hinaus wird bei der klassischen Antike, bei Kunsthandwerk, Münzen, Uhren, technischen Instrumenten, Textilien und Musikinstrumenten der gesamte europäische Raum erfasst.

Württembergisches Landesmuseum im Alten Schloss

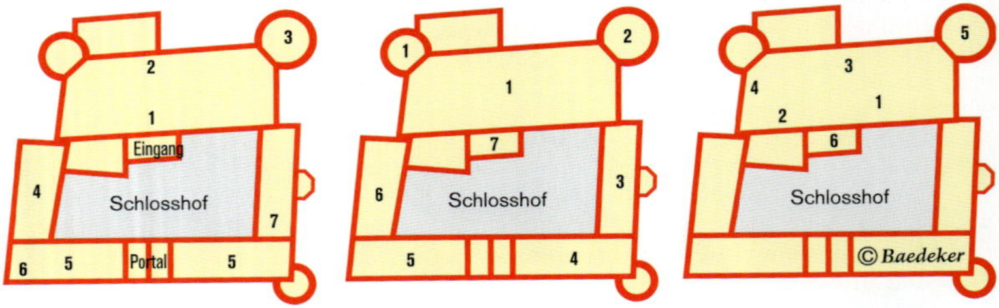

20 m

ERDGESCHOSS
UNTERGESCHOSS
ERSTES OBERGESCHOSS

1 Kunsthandwerk und Design des 20. Jhs.
2 Geschichte von Land, Stadt und Schloss im 15./16. Jh.
3 Kunstkammer (Waffen)
4 Steinzeit (1. Arkadengeschoss)
5 Bronze- und Eisenzeit (1. Arkadengeschoss)
6 Prunkuhren der Renaissance und wissenschaftliche Instrumente (Untergeschoss)
7 Königsgruft (Untergeschoss)

ZWEITES OBERGESCHOSS

1 Kunsthandwerk der Gotik
2 Kunstkammer (Bronzen)
3 Klassische Antike
4 Römer in Württemberg
5 Franken und Alemannen
6 Hohes Mittelalter
7 Reittreppe

DRITTES OBERGESCHOSS

1 Uhren
2 Wissenschaftliche Instrumente
3 Möbel
4 Münzen und Gemmen
5 Kunstkammer (Kronschatz)
6 Reittreppe

Württ. Landesmuseum (Fts.)

Im ältesten Teil des Schlosses, der ehemaligen Dürnitz, findet bis Herbst 2003 eine Neuaufstellung statt. Dann werden hier u. a. ein Stadtmodell sowie Kunsthandwerk und Design des vergangenen Jahrhunderts zu sehen sein.

1. Obergeschoss
Bronze- und Eisenzeit

Im ersten Obergeschoss des westlichen Arkadenflügels sind die Sammlungen der Bronze- und Eisenzeit geordnet. Hier findet man Grabbeigaben aus der frühen Bronzezeit und aus keltischen Fürstengräbern, außerdem Waffen, Geräte, Schmuck und Münzen der Kelten (4. – 1. Jh. v. Chr.).

Klinenträgerin aus der Eisenzeit

Steinzeit

Im ersten Obergeschoss des nordöstlichen Arkadenflügels sind die Steinzeitsammlungen aufgebaut. Sie umfassen 400 000 Jahre Menschheitsgeschichte. Dazu gehören Schnitzereien aus Mammutelfenbein wie ein 30 000 Jahre altes Löwenköpfchen. Es sind dies einige der ältesten figürlichen Darstellungen der Welt.

2. Obergeschoss
Kunst des Mittelalters

Das zweite Obergeschoss ist der Abteilung “Kunst des Mittelalters” gewidmet. Die Altäre, Skulpturen, Tafelbilder und Glasgemälde geben einen umfassenden Überblick über die kirchliche Kunst in Südwestdeutschland im Zeitraum von etwa 1200 bis 1530. Glasmalereien und gotisches Kunsthandwerk sind umfangreich repräsentiert.

Antikensammlung

Der südwestliche Arkadenflügel beherbergt die Antikensammlung: Skulpturen, Vasen, Bronzen, Terrakotten, Schmuck und Glas aus dem griechischen und römischen Kulturbereich. Dazu gehören eine Kollektion römischer Kaiserportraits und Mumienportraits aus Ägypten.

Die Sammlung "Die Römer in Württemberg" vermittelt ein lebendiges Bild des militärischen und zivilen Lebens in der römischen obergermanischen und rätischen Provinz.

Provinzialrömische Sammlung

Die Kollektion "Frühes Mittelalter" dokumentiert die Zeit der Alamannen und Franken (3. – 8. Jh. n. Chr.). Aus dem Hochmittelalter sind Bauplastiken, Bronzen, Kruzifixe, Leuchter, Aquamanilien, Elfenbeinreliefs und Goldschmiedekunst versammelt.

Mittelalter

Die Uhrensammlung dokumentiert die Entwicklung des Chronometers von der Sonnenuhr bis zur hochmodernen Funkuhr. Die Folge der antiken und mittelalterlichen Münzen bis in die Zeit um 1300 ist ausführlich dargelegt.

3. Obergeschoss
Uhren, Möbel, Münzen

Im Untergeschoss des Arkadenflügels befinden sich kostbare Prunkuhren der Renaissance und wissenschaftliche Instrumente wie die großartige "Weltmaschine" des Mechaniker-Pfarrers Philipp Matthäus Hahn (1739 – 1790).

Untergeschoss
Prunkuhren, wiss. Instrumente

Der Südostturm enthält Schätze aus den Beständen der herzoglich-württembergischen Kunstkammer sowie den württembergischen Kronschatz.

Kunstkammerturm

Das Württembergische Landesmuseum zeigt seine volkskundlichen Sammlungen in der Außenstelle "Museum für Volkskultur Baden-Württemberg", das im Schloss Waldenbuch (▶ Schönbuch) untergebracht ist. Als weitere Außenstellen sind ein Keramik- und ein Modemuseum im Schloss ▶ Ludwigsburg im Aufbau (Fertigstellung 2004).

Weitere Sammlungen

*Bad Cannstatt

G – J 32 – 34

Cannstatt liegt an einem bereits in prähistorischer Zeit genutzten Neckarübergang. Besonders die hier aus dem Boden sprudelnden Mineralquellen sind schon früh von Mensch und Tier genutzt worden. Sensationell ist die große Zahl bei Cannstatt gefundener Mammutzähne, die man um 1700 noch für Überreste des legendären Einhorns hielt. Ein derartiger, im Jahr 1816 entdeckter Fund faszinierte König Friedrich I. dermaßen, dass er sich bei wiederholten Besuchen der Fundstelle schwer erkältete und schließlich an den Folgen seiner archäologischen Begeisterung starb. Die Römer bauten über dem Neckarknie im 1. und 2. Jh. ein zum Neckar-Limes gehöriges Kastell, wo sie eine große Garnison unterhielten. In der Merowingerzeit gab es auf Cannstatter Markung bereits mehrere kleine Siedlungen.

Lage
Nordosten des Stadtgebiets

S-Bahn
Bad Cannstatt (S 1, S 2, S 3)

Stadtbahn
(U 1, U 2, U 13)

Der Ort wurde im Jahre 708 erstmals urkundlich erwähnt. Aus dem Jahr 746 ist das "Blutgericht von Cannstatt" überliefert, als sich der fränkische Herrscher Karlmann gegen die Führer der Alamannen durchsetzte. Unter Ludwig dem Bayern wurde Cannstatt 1330 zur Stadt erhoben. Der Weinbau und die günstige Verkehrslage – hier bündelten sich Straßen aus Oberschwaben, Augsburg, Speyer, Heilbronn und dem Elsass – bescherten den Einwohnern Wohlstand und Wirtschaftskraft. Bereits 1377 ist die erste Badstube erwähnt, doch als Badeort richtig bekannt wurde Cannstatt erst im 19. Jh. (▶ Baedeker-Special S. 58).

In Sprudel baden

Seit einer halben Million Jahren sprudeln zwischen Untertürkheim und Stuttgart-Münster heilkräftige und kohlensäurehaltige Mineralwässer aus dem Boden. In Bad Cannstatt und Berg kann man darin baden oder sie an nicht weniger als 20 öffentlichen Trinkbrunnen kosten.

Schon in der Altsteinzeit herrschte in Bad Cannstatt ein reger "Badebetrieb", was im lokalen Travertingestein gefundene Kulturzeugnisse belegen. Dann bauten die in der Balneologie, der Bäder- und Heilquellenkunde sehr bewanderten Römer dort, wo heute die Bahnlinie den Neckar überquert, eine Badeanlage, die sie während des 2. und 3. Jh. n. Chr. betrieben. Auch für das Mittelalter bezeugt eine Urkunde aus dem Jahr 1377 die Nutzung der Mineralquellen.
Weltberühmt wurden die Heilwässer schließlich im 19. Jahrhundert. Insbesondere zwischen 1836 und 1870 verkehrten hier Kaiser und Könige; wer es sich leisten konnte, reiste von weit her, um die Segnungen der Wunder wirkenden Wässer am eigenen Leib zu erproben.

Elf Heilwässer

Die Mineralwasservorkommen von Bad Cannstatt und Umgebung sind nach Budapest die zweitgrößten in Europa. Heute schütten nicht weniger als 19 Quellen täglich bis zu 22 Mio. Liter unterschiedlich mineralisierte und temperierte sowie an Spurenelementen reiche Wässer. Elf dieser Mineralquellen, von denen einige überraschend hohe Salz- und Kohlensäuregehalte aufweisen, sind als Heilwässer staatlich anerkannt und werden zusammen mit einer Thermalsole in den drei Mineralbädern genutzt.

Reisezeit: 10 Jahre

Die Mineralwässer legen einen langen Weg zurück. Im Oberen Gäu, etwa eine Autostunde westlich und südwestlich von Stuttgart, sickert das Regenwasser durch Klüfte und Spalten ostwärts und tritt im Neckarbecken aus dem ca. 30 Meter unter der Oberfläche gelegenen Muschelkalk aus.
Das etwa zehn Jahre lang dahinsickernde Wasser erwärmt sich auf seiner Reise und löst unterwegs die Stoffe, die im Muschelkalk reichlich vorhanden sind: Steinsalz und Gips. Außerdem reichert es sich mit Kohlensäure an. In der Neckarsenke angekommen, sorgen ein hoher Druck und an die Oberfläche drängendes natürliches Kohlendioxid dafür, dass es als "artesischer Brunnen" ganz ohne technische Hilfsmittel hervorsprudelt.

Einmaliger Cocktail

Die freie Kohlensäure im Verbund mit Natrium, Chlorid und Sulfat sowie die erhöhte Temperatur machen die Einmaligkeit der Stuttgarter Mineralwässer aus. Sie eignen sich besonders gut für Trink- und Badekuren, helfen bei Herz- und Gefäßerkrankungen, Kreislaufstörungen, rheumatischen Erkrankungen, Stoffwechselerkrankungen, Magen-, Darm-, Leber- und Gallenwegserkrankungen sowie bei Erkrankungen der Atmungsorgane und des Nervensystems.
Heilanwendungen werden traditionell in den Mineralbädern Leuze und Berg angeboten. Jüngste Attraktion der Stuttgarter Bäder-

Das MineralBad Cannstatt bietet die ambulante Stuttgarter Kur an.

landschaft ist das 1995 eröffnete "MineralBad Cannstatt", wo man nicht nur im 18 °C naturkühlen Cannstatter Heilwasser schwimmen, sondern sich auch in der auf 30 °C aufgeheizten Sole aus der Hofrat-Seyffer-Quelle aufwärmen kann. Auf das kühle salzhaltige Thermalmineralwasservorkommen am Rande des Fildergrabens stieß man erst 1973 / 1974 und hat eigens dafür das moderne Bad bauen lassen. Den hohe balneotherapeutischen Wert des Wassers kann man in der ambulanten "Stuttgarter Kur" erproben.

Ein "Prost" auf die Gesundheit

Eine weitere "Spezialität" unter den Stuttgarter Heilwässern ist die im Jahr 1933 im Kurpark von Bad Cannstatt erbohrte Gottlieb-Daimler-Quelle. Das stark salzig schmeckende Natrium-Calcium-Chlorid-Wasser fällt wegen seines außerordentlich hohen Mineralsalz- und Eisengehaltes aus dem Rahmen der anderen Quellen. Es hat sich als hoch wirksames Trink-Therapeutikum bei rheumatischen Erkrankungen sowie bei Komplikationen im Magen-Darm-Trakt erwiesen. Dieses Wasser sprudelt neben dem Wilhelmsbrunnen im Brunnenhof des Bad Cannstatter Kursaals.

Und die Zukunft?

Wie lange man noch im Stuttgarter Sprudel baden bzw. die Mineralwässer aus den verschiedenen Trinkbrunnen genießen kann, hängt vor allem davon ab, ob es gelingt, einen wirksamen Schutz der Mineralwasservorkommen durchzusetzen. In der jüngeren Vergangenheit registrierte man bereits Verschmutzungen einiger Mineralwasseraustritte. Tiefbaumaßnahmen im Umfeld der Mineralquellen führten zu Schwankungen und auch zu Rückgängen der Schüttung. Mit großer Sorge werden derzeit die Pläne zur Umgestaltung des quellnahen Bereiches um den Hauptbahnhof verfolgt. Und seit man weiß, dass ein Großteil der Stuttgarter Mineralwässer "nur" zehn Jahre vom Versickerungsgebiet im landwirtschaftlich stark genutzten Oberen Gäu bis zum Austritt am Cannstatter Neckarknie unterwegs ist, schaut man mit ganz besonderer Sorgfalt auf die regelmäßigen Mineralwasserproben.

Geschichte (Fts.) Unter König Wilhelm I. entstanden dann der Kursaal sowie jenseits des Neckars Schloss Rosenstein und die Wilhelma. 1846 leitete der Bau der Eisenbahn nach Esslingen, Stuttgart und Ludwigsburg eine stürmische Industrialisierung ein, die Stadt wuchs erheblich und schloss sich 1905 mit Stuttgart zusammen. Cannstatt bekam 1933 das Prädikat "Bad" zuerkannt. Heute steht der Name Cannstatt für Wasser, aber auch für Wein, für Mercedes und Motorgeschichte, und – ganz vorne in der Gunst der Schwaben – für's Volksfest und den VfB Stuttgart.

Altstadt

***Marktstraße** Die Cannstatter Marktstraße besitzt mit ihren Giebelhäusern noch heute den Charakter eines altschwäbischen Marktes. Marktplatz und Marktstraße bilden alljährlich im Frühsommer die Kulisse für das viel besuchte "Cannstatter Brezelfest". Der alte Stadtkern ist mit großem Aufwand restauriert worden. Wichtige Gebäude sind die evangelische Stadtkirche und das im Jahre 1491 errichtete Rathaus (jetzt Bezirksamt) auf dem Marktplatz.

Erbsenbrunnen Schlendert man die Marktstraße entlang, trifft man nach kurzer Zeit auf den Erbsenbrunnen. Die Quelle an diesem Platz lieferte das einzige "Süßwasser" der Stadt, und das brauchte man zum Kochen von Hülsenfrüchten. Die Brunnenfigur wurde von Fritz von Graevenitz geschaffen; Modell stand sein damals noch sehr junger Neffe, der spätere Bundespräsident Richard von Weizsäcker.

Vor dem Cannstatter Kursaal thront hoch zu Ross König Wilhelm I., der die Kuranlagen bauen ließ.

Die evangelische Stadtkirche im Zentrum der Cannstatter Altstadt ist eine dreischiffige spätgotische Hallenkirche, 1460 bis 1471 durch Aberlin Jörg ausgebaut und 1612/1613 durch Heinrich Schickhardt erweitert. Bei der Wiederherstellung nach den Beschädigungen im Zweiten Weltkrieg bekam die Kirche moderne Christusfenster. Am Ende der Marktstraße gelangt man an einen nach dem Cannstatter Schriftsteller Thaddäus-Troll (▶ Berühmte Persönlichkeiten) benannten Platz. Der "Entaklemmer" – so der Titel von Trolls Übertragung des "Geizigen" von Molière ins Schwäbische – ist hier als Kunstwerk verewigt.

Stadtkirche, Thaddäus-Troll-Platz

Das benachbarte Beginenhaus "Klösterle" aus dem Jahr 1463 gilt als ältestes Wohngebäude im heutigen Stuttgart. Es war Wohnhaus der Beginen, einer klosterähnlichen Frauengemeinschaft; heute ist eine gemütliche schwäbische Weinstube darin untergebracht.

***Klösterle**

In der angrenzenden Klösterle-Scheuer ist das Stadtmuseum eingerichtet. Neben eiszeitlichen Funden aus den Travertin-Steinbrüchen sind Relikte aus der Zeit der Kelten und der Römer ausgestellt, eine Dokumentation zeigt die Geschichte Cannstatts als Kurbad (Öffnungszeiten: Mi. 14^{00} – 16^{00}, Sa. 10^{00} – 13^{00}, So. 10^{00} – 16^{00} Uhr). Mittwochs von 14^{00} bis 16^{00} Uhr kann man die 1463 erbaute Kapelle des "Klösterle" besichtigen.

Stadtmuseum

Weitere Sehenswürdigkeiten

Im Jahr 1773 erschloss man in Cannstatt den Wilhelmsbrunnen, eine sehr kräftig schüttende Mineralquelle. 1825 beauftragte König Wilhelm I. von Württemberg seinen Hofbaumeister Nikolaus von Thouret, einen Großen Kursaal mit Säulenvorbau zu errichten, der bald zum Mittelpunkt des Kurbades wurde. Zunächst bestand er nur aus dem heutigen Mitteltrakt des Gebäudes. Später kamen Nord- und Südflügel, Pförtnerhaus und Wirtschaftsgebäude hinzu, ebenso ein Durchgang zum Brunnenhof mit der 1932 erbohrten Gottlieb-Daimler-Quelle. Das Gebäude beherbergt heute Tagungs- und Veranstaltungsräume sowie ein Restaurant. Das imposante Reiterstandbild zeigt König Wilhelm I.

Kursaal

Baedeker TIPP Gottlieb-Daimler-Gedächtnisstätte

In einem alten Gewächshaus als Werkstatt entwickelten Gottlieb Daimler und Wilhelm Maybach ihren ersten Benzinmotor. Es liegt stimmungsvoll im Kurpark Cannstatt, auf dessen Spazierwegen denn auch der erste "Daimler" fuhr – die Motorkutsche, die heute im Mercedes-Benz-Museum zu bewundern ist. Ein Film führt die Besucher in das damalige Leben Daimlers zurück, und das Aufsichtspersonal weiß manch unterhaltsame Anekdote beizutragen (Besichtigung: tgl. außer Mo. und Fei. 10^{00} – 16^{00} Uhr).

Direkt neben dem Kurhaus wurde das neueste der Stuttgarter Mineralbäder, das MineralBad Cannstatt, eröffnet. Gegenüber steht der Lautenschlägerbrunnen – hier u. a. kann man die Gelegenheit nutzen, sich von Heilkraft und Geschmack des Mineralwassers zu überzeugen.

MineralBad Cannstatt

MAGENBROT

Rund fünf Millionen Besucher vergnügen sich jeden Herbst auf dem Cannstatter Wasen, dem größten Volksfest der Schwaben.

Kurpark

Hinter dem Kursaal erstreckt sich den Hang hinauf der von den Stuttgartern eher weniger genutzte, ruhige Kurpark mit alten Bäumen, einer Spielanlage, nostalgischen Pavillons, Ruhebänken und dem beliebten Biergarten. In letzterem entfliehen die Cannstatter im Schatten alter Kastanien der Sommerschwüle und lassen den Tag bei Weinschorle oder Weizenbier ausklingen. Von Mai bis September gibt es im Pavillon Konzerte von Klassik bis Jazz.

Uffkirche

Die südlich des Kurparks jenseits der B 14 gelegene Uffkirche gilt, da einige ihrer Teile auf eine frühromanische Kirche zurückgehen, als ältestes Gotteshaus Stuttgarts. Wenn man heute allerdings die schlichte Friedhofskapelle sieht, kann man von ihrer ehemaligen Bedeutung kaum mehr etwas spüren. An den Außenwänden wurden Grabplatten und Gedenksteine aus dem 17. und 18. Jh. angebracht. Auf dem Uffkirchhof sind einige Grabstätten besonders beachtenswert: das Grabmal des Dichters Ferdinand Freiligrath mit einer vom Künstler Donndorf 1878 geformten Büste sowie die letzte Ruhestätte der Automobilkonstrukteure Gottlieb Daimler und Wilhelm Maybach.

Uffkirchhof

Travertinsäulen am Kraftwerk Münster

An der Neckartalstraße (am linken Neckarufer zwischen Bad Cannstatt und Stuttgart-Münster) fallen in der Durchfahrt unter dem architektonisch sehr interssanten Müllheizkraftwerks vierzehn markante Travertinsäulen ins Auge: Sie sollten im Dritten Reich tragende Bestandteile eines von Albert Speer geplanten Mussolini-Monuments werden, als dessen Standort der heutige Theodor-Heuss-Platz in Berlin vorgesehen war.

Cannstatter Wasen — J / K 11 / 12

Stadtbahn Cannstatter Wasen (U 11)

Südlich des Cannstatter Stadtgebiets erstreckt sich am rechten Neckarufer der Wasen, Ort des Volksfests und mehrerer Sportstätten. Hier liegt auch das Gottlieb-Daimler-Stadion (vormals Neckarstadion). Der Heimspielort des VfB wurde 1992 mit einem ebenso praktischen wie ästhetischen Membrandach ausgestatttet. In der Hanns-Martin-Schleyer-Halle finden Großveranstaltungen und Sportereignisse statt. Ferner befinden sich auf dem Wasen das Stadion Festwiese, eine große Tennisanlage, eine Rollschuhbahn, eine Sommerstockbahn, eine Reitanlage, mehrere Vereinssportanlagen und weitere Sportplätze sowie der Stuttgarter Campingplatz.

****Volksfest**

Der "Wasen" ist vor allem aber Synonym für das Cannstatter Volksfest, das meistbesuchte Fest des Schwabenlandes und eines der größten seiner Art auf der Welt. Es findet alljährlich Ende September/Anfang Oktober in harter Konkurrenz zum Münchener Oktoberfest statt. Mehr als fünf Dutzend "Fahrgeschäfte" vom Riesenrad über das Boxauto bis zum "Hot Shot", riesige Bierzelte, Schau- und Schießbuden, Mandelbrennereien, Imbissbuden, Pizzabäckereien und zahllose andere Attraktionen ziehen jedes Jahr rund 5 Millionen Besucher an. Jeweils Ende April beginnt das etwas kleinere dreiwöchige Frühjahrspendant, das "Frühlingsfest".

Das Volksfest ging aus dem landwirtschaftlichen Fest hervor, das König Wilhelm I. 1818 seinen Bürgern nach bedrückenden Hungerjahren stiftete. Daran erinnert heute noch das "Landwirtschaftliche Hauptfest", das alle drei Jahre zusammen mit dem Volksfest abgehalten wird (nächster Termin: 2004). Festsymbol ist die Fruchtsäule, das mit Früchten reich verzierte Erntedank-Sinnbild nach einem Entwurf von Thouret. Ein Fest mit viel blaublütiger Prominenz wurde 1857 – kurz nach dem Krim-Krieg – gefeiert: Damals folgten nicht nur der russische Zar Alexander II. nebst Gemahlin einer Einladung des württembergischen Königs, sondern auch Kaiser Napoleon III. von Frankreich sowie die Königinnen der Niederlande und Griechenlands.

Cannstatter Wasen (Fts.)

Bärensee

N 24

Lage
Westlich des Stadtgebietes

Einst hatten nur gekrönte Häupter Rot- und Schwarzwild im Glemswald jagen dürfen, doch heute ist das Waldgebiet mit dem idyllischen Bärensee (421,7 m ü. d. M.), dem Bärenschlössle, der Hirschwiese und dem Rot- und Schwarzwildpark eines der beliebtesten Ausflugsziele der Stuttgarter. Der Bärensee ist Teil einer idyllisch gelegenen, über 2 km langen Stauseenkette (mit dem Neuen See und dem Pfaffensee), deren Anlage bereits 1566 von Herzog Christoph in Auftrag gegeben wurde, um die Trinkwasserversorgung in Stuttgart zu verbessern. Seit 1998 liefern die Seen kein Trinkwasser mehr.

Baedeker TIPP Bärenschlössle

Unter Carl Eugen feierte hier der Adel rauschende Uferfeste, heute ist das Bärenschlössle Ausflugslokal für jedermann. Ob Wanderer, Jogger, Familien oder Festgesellschaften: Eine Rast beim Schlössle mit einem kühlen Bier oder einem einfachen Gericht gehört unbedingt auf's Programm.

Bus
Forsthaus
(91, 92)

Geruhsamer Rastplatz für Wanderer und Fahrradfahrer am Bärensee

Bärensee (Fts.)
Rot- und Schwarzwildpark

Vom Bärenschlössle aus führt ein etwa 3 km langer, schnurgerader Weg zu den Anlagen des Schlosses ► Solitude. Östlich vom Schlössle dehnt sich der Rot- und Schwarzwildpark mit seinen Freigehegen (Rehe, Hirsche, Wildschweine) aus. Ein Waldlehrpfad klärt über die Naturgeschichte des Glemswaldes auf. Der Rotwildpark ist bereits 1939 unter Naturschutz gestellt worden. Im Jahr 1958 hat man das Naturschutzgebiet um den anschließenden Schwarzwildpark sowie um einen Teil des Pfaffenwaldes erweitert, so dass das gesamte Areal heute rund 800 ha umfasst.

Ehemalige Solitude-Rennstrecke

Von 1928 bis 1965 war der Glemswald Schauplatz großer motorsportlicher Veranstaltungen. Auf dem extra für diesen Zweck angelegten Solitude-Rennkurs zwischen Schattenring und Autobahn maßen sich die Größen des internationalen Motorrad- und Automobilrennsports. Bis zu 300 000 Motorsportbegeisterte beobachteten ihre Idole auf dem für seine tückischen Kurven und Gefäll- bzw. Steigungsstrecken bekannten Ring.

Berg

K 31 / 32

Lage
Nordosten des Stadtgebiets

Stadtbahn
Mineralbäder (U1, U 2, U 14)

Der heutige Ortsteil Berg wurde im Kern bereits im 12. Jh. als Burgsiedlung angelegt. Aufgrund seiner günstigen Lage an der Mündung des Nesenbachs in den Neckar sollen hier bereits im Mittelalter Mühlen gestanden haben. Berg wurde erst durch das Flößereigewerbe, dann durch Manufakturen und später durch Industrie zu einem aufstrebenden Ort. Um die Mühlen im Winter eisfrei zu halten, wurden um 1830 artesische Brunnen gebohrt, aus denen etwa 20 °C warmes Mineralwasser hervorsprudelte.

Mineralbäder

So wurde auch die seit 1851 für das Mineralbad Leuze benutzte Quelle zunächst für eine Manufaktur erbohrt. Das Mineralbad Berg wird ebenfalls von drei Quellen gespeist, die zum Betrieb der Mühlräder dienten. Damit nahm der Industrieort Berg langsam die Gestalt eines Bade- und Erholungsortes an.

Das Mineralbad Leuze wurde von dem Stuttgarter Bildhauer Herbert Otto Hajek gestaltet.

Auf einem Felsvorsprung hoch über dem linken Neckarufer im Bereich des Mineralbades Leuze steht die neugotische Berger Kirche, die an Stelle eines 1853 abgebrochenen, bereits im 13. Jh. erwähnten Gotteshauses errichtet wurde. Ihre unmittelbare Umgebung war im Mittelalter befestigt.

Berger Kirche

Die Villa Berg steht auf dem Höll'schen Bühl. Kronprinz Karl ließ sie als persönliches Refugium im Stil der italienischen Renaissance erbauen. Das 1853 vollendete Landhaus mit großer Parkanlage kam 1912 an die Stadt, die es für Repräsentationszwecke nutzte. Nach dem Zweiten Weltkrieg richtete sich hier der Süddeutsche Rundfunk (heute: Südwestrundfunk) ein. In der Villa wurde der große Sendesaal installiert, im Park entstanden neue Funk- und Fernsehstudios. Von den Parkbauten blieb nur ein kleines Gartenbelvedere erhalten. Nach dem Ende der IGA 1993 fand hier der Japan-Garten (► Grünes U), der dort innerhalb der Nationengärten zu bewundern war, einen neuen Standort.

Villa Berg

Japan-Garten

Baedeker TIPP **Baden für Puristen**

Im Mineralbad Berg könnte die Zeit stehen geblieben sein: Hier huldigt man nicht dem "Fun-Faktor" – es wird ernsthaft und ordentlich gebadet. Man trifft auf Stammkunden, die hier seit 70 Jahren ihre Runden drehen und darf, um Zutritt zu erhalten, nur eines nicht vergessen: die Bademütze.

*Besigheim

Malerisch erhebt sich die Altstadt der traditionsreichen Weinbaugemeinde Besigheim über der Enz. Die Stadt ist aus einem Fronherrenhof, der dem elsässischen Kloster Erstein gehörte, hervorgegangen. Um 1200 erhielt Besigheim Marktrecht und wurde zur Stadt erhoben. 1595 kam Besigheim zu Württemberg. Beim Einfall der Franzosen im Jahr 1693 wurde das Untere Schloss zerstört. Mit dem Anschluss an das Eisenbahnnetz begann die Industrialisierung der Stadt, die heute über 10 000 Einwohner zählt.

Lage
26 km nördlich von Stuttgart

Regionalbahn
ab Stuttgart

Neckarschifffahrt
ab Wilhelma

Schnitzaltar in der Stadtkirche Besigheim

Durch Besigheim führt ein beschilderter Stadtrundgang, der alle Sehenswürdigkeiten streift und ihre Geschichte erläutert. Eine Broschüre dazu ist in der Stadtverwaltung erhältlich.

Stadtrundgang

Besigheim (Fts.) Stadtführungen

Von Juli bis Anfang September gibt es "Sonntagsstadtführungen", Treffpunkt: 11⁰⁰ Uhr am Marktbrunnen vor dem Rathaus.

Rathaus

Das stattlichste Gebäude Besigheims ist das 1459 als Kaufhaus erbaute Rathaus, in dessen Innenräumen noch Reste eines Bohlenzimmers mit Renaissancemalereien von 1571 erhalten sind. Vor dem Rathaus auf dem Markt befindet sich der "Jörgbrunnen" mit Schildhalter mit dem markgräflich-badischen Wappen.

> *Baedeker* TIPP **Stärkung?**
>
> Nach dem Stadtbummel kann man in der Kirchstraße 16 mitten in der Altstadt im Restaurant Café Hirsch einkehren. Es gibt durchgehend warme Küche mit gutbürgerlichen und vegetarischen Speisen. ☎ 07143 / 31718.

Evangelische Stadtkirche

Die Evangelische Stadtkirche mit ihrem Chor aus dem 14. Jh. enthält einen bemerkenswerten geschnitzten Hochaltar von 1525, der Christoph von Urach zugeschrieben wird.

Schochenturm

Der 26 m hohe Schochenturm stammt aus staufischer Zeit und war Teil der Oberen Burg.

Walheim

Im 2 km nördlich gelegenen Walheim besaßen die Römer ein bedeutendes Kastell. Viele der bei Grabungen gemachten Funde sind im Württembergischen Landesmuseum (▶ Altes Schloss) ausgestellt. In Walheim selbst sind u.a. – durch einen modernen Holzbau geschützt – die Reste eines großen römischen Handelshauses aus dem 2. Jh. n. Chr. zu sehen.

*Bibelmuseum — Q 28

Lage
S-Möhringen
Balinger Str. 31

Stadtbahn
Möhringen Bahnhof (U 3, U 5, U 6, U 8)

Die Anfänge einer Bibelsammlung in der ehemaligen Württembergischen Bibelanstalt in Stuttgart reichen bis ins 19. Jh. zurück. Diese Sammlung ist laufend ergänzt worden und wurde erstmals 1912 zum 100-jährigen Jubiläum der Bibelanstalt im Landesgewerbemuseum öffentlich ausgestellt. Sie bildete den Grundstock für die Ausstellung.

Der Duft von Weihrauch und Myrrhe umfängt den Besucher im modern gestalteten Museum inmitten eines Wohngebietes. Hier wird die Heilige Schrift der Christenheit nach allen Regeln der Medientechnik aufbereitet. Es gibt wertvolle alte Bibeln zu sehen, wundervolle Handschriften und Kuriosa. Am Rande der Ausstellung kann man Einblicke in die Arbeit der weltweit verbreiteten Bibelgesellschaften gewinnen (Öffnungszeiten: Mo. – Fr. 8³⁰ bis 18⁰⁰ Uhr, Gruppenführungen n. V.).

*Bietigheim

Lage
24 km nördlich von Stuttgart

S-Bahn S 5

Im mittleren Neckartal, am Zusammenfluss von Metter und Enz, inmitten einer Landschaft von sanften Hügeln mit Weinbergen und Wäldern, liegt das Städtchen mit der malerischen Altstadt (195 – 300 m ü. d. M.). Bietigheim ist Teil der Großen Kreisstadt Bietigheim-Bissingen und hat heute rund 40 000 Einwohner.

Das Bietigheimer Rathaus ist fast 500 Jahre alt.

Geschichte

Bietigheim, im Jahr 789 erstmals urkundlich erwähnt, wurde 1360 württembergisch und erhielt im Jahre 1364 die Stadtrechte. Seine Blüte im 15. und 16. Jh verdankt der Ort dem Weinbau. Vom Niedergang im Dreißigjährigen Krieg erholte sich Bietigheim erst nach 1847, als die Stadt an das Eisenbahnnetz (Enzviadukt von 1851/1853) angeschlossen wurde und die Industrialisierung begann.

Sehenswertes in Bietigheim

* Stadtbild

Durch die mehrfach preisgekrönt sanierte Altstadt führen ausgeschilderte Stadtrundgänge, dazu gibt es eine Broschüre in der Stadtinformation am Marktplatz (☎ 07142/74-227; Stadtführungen Mai–Sept. jeden So. 10^{30} Uhr ab Hornmoldhaus).

Kunst am Brunnen: "Kuhriosum" von Jürgen Görtz

Skulpturen

Eine Vielzahl moderner Skulpturen von namhaften Künstlern wie Jürgen Görtz, Alfred Hrdlicka, Gerhard Marcks, Karl-Henning Seemann u.a. säumen den Weg durch die Altstadt. Die Sammlung wird laufend erweitert.

Rathaus

Das den Marktplatz dominierende Rathaus, ein Renaissancebau mit Erker, Freitreppe und Kunstuhr, stammt aus dem Jahr 1507.

Bietigheim (Fts.)
* **Hornmoldhaus**
Stadtmuseum

An das Rathaus schließt das 1535/1536 gebaute Hornmoldhaus an. Mit seinen prächtigen Innenmalereien und dem herrlichen Zierwerk zählt es zu den bedeutendsten Renaissancebauten Süddeutschlands. Im Hornmoldhaus ist das Bietigheimer Stadtmuseum eingerichtet (Öffnungszeiten: Di., Mi., Fr. 14^00^ – 18^00^, Do. 14^00^ – 20^00^, Sa., So., Fei. 11^00^ – 18^00^ Uhr).

Unteres Tor

Das Untere Tor aus dem 15. Jh. ist der letzte noch erhaltene Teil der Stadtbefestigung. Die historische Bemalung an der Ostfront ist noch erhalten. Unweit vor dem Tor steht das "Ku(h)riosum", ein äußerst origineller Brunnen von Jürgen Goertz aus dem Jahr 1987 (vgl. Bild vorangehende Seite).

Grüne Mitte

Das ehemalige Landesgartenschaugelände von 1989 verbindet Bietigheim mit dem enzaufwärts gelegenen Bissingen. Der Bürgergarten an der alten Enzbrücke ist Naherholungs- und Kommunikationszentrum, im Sommer Treffpunkt für Musikveranstaltungen, verfügt über eine Vogelvoliere, ein Tiergehege und bietet Kindern einen 27 m hohen Spielturm.

Böblingen

Lage
17 km südwestl. von Stuttgart

S-Bahn
Böblingen (S 1)

Die Kreisstadt Böblingen (47 000 Einw.), am Nordrand des ► Schönbuchs gelegen, ist zugleich wichtiger Industriestandort (u.a. Computerfirmen IBM, Hewlett-Packard) wie auch bedeutendes Dienstleistungs- und Geschäftszentrum.
Die von den Alamannen gegründete und um 1100 erstmals urkundlich erwähnte Siedlung wurde im 13. Jh. von den Pfalzgrafen von Tübingen zur Stadt ausgebaut. Später kam Böblingen an das Haus Württemberg. Am 12. Mai 1525 besiegte der Schwäbische Bund bei Böblingen die aufständischen Bauern. Mit dem Anschluss an das württembergische Eisenbahnnetz im Jahre 1879 setzte ein gewaltiger wirtschaftlicher Aufschwung ein. Die Stadt wurde im Zweiten Weltkrieg schwer beschädigt, konnte sich aber durch die Ansiedlung namhafter Industrieunternehmen und das daraus folgende Bevölkerungswachstum erholen.

Sehenswertes in Böblingen

Schlossberg

Alte Bauzeugnisse sind die Stadtkirche aus dem 14./15. Jh. auf dem Schlossberg mit ihrem hoch ragendem Glockenturm, der hübsche Marktbrunnen aus dem Jahr 1526 sowie Reste der Stadtbefestigung.

Zehntscheuer
* Bauernkriegsmuseum

Städtische Galerie

Die Zehntscheuer in der Pfarrgasse, eines der wenigen historischen Gebäude, die den Zweiten Weltkrieg überdauert haben, beherbergt das sehenswerte Bauernkriegsmuseum. Neben Arbeitsgeräten, Waffen, Flugschriften und anderen Exponaten ist vor allem das Diorama bemerkenswert, in dem die Schlacht bei Böblingen vom 12. Mai 1525 mit mehr als 1200 Zinnfiguren dargestellt ist. Ebenfalls in der Zehntscheuer untergebracht ist die Städtische Galerie, die sich vor allem auf württembergische Künstler des 20. Jh.s (Hrdlicka, Kollwitz, Grieshaber) konzentriert, sowie die Heimatstube des Nordböhmischen Niederlandes (Öffnungszeiten aller Ausstellungen in der Zehntscheuer: Di. 10 00 – 12 00 und 14 00 – 19 00, Mi. bis Fr. 10 00 – 12 00, Mi. und Do. 14 00 – 17 00, Sa. 14 00 – 17 00 Uhr.)

Böblingen (Fortsetzung)

*** Deutsches Fleischermuseum**
Böblingen besitzt das erste und bislang einzige Fleischermuseum Deutschlands. Es stellt eine absolute Besonderheit in der Museumslandschaft dar. Zu sehen gibt es eine Wurstküche von 1900, antike Ladeneinrichtungen, allerlei Gerätschaften und Handwerkszeug, einen Zunftladen und vieles mehr zur Geschichte des Fleischerhandwerks (Marktplatz 27; geöffnet Di. 10 00 – 12 00 und 14 00 – 19 00, Mi. – Fr. 10 00 – 12 00, Mi. und Do. 14 00 – 17 00, Sa. 14 00 – 17 00, So./Fei. 11 00 – 17 00 Uhr).

Alte Verkaufstheke im Fleischermuseum

Bohnenviertel

C 4

Am Rand der Stadtmauer wurden im 19. Jh. unter Friedrich I. kleine Häuser errichtet, in denen Weingärtner, Handwerker, Händler und Gärtner lebten. Da sie in ihren Vorgärten Bohnen anpflanzten, bürgerte sich für diesen Teil der Stadt der Name Bohnenviertel ein. Seine ältesten Gebäude stammen noch aus dem 15. Jahrhundert. Heute liegt das inzwischen liebevoll renovierte Altstadtviertel inmitten der Stadt zwischen Hauptstätter-, Charlotten-, Olga- und Pfarrstraße. Geprägt wird es durch Galerien, kleine Antiquitäten- und Trödelläden, schwäbische Weinstuben, Restaurants und Boutiquen zwischen neuen und alten Wohngebäuden mit verwunschenen Hinterhöfen – eine Mischung, die den besonderen Charme des Viertels ausmacht.

Stadt-/Straßenbahn
Charlottenplatz (U1, U 2, U 4, U 5, U 6, U 7, U 9, U 14, 15)

Bus
41, 42, 43, 44, 92, 826, 827

Beim Bummeln im Bohnenviertel stößt man auf originelle Läden.

Schellenturm

Der im Jahre 1564 errichtete Schellenturm in der Weberstr. 72 ist der letzte erhaltene Turm der mittelalterlichen Stadtbefestigung. Er ist seit 1811 nach den Sträflingen,

Baedeker TIPP **Ein Viertele gefällig?**

Vorausgesetzt, man fühlt sich imstande, unter 40 Weinen im offenen Ausschank und mehr als 500 Flaschenweinen zu wählen, dann ist die Bohnenviertel-Weinstube Stetter in der Rosenstraße 32 eine gute Adresse für einen gemütlichen Abend. Im Sommer sitzt man auch draußen auf der Straße.

deren Gewand mit "Schellen", d. h. Glöckchen versehen war, benannt. Der Turm fiel 1944 dem Bombenkrieg zum Opfer. Er wurde durch eine Denkmalschutz-Bürgerinitiative wieder hergerichtet und beherbergt heute eine romantische Weinstube mit kleiner Gartenwirtschaft.

Stadtmauer

Ein weiterer kleiner Rest der alten Stadtmauer ist noch zwischen Marien- und Sophienstraße im westlichen Teil der Innenstadt zu besichtigen (erreichbar über die Marienpassage).

Englische Kirche

Beachtenswert ist auch die im Jahre 1868 fertig gestellte Englische Kirche am Katharinenplatz, in der gelegentlich anglikanische Gottesdienste gefeiert werden.

Leonhardsviertel

Das Leonhardsviertel, das im Westen an das Bohnenviertel anschließt, ist eines der ältesten Stuttgarter Stadtviertel. In den schmalen Straßen der ehemaligen "Esslinger Vorstadt" haben sich nicht nur Galerien und Geschäfte eingerichtet, sondern auch vielerlei gemütliche Kneipen, Gaststätten und vor allem das – im Vergleich mit anderen Großstädten – doch recht beschauliche Rotlichtmilieu.

Leonhardskirche

Auf dem Leonhardsplatz steht die 1463 erbaute spätgotische Leonhardskirche, das zweitälteste Gotteshaus in Stuttgart. Im Zweiten Weltkrieg wurde sie stark beschädigt und danach sehr vereinfacht wiederaufgebaut. Hier ist der in Stuttgart als Anwalt tätig gewesene Humanist Johannes Reuchlin (1455 – 1522) begraben. Die Kirche ist Veranstaltungsort für Konzerte und beherbergt seit 1995 die caritative Institution "Vesperkirche". Im Winter werden hier kostenlose Mahlzeiten für mittellose Bürger, aber auch medizinische Betreuung und Beratung angeboten.

Philharmonie Gustav-Siegle-Haus

Direkt neben der Kirche befindet sich die Philharmonie Gustav-Siegle-Haus, das Domizil der Stuttgarter Philharmoniker. Ursprünglich war dieses 1910 bis 1912 errichtete Gebäude von den Erben des Lack- und Farbenfabrikanten Siegle zur Förderung der Volksbildung gestiftet worden.

1. Stuttgarter Spielzeugmuseum

In den Häusern Weberstraße 5a, 6 und 8, die im 16. Jh. an der alten Stadtmauer errichtet wurden, befindet sich heute das kleine 1. Stuttgarter Spielzeugmuseum. Ein Rundgang führt durch das Zwillingshaus (Nr. 8 soll früher das Haus des Scharfrichters gewesen sein) vorbei an einer Vielzahl von Puppen, Puppenhäusern, Eisenbahnen, Kaufläden, Tieren, Zinnsoldaten und Marionetten. Nicht nur wertvollste Porzellanpuppen gehören zu dieser Sammlung, sondern auch Kleinigkeiten, mit denen ärmere Kinder gespielt haben (Öffnungszeiten: Di. – So. 11^{00} - 17^{00} Uhr).

Bopser D 4

Der Stuttgarter Talkessel wird im Süden vom 482 m hohen Bopser überragt, auf dessen bewaldetem Gipfel der ▶ Fernsehturm als weithin sichtbare Landmarke steht. An den sonnenexponierten Hängen wird Wein angebaut, und die höheren Partien sind noch von schönem Mischwald bestanden.

Lage
Stuttgart-Süd

Stadtbahn
Bopser
(U 5, U 6, U 7)

Am unterem Ausgang der Bopserklinge sind die Bopseranlage und der ▶ Weißenburgpark angelegt. Aus dieser Halbhöhenlage hat man einen wunderbaren Blick auf die Innenstadt. Bereits im 19. Jh. entstanden hier oben noble Villen und Landhäuser.

*** Mauer-terrassen**

Die verfallenen und verwilderten Mauerterrassen-Weinberge am Bopser-Nordwesthang, die aus dem Stadtbild genauso wenig wegzudenken sind wie der Hauptbahnhof oder der Fernsehturm, wurden 1989 wieder hergerichtet und mit Trollinger-Reben neu bepflanzt.

Weinsteige

Schon im 14. Jh. führte eine steile Steige am Nordwesthang des Bopsers bergan, und seit 1826 schlängelt sich ein Meisterwerk der damaligen Ingenieurskunst, die Neue Weinsteige, nach Degerloch hinauf. Bis heute ist die inzwischen mehrspurig ausgebaute Straße die wichtigste Ausfallroute ins südliche Umland.

Stadtbahn-Bergstrecke

In den letzten Jahren hat man ein ganzes Tunnel-System für die neue Stadtbahn in den Nordwesthang des Bopsers gegraben. Seitdem gelangt man mühelos und ohne Stau binnen weniger Minuten aus der Innenstadt hinauf nach Degerloch, zum Fernsehturm und weiter auf die Fildern.

Bosch-Areal B 1

Lage
Breitscheidstr.

Stadtbahn
Berliner Platz
(U 2, U 9, U 14)

Zwischen Alter Reithalle und Liederhalle wurde 2001 in den lange ungenutzen Verwaltungsbauten der Firma Bosch aus dem Jahr 1912 das Erlebnisviertel Bosch-Areal eingeweiht. Die denkmalgeschützte Backsteinarchitektur wurde modern ergänzt und der Innenhof mit einem transparenten Dach zum "Allwetterfreisitz" aufgewertet.
Auf dem Areal tummeln sich eine bunte Mischung angesagter Gastronomie, die legendäre Disco "M 1", ein Großraumkino, das 2001 gegründete Literaturhaus Stuttgart, ein Fitnessstudio, Medienbetriebe und thematisch verwandte Unternehmen.

Ein futuristisches Zeltdach verbindet die Gebäude des Bosch-Areals.

Calwer Straße B/C 3/4

S-Bahn Stadtmitte (S 1 – S 6)

Stadtbahn Rotebühlplatz (U 2, U 4, U 11, U 14)

Die Calwer Straße verdankt ihren Namen dem 1836 abgebrochenen Calwer Tor. In ihrem oberen Teil ist die letzte historische Gebäudezeile Stuttgarts erhalten. Diese aus dem 15. bis 19. Jh. stammenden Wohn- und Geschäftshäuser wurden Ende der 1970er-Jahre je nach Erhaltungszustand renoviert, ausgekernt oder abgerissen und rekonstruiert. Den Besucher erwarten seither eine bunte Mischung exklusiver Läden sowie zahlreiche Restaurants. Im Sommer ist die durchgehend zur Fußgängerzone umgestaltete Straße ein einziges großes Straßencafé.

*** Calwer Passage**

Zwischen den Altbauten der oberen Calwer Straße und dem Neubau an der Theodor-Heuss-Straße erstreckt sich das – feine, wenn auch kleine – Herzstück des Viertels, die 1978 eröffnete Calwer Passage mit exquisiten Geschäften und Boutiquen.

Rotebühlplatz

An der Ecke Calwer Straße/Rotebühlplatz steht das einstige Palais der Freiherren von Gültingen (heute Restaurant "Paulaner"), davor der Postplatzbrunnen, der von Hofbaumeister Thouret entworfen wurde. Der Rotebühlplatz hat seinen Namen von einem noch im 16. Jh. hier bestehenden Heiligenbild (Rote-Bild-Tor). Er war seit dem 17. Jh. Standort einer Postumschlagstelle der Fürsten von Thurn und Taxis.

Treffpunkt Rotebühlplatz

An der gegenüber liegenden Seite des Platzes liegt der "Treffpunkt Rotebühlplatz", ein großes Kulturzentrum mit Volkshochschule, Musikschule und Mediathek sowie ein wichtiger Veranstaltungsort.

*Carl-Zeiss-Planetarium A 4

Lage Willy-Brandt-Straße 25

S-Bahn Hauptbahnhof (S 1 – S 6)

Das Carl-Zeiss-Planetarium im Mittleren ▶ Schlossgarten ist 1977 eröffnet worden. Es zählt seither zu den führenden "Sternentheatern" in Europa. Beachtung fand auch seine Architektur: Die dunkel verglaste Dachkonstruktion in Form einer Stufenpyramide hängt an einem mehrarmigen Stahlskelett. Im Kuppelsaal (rund 300 Sitzplätze) erleben Besucher eine Multi-Media-Astro-Show mit alle zwei Monate wechselndem Programm.

Vorführungen: Di., Do. 10^{00} u. 15^{00}; Mi., Fr. 10^{00}, 15^{00} und 20^{00}; Sa., So. 14^{00}, 16^{00} und 18^{00} Uhr. Dauer: etwa 45 Minuten. Kinder unter 6 Jahren haben, außer bei speziellen Kindervorführungen, keinen Zutritt (Auskunft: ☎ 162 92 15).

Meteosat

In einem Nebenraum werden die Aufnahmen des europäischen Wettersatelliten "Meteosat" übertragen.

Degerloch O/P 29/30

Lage Südlich oberhalb des Stuttgarter Talkessels

Die 1908 nach Stuttgart eingemeindete Siedlung Degerloch (von "teger loch" = starker Wald) am Nordrand der Filderhochfläche war in früher Zeit Umspannstation für Kutschen auf der über den Haigst ("haigst" = höchst) herauffführenden Alten Weinsteige. Mit

Die Calwer Passage wurde in den 1970er-Jahren als erste mondäne ▶ Einkaufspassage Stuttgarts konzipiert.

hoto bergmeister
ledermode
candy schuhe
parfümerie
Polaroid
Taschen ab 39,-

Degerloch (Fts.)

Stadtbahn
U 5, U 6, U 7, U 8

Zahnradbahn 10

der Anlage der Neuen Weinsteige und dem Bau der Zahnradbahn (▶ Baedeker Special S. 95) wurde Degerloch als Wohn- und Naherholungsort attraktiv und erhielt im 19. Jh. sogar das Prädikat "Höhenluftkurort". Es entstanden nicht nur feudale Villen, sondern auch ein weites Spazierwegenetz. Der alte Ortskern wurde saniert; dort steht auch der Gasthof "Ritter", die Nachbildung eines barocken Fachwerkhauses aus dem frühen 18. Jahrhundert.
Auf Degerlocher Markung steht der ▶ Fernsehturm, unter dem sich die Bezirkssportanlage Waldau ausdehnt. Westlich unterhalb von Degerloch liegt der Waldfriedhof (▶ Friedhöfe).

Waldau

Stadtbahn
Waldau
(U 7, U 8)

Bus
70

Nahe beim Fernsehturm erstreckt sich das Erholungsgebiet Waldau, nach dem Cannstatter Wasen Stuttgarts zweitgrößtes Sportgelände. Es umfasst die Bezirkssportanlage Waldau, den Heimspielort der Stuttgarter Kickers, sowie das Stadion der Universität Stuttgart, das tus-Sportzentrum mit Sporthalle, Eislaufhalle, Curlinghalle, Rollschuhbahn, Sportkindergarten und Kegelbahnen und zahlreiche Vereinssportanlagen. Die viel besuchte Kunsteisbahn Waldau hat zwei Laufflächen von jeweils 30 × 60 m.

Deutsches Spielkartenmuseum

▶ Filder

**Esslingen am Neckar

östlich N

Lage
12 km südöstlich von Stuttgart

S-Bahn
Esslingen (S 1)

Die ehemalige Freie Reichsstadt Esslingen (90 500 Einw.) liegt im Neckartal 12 km südöstlich von Stuttgart. Das Gemeindegebiet schließt direkt an die neckarabwärts gelegenen Stuttgarter Stadtteile ▶ Hedelfingen und Obertürkheim an.
Anders als Stuttgart verfügt Esslingen noch über einen intakten mittelalterlichen Stadtkern. Die markantesten Bauwerke aus der Stauferzeit sind die Stadtkirche St. Dionys, die drei noch erhaltenen Stadttore und die über dem Marktplatz gelegene Burg. Nach dem Ende der reichsstädtischen Zeit wurde aus Esslingen die erste und größte Industriestadt im Königreich Württemberg, vor allem bekannt durch die Esslinger Maschinenfabrik. Noch heute sind namhafte Firmen wie Hirschmann, Hengstenberg, Sektkellerei Kessler, Eberspächer und Festo hier ansässig.

Geschichte

Im Jahr 777 wird Esslingen erstmals urkundlich erwähnt, als Abt Fuldrad die bereits bestehende alamannische Kirche dem Kloster Saint-Denis bei Paris vermachte. Der Ort, wo sich bereits Jahrhunderte vorher Kelten, Römer und Alamannen niedergelassen hatten, wurde durch diese Zelle und die Neckarfurt zu einer wichtigen Siedlung. Er erhielt 866 das erste verbürgte Marktrecht rechts des Rheins. Weinbau und -handel, die bereits im 8. Jh. nachgewiesen sind, waren ein wesentlicher Wirtschaftsfaktor, der den Wohlstand der Stadt mitbegründete. Als Esslingen um 1228 die Stadtrechte bekam, stieg es zum Verwaltungsmittelpunkt der Staufer auf.
Bereits in den Jahren vor 1241 umgab man die Stadt mit einem Mauerring und schlug eine Steinbrücke über den Neckar – noch heute ist der nierenförmige Grundriss der staufischen Stadtanlage

Esslingen besitzt gleich mehrere kunsthistorisch bedeutende Kirchen.

Geschichte (Fortsetzung)

im Stadtplan zu erkennen. Als in der zweiten Hälfte des 13. Jh.s die Stauferherrschaft zu Ende ging, erhielt Esslingen den Status der Freien Reichsstadt. 1246 begann die jahrhundertelange Erbfeindschaft zwischen der Freien Reichsstadt und den Grafen von Wirtemberg, die mit Esslingens Niederlage 1454 endete. Der Dreißigjährige Krieg und Einfälle französischer Truppen im späten 17. Jh. setzten der Stadt sehr zu, zudem richtete ein Stadtbrand im Jahre 1701 verheerende Schäden an. Die reichsstädtische Ära endete 1802: Esslingen fiel an Württemberg. Während des Zweiten Weltkriegs blieb die inzwischen durch Industrialisierung erheblich gewachsene Stadt im Wesentlichen unversehrt.

Wein

Einen besonderen Ruf erlangte Esslingen im Lauf seiner Geschichte als Weinort. Im 14. Jh. wurde "Esslinger" nicht nur in Augsburg, sondern auch in Salzburg und Wien geschätzt. Damals wurde in der Grafschaft Württemberg und in Bayern der Wein nach "Esslinger Eimer" gemessen. Noch Anfang des 20. Jh.s umfasste die Rebfläche auf Esslinger Markung mehrere Hundert Hektar, sie ist heute auf 92 Hektar zusammengeschrumpft.

Innenstadt

* Marktplatz

Der weite Marktplatz ist heute das Zentrum der ehemaligen Freien Reichsstadt. Um ihn gruppieren sich etliche der bedeutendsten Bauwerke der Stadt. Bis 1811 war der Platz mit den Gebäuden des Esslinger Katharinenspitals und der von Mathias Böblinger errichteten Spitalkirche bebaut gewesen.

Stadtkirche St. Dionys

Der Standort der Stadtkirche St. Dionys und ihre unmittelbare Umgebung gelten als ältester Siedlungskern Esslingens. Die Vorgängerbauten der dem hl. Dionys geweihten evangelischen Stadtkirche reichen bis in vorkarolingische Zeit zurück. Im Laufe des 13. und 14. Jh. wurde die heutige Kirche erbaut und mit einem hochgotischen Chor versehen. Der Hochaltar stammt von Peter Riedlinger und David Mieser (1604, rest. 1982) und zeigt Szenen aus dem Leben Jesu. Der Lettner im Hochschiff, das Sakramentshäuschen und der Taufstein werden dem Heidelberger Meister Lorenz Lechler zugeschrieben (15. Jh.). Die farbenprächtigen Glasfenster im Chor (aus Esslinger Werkstätten um 1300) zählen zu den schönsten in Süddeutschland und zeugen von der Bedeutung Esslingens als schwäbisches Kunstzentrum um 1300. Die beiden Türme der Stadtkirche wurden wegen früherer Senkungen mit Strebepfeilern gesichert und durch eine Brücke verbunden.

*** Ausgrabungsmuseum**

1960 bis 1963 wurden in der Stadtkirche Ausgrabungen vorgenommen. Hierbei fand man Reste früherer Kirchen, eine Krypta sowie eine Behausung aus der Urnenfelderkultur (13. – 8. Jh. v. Chr.). Die

Funde sind in einem kleinen Ausgrabungsmuseum zu sehen (Führungen Mi. und jeden 3. So. im Monat 14[30] Uhr). St. Dionys (Fts.)

Südlich der Stadtkirche steht der ehemalige Speyrer Pfleghof, der von Kaiser Friedrich II. 1213 dem Speyrer Domkapitel vermacht wurde. Bis 1546 diente er als Zehnt- und Pfarrhof und wurde dann Kirchenkastenverwaltung und Pfarrhaus. 1833 zog hier die 1862 von Georg Christian Keßler gegründete älteste deutsche Sektkellerei ein, deren Sitz immer noch in diesem Gebäude ist. Zu Beginn des 20. Jh.s wurde der Bau restauriert und erhielt sein heutiges Schmuckfachwerk. Auch den pittoresken Radbrunnen hat man damals hinzugefügt. Speyrer Pfleghof, Keßler-Haus

Direkt gegenüber befindet sich die ehemalige Friedhofskapelle (Allerheiligenkapelle) mit dreischiffigem Beinhaus im Untergeschoss und Kapellenraum im Obergeschoss. Die Umrisse der 1324 erstmals genannten Kapelle sind heute noch deutlich zu erkennen, im Magazinraum kann man Wandgemälde von 1444 bewundern. Im Jahr 1610 wurde das Gebäude von Heinrich Schickhardt zum Archiv umgebaut, das nicht nur sehr schön, sondern mit seinen 9000 Pergamenturkunden auch sehr bedeutend ist. Allerheiligenkapelle, Stadtarchiv

Ende des 13. Jh.s wurde das Schwörhaus gebaut, das sich am Südwestrand des Marktplatzes befindet. Von dem 1807 abgebrochenen Balkon aus leistete der Bürgermeister den Bürgern der Reichsstadt (1376 – 1802) alljährlich am Schwörtag den Eid auf die Stadtverfassung. Dieser Brauch wurde 1991 wieder aufgenommen. Schwörhaus

Das katholische Münster St. Paul an der Westseite des Marktplatzes, erbaut 1233 bis 1268, gilt als die älteste erhaltene Bettelordenskirche Deutschlands. Nach der Reformation musste die ehemalige Kirche des Dominikanerklosters abwechselnd als Zeughaus, Waisenhaus, Schule, ja sogar als Lagerhaus und Kelter herhalten. Im Jahre 1861 wurde sie von der katholischen Kirchengemeinde St. Paul übernommen. Die Madonna am Ostpfeiler stammt vermutlich aus der Werkstatt des Ulmer Meisters Jörg Syrlin; beachtenswert ist auch das spätgotische Kruzifix über dem Hochaltar. St. Paul

Überregionale Bedeutung hat die Esslinger Frauenkirche, die über dem Marktplatz am Fuße des Burgbergs liegt. Als erste gotische Hallenkirche Südwestdeutschlands gab sie wesentliche Impulse für die Sakralarchitektur der Zeit. Der genaue Baubeginn ist nicht bekannt (Bauausschreibung von 1321), abgeschlossen wurden die Arbeiten zu Beginn des 16. Jh.s. Die dreischiffige Hallenkirche hat einen sehr schönen, 72 m hohen Turm, der nach Vorlagen des Ulmer Münsterbaumeisters Ulrich von Ensingen errichtet wurde. Im Chor sind die Glasmalereien aus Esslinger Werkstätten (14. Jh.) besonders beeindruckend wie auch die Reliefs über den beiden Südportalen: Marienleben (um 1350) und Weltgericht (um 1400). * Frauenkirche

Östlich des Gotteshauses steht der Salemer Pfleghof, der 1229 erstmals urkundlich erwähnt wurde. Nach der Überlieferung ist Kaiser Karl V. bei seinen Besuchen in Esslingen (1548 und 1552) hier abgestiegen. Nach der reichsstädtischen Ära diente das Gebäude als Gerichtsgefängnis. Salemer Pfleghof

Schreiber-Museum

1999 wurde im Dachgeschoss des Salemer Pfleghofs das J.-F.-Schreiber-Museum eröffnet. Die liebevoll gestaltete Ausstellung zeichnet den Werdegang jenes Verlages auf, der zu Beginn des 20. Jh.s mit seinen fast jedem Kind bekannten patentierten Papierschneidebögen, Papiertheatern und beweglichen Bilderbüchern Weltruhm erlangt hat (Öffnungszeiten: Di. bis Sa. $14^{00}-18^{00}$, So. 11^{00} bis 18^{00} Uhr).

Baedeker TIPP Kinder ins Museum

An jedem letzten Mittwoch im Monat gibt es im J.-F.-Schreiber-Museum Aktionen für Kinder rund um das Thema Papier, sowie die Möglichkeit, Papier-Kunstwerke selbst herzustellen und nach Hause mitzunehmen. Auf Anfrage finden hier auch Aufführungen im historischen Papiertheater statt (Auskünft ☎ 07 11/35 12-32 40)

Kielmeyerhaus

Das Kielmeyerhaus am Marktplatz sticht durch sein prachtvolles Fachwerk sofort ins Auge. Die 1582 erbaute ehemalige Spitalkelter ist das letzte sichtbare Zeugnis des vom 13. bis ins 19. Jh. wirkenden Katharinenspitals. Im Erdgeschoss lassen sich die Renaissancepforten erkennen wie auch das Wappen des Spitals mit der hl. Katharina von Alexandrien und ein Reichsadler. An der Südwestecke des Gebäudes unter dem Gesims des ersten Stockwerks befindet sich ein sagenumwobenes "Teufele", das ein Schild mit der Jahreszahl 1582 in den Händen hält.

Neues Rathaus

Wieder auf dem Marktplatz angelangt, stößt man an seiner Nordseite auf das barocke Neue Rathaus, auch unter dem Namen Palm'sches Palais bekannt. Es wurde 1748 bis 1763 für die Wiener Familie Palm errichtet, in den Jahren 1831 bis 1840 war es im Besitz des Grafen Alexander von Württemberg. 1841 ging das repräsentative Gebäude schließlich an die Stadt über und wurde Rathaus. Damals wurde ihm auch das kleine Uhrtürmchen aufgesetzt.

Das Alte Rathaus kündet von Reichtum und Bedeutung der einstigen freien Reichsstadt.

* Altes Rathaus

Das gegenüber liegende Alte Rathaus wurde um 1420 als Kauf- und Steuerhaus errichtet, wobei im ursprünglich offenen Erdgeschoss Verkaufsstände untergebracht waren. Als Rathaus diente es tatsächlich nur wenige Jahrzehnte. Auffallend sind die beiden unterschiedlichen Seiten des Gebäudes. Die ältere Südfassade gehört zu den herausragenden Beispielen alemannischer Fachwerkskunst ("Schwäbischer Mann"). Die Nordseite erhielt in den Jahren 1586 bis 1589 durch Heinrich Schickhardt eine Renaissance-Fassade mit geschwungenem Staffelgiebel. Oben aufgesetzt wurde ein zweigeschossiges, offenes Türmchen. Im Inneren zeigt sich ebenfalls der Kontrast der Stilrichtungen: Mittelalterliche Säle mit imposanten, offenliegenden Holzkonstruktionen liegen Tür an Tür mit vornehmen Renaissanceräumen. Ein ausgesprochenes Kleinod ist die 1592 hinzugefügte astronomische Uhr mit Glockenspiel des Tübinger Meisters Jacob Diem (tgl. 8^{00}, 12^{00}, 15^{00}, 18^{00}, 19^{30} Uhr).

Altes Rathaus (Fortsetzung)

Gegenüber der rückwärtigen Fassade des Alten Rathauses trifft man auf wundervoll restaurierte Fachwerkhäuser aus dem 14. Jh., so das "Sachsen-Haus" und das "Mauchartische Haus".

Fachwerkhäuser

Als einer der zentralen Plätze der Altstadt hat der Hafenmarkt eine besonders lange und bewegte Baugeschichte (Anmerkung für Nichtschwaben: Hier hält man vergebens nach Schiffen Ausschau, vielmehr versteht man unter "Hafen" auf gut Schwäbisch einen Topf oder ein anderes Gefäß). Zwischen dem Alten Rathaus und dem Hafenmarkt finden sich einige der ältesten Wohnbauten Esslingens und die älteste erhaltene Fachwerkhäuserzeile Deutschlands, die alle zwischen 1328 und 1331 erbaut worden sind.

Hafenmarkt

Das Gelbe Haus ist der einzige erhaltene Geschlechterturm aus der zweiten Hälfte des 13. Jh.s. Zu dem Gebäude gehört ein nach dem Stadtbrand von 1701 erbautes Wohnhaus. Heute ist das Stadtmuseum (Öffnungszeiten: Di. – Sa. 14^{00} – 17^{00}, So. 10^{00} – 17^{00} Uhr) darin untergebracht. Exponate aus dem frühen Mittelalter bis ins 20. Jh. hinein geben ein eindrucksvolles Bild von der Entwicklung der Stadt.

Gelbes Haus
*** Stadtmuseum**

Die ehemalige Franziskanerkirche oder auch Hintere Kirche ist neben dem Münster St. Paul ein weiteres Beispiel einer Bettelordenskirche. Sie war bereits im 13. Jh. das Gotteshaus des hier ansässigen Franziskanerklosters. Die lateinische Inschrift am Nordostpfeiler des Chores bezeugt die Ankunft der Minderbrüder im Jahre 1237 in Esslingen. Nachdem das Kloster 1668 und das Langhaus 1840 abgebrochen wurden, sind nur noch der Chor und Reste der wertvollen Chorverglasung mit Bildscheiben der Zeit um 1320 erhalten.

Hintere Kirche

Das ehemalige Zunfthaus der Schneider (Im Heppächer 4) fungierte von 1819 bis 1938 als Synagoge und wurde, wie auch die Stuttgarter Synagoge, in der Pogromnacht 1938 verwüstet. Seit 1987 ist hier eine Galerie untergebracht.

Ehemalige Synagoge

Von der ehemaligen Stadtbefestigung des 13. Jh.s sind noch drei Tortürme erhalten: das Wolfstor in der Küferstraße, das Schelztor und der Pliensauturm. Das Wolfstor (um 1220) ist eines der letzten Zeugnisse der staufischen Befestigungsbauten, von hier aus verließ die Fernhandelsstraße von Speyer die Stadt in Richtung Ulm. An der Außenseite dieses Ausfalltors markierten zwei Stauferlöwen, im Stil ausklingender Romanik mit gereihten Zöpfen als Mähne, den Herrschaftsbereich.

Wolfstor

Ritterstraße

Bei einem Brand im Jahr 1701 wurden Teile der Altstadt zerstört, die dann, wie z. B. in der Ritterstraße, mit barocken Bürgerhäusern und Palais neu bebaut wurden. In den Jahren 1720 bis 1725 entstand in der Ritterstraße 10 das Kanzleigebäude des Ritterkantons Kocher, der so genannte Ritterbau. Das heutige Amtsgericht, ein großes schlossähnliches Barockgebäude, war bis 1802 das Rathaus der Reichsstadt. Es wurde 1705 bis 715 nach dem Stadtbrand an Stelle eines älteren Vorgängers errichtet. Der Kaisersaal im Inneren wurde 1727 mit Deckengemälden versehen.

Postmichelbrunnen

Folgt man der Straße, stößt man auf den 1916 gestifteten Postmichel- oder Fischbrunnen. Der Postmichel von Esslingen, eine Sagengestalt aus dem 15. Jh., war fälschlicherweise wegen Mordes zum Tode verurteilt und geköpft worden. Dem wahren Mörder erschien er daraufhin jede Nacht im Schlaf – mit dem Kopf unterm Arm. Der böse Bube wurde aufgrund dieser nächtlichen Heimsuchungen beinahe wahnsinnig und gestand schließlich seine Tat.

*** Burg**

Zwischen Kielmeyerhaus und Neuem Rathaus hindurch und weiter über den Kleinen Markt führen zwei Wege hinauf zur Esslinger Burg: ein etwas beschwerlicher über die Burgstaffeln und ein angenehmerer durch die Weinberge. Oben angekommen, wird man mit einem sehr schönen Blick auf die Altstadt, die Fildern und das Neckartal belohnt. Niemals wirklich Burg oder Herrensitz gewesen, handelt es sich eigentlich nur um einen vorgeschobenen Teil der Stadtbefestigung. Bereits im Jahr 1314 wurde sie erstmals urkundlich erwähnt, in den Jahren 1519 bis 1531 weiter ausgebaut. In dieser Bauphase entstand der markanteste Teil, der "Dicke Turm" (1527), der erst 1887 eine Haube nach Nürnberger Vorbild verpasst bekam. Zum Gesamtbild der Burganlage gehören außerdem die Hochwacht, der Seilergang und das Mélac-Häuschen. Heute ist das Gelände eine grüne Oase, Spielgelände und Schauplatz diverser Veranstaltungen.

Baedeker TIPP Open-Air-Kino auf der Burg

Ein besonderes Sommervergnügen sind die Open-Air-Kinoveranstaltungen auf der Burg. Spielzeiten in der Tagespresse oder beim Esslinger Stadtmarketing, ☎ 07 11 / 39 69 39 69.

Pfleghöfe

Viele auswärtige Klöster besaßen im Mittelalter Weinberge in Esslingen, die sie innerhalb der Stadt von ihren Pfleghöfen verwalten ließen. Von den ehemals elf Pfleghöfen ist neben dem bereits erwähnten Speyerer Pfleghof und dem ebenfalls genannten Salemer Pfleghof noch der Fürstenfelder Hof hevorzuheben, der dem Zisterzienserkloster Fürstenfeld in Bayern seit 1321 gehörte. Nach dem Stadtbrand wurde er als Barockbau, dessen Stuckaturen das wertvollste Zeugnis barocker Kunst in Esslingen darstellen, wieder hergestellt.

Baedeker TIPP Pizza con "Stuck"

Bei einem Besuch des Restaurants "Michelangelo" (im Fürstenfelder Hof, Strohstraße 13) kann man sein Menü unter den wertvollen barocken Stuckdecken genießen.

Der Rossneckar – Idylle neben dem Stadtzentrum

Innere Brücke

Direkt am Beginn der Inneren Brücke, einer Einkaufsstraße mit netten Läden, steht der Palm'sche Bau, ehemals Stadtpalais der Familie Palm und heute Restaurant mit schönem Biergarten. Die mittelalterliche Innere Brücke überspannt den malerischen Wehrneckar, die Maille (als Park angelegte Insel, auf der man – ähnlich wie auf der Londoner Pall Mall – im 17. und 18. Jh. das dem Krocket ähnliche "paille maille" spielte) und den Rossneckar. Auf der Brücke findet man noch kleine Brückenhäuschen und die letzte der ehemals 17 Kapellen innerhalb der Esslinger Stadtmauern. Die Nikolauskapelle wurde 1350 erstmals urkundlich erwähnt. Ursprünglich St. Nikolaus, dem Patron der Schiffer und Flößer gewidmet, funktionierte man sie nach 1530 zum Brücken-Verkaufsstand um. 1956 wurde sie zur Gedenkstätte für die Opfer des Nationalsozialismus umgewidmet.

Maille

Nikolauskapelle

Villa Merkel
Städtische Galerie

In der Villa Merkel in den Pulverwiesen sind seit 1974 die Städtische Galerie und die Grafische Sammlung der Stadt Esslingen untergebracht (Öffnungszeiten: Di. 11^{00} – 20^{00}, Mi. – So. 11^{00} – 18^{00} Uhr, Führungen: Di. 18^{00} und So. 15^{00} Uhr).
Direkt nebenan, im alten Bahnwärterhaus, dem städtischen Forum für junge Kunst, sind Werke junger Künstler ausgestellt (Öffnungszeiten: Di. – Fr. 15^{00} – 18^{00}, Sa., So. 11^{00} – 18^{00} Uhr).

Pliensaubrücke

Bereits vor 1241 wurde Esslingen mit einer Stadtmauer umgeben und eine Steinbrücke an Stelle der Furt über den Neckar geschlagen. Die Pliensaubrücke verband die Pliensauvorstadt und die ehemalige Neckarinsel Pliensau über die Innere Brücke mit der Altstadt und war ehemals Handelsstraße. Sie gehört zu den ältesten

Esslingen, Pliensaubrücke (Fortsetzung)

mittelalterlichen Steinbrücken nördlich der Alpen. Allerdings ist davon heute nicht mehr allzuviel zu sehen, da nach Verkehrsanpassungen nur noch drei Originalpfeiler übrig geblieben sind. Der 1286 erbaute Pliensauturm gehörte als Brückenturm zur Stadtbefestigung.

Schelztor

Das 1241 erstmals erwähnte Schelztor auf dem Weg von der Bahnhofstraße zurück zum Marktplatz ist das dritte erhaltene Stadttor. Der Name geht zurück auf eine Familie Schelch.

Plochingen

Plochingen
S-Bahn S 1
* Regenturm

Plochingen hat einen sehr schönen alten Stadtkern. Besonders der Marktplatz mit seinen Fachwerkhäusern ist sehenswert. Weithin sichtbare Attraktion der Stadt ist das 1994 fertig gestellte Hundertwasser-Projekt "Wohnen unterm Regenturm", eine Wohn- und Geschäftsanlage des österreichischen Künstlerarchitekten. Organische Linien und gerundete Formen dominieren, verspielte Balkone ruhen auf Keramiksäulen, farbige Keramikbänder und viel Grün tragen zum wundersamen Gesamteindruck bei (Führungen n.V., ☎ 0 71 53 / 7 00 52 04).

Eugensplatz — L 31

Straßenbahn
Eugensplatz (15)

Bus
42

Der Eugensplatz, dessen Namenspatron Herzog Eugen von Württemberg (1846 – 1877) ist, liegt östlich auf einer Anhöhe über der Innenstadt. Von hier aus bietet sich ein ausgesprochen schöner Blick auf das Zentrum Stuttgarts. Besonders in der warmen Jahreszeit wird der Platz mit seinen alten hohen Kastanienbäumen zum Treffpunkt junger Leute.

Galatea-Brunnen

Die Bronzefigur des etwas versteckt unterhalb des eigentlichen Platzes gelegenen Galatea-Brunnens, 1890 von Otto Rieth geschaffen, stellt die schöne Nymphe aus der griechischen Mythologie dar. Nach seiner Enthüllung soll das wohlgestaltete Werk für so viel Entrüstung gesorgt haben, dass Königin Olga, die 25 000 Mark für die Errichtung des Brunnens gespendet hatte, damit drohte, die Figur umdrehen zu lassen, damit

Prachttreppe mit Prunkbrunnen

Stäffelesrutscher

Treppen verschiedenster Längen, Breiten und Höhen sind eine echt Stuttgarter Spezialität: Im offiziellen Hochschwäbisch kennt man sie als Staffeln, im schwäbischen Diminutiv heißen sie "Stäffele" und die Stuttgarter – nun, das sind eben die Stäffelesrutscher.

Rund 400 Staffeln gibt es in Stuttgart. Es sind öffentliche Treppenwege, die zumeist als Abkürzungen zwischen zwei Straßen am Hang dienen und nicht selten malerische und verschwiegene Winkel bilden. Zuweilen sind sie von romantischen Parkanlagen, öfter jedoch von Gärten und Häusern gesäumt. Es gibt sogar Häuser, die einzig und allein über Stäffele zu erreichen sind. Viele der Treppenanlagen stammen noch aus der Zeit, als nur Weinberge und Gärten an den Hängen angelegt waren.

Sehenswert

Prachttreppe Nummer eins ist die Eugenstaffel. Sie gipfelt am Eugensplatz in der Brunnenanlage mit der schönen Galatea, das untere, einst ebenso prachtvolle Ende wurde im Zweiten Weltkrieg zerstört und wurde schmucklos einfach wiederhergestellt. Die Sünderstaffel gilt als eine der schönsten in Stuttgart und die hübsche, unten doppelläufige Gellertstaffel führt in exklusiver Villengegend von der Gerokstraße zum Baudenkmal "Kanonenhäusle". Es war die Feuerhochwacht der Stadt: Konnte man einen Brand erkennen, wurden warnende Kanonen abgefeuert.

Was den Berlinern die Linden, sind den Stuttgartern die Stäffele.

Stäffelesrundgang

Mit der Straßenbahnlinie 15 kommt man zur Haltestelle Stafflenbergstraße. Nach ca. 80 m auf der gleichnamigen Straße zweigt steil nach rechts unten die Sünderstaffel ab. Sie mündet in der Pfizerstraße, hier geht es noch ein wenig bergab bis zur Mündung in die viel befahrene Alexanderstraße und dann wieder rechts bergauf zum Eugensplatz. Jetzt die Eugenstaffel hinunter und am unteren Ende rechts ein Stück die Urbanstraße entlang und quer über den Urbansplatz bis zur Schützenstraße. Hier beginnt die Kernerstaffel hinauf zur Jugendherberge. Oben angelangt, wendet man sich nach links und marschiert ein Stück entlang der Haussmannstraße, die eine schöne Aussicht. auf die Stadt bietet. Gegenüber vom Froschbrunnen mit dem Pankopf auf der anderen Straßenseite beginnt in Talrichtung die großzügig angelegte Sängerstaffel. Sie endet im Talkessel an der Stadtbahnhaltestelle Staatsgalerie.

Baedeker TIPP Eiszeit beim Pinguin

Ausgezeichnetes Eis gibt es in der Eisdiele Pinguin am Eugensplatz. Und das genießt man dann mit Blick auf die Stadt auf der Platzseite gegenüber.

diese der Stadt und somit ihren Kritikern ihren umstrittenen blanken Po zeigen könne. Unterhalb des Brunnens führt die Eugenstaffel, eines der schönsten Stuttgarter "Stäffele", hinunter in die Stadt.

Fellbach

F/J 35

Lage
8 km nordöstlich von Stuttgart

S-Bahn
Fellbach (S 2, S 3)

Stadtbahn U1

Fellbach, die "Stadt der Weine und Kongresse", erstreckt sich vor den Toren Stuttgarts von den weinbewachsenen Ausläufern des Schurwaldes mit dem Kappelberg (469 m ü. d. M.) über das Schmidener Feld bis hin zum Neckar- und zum Remstal.
Bereits Kelten, Römer und Alamannen prägten das Bild der Gegend, die heute bekannt ist für ihren qualifizierten Gartenbau, ihre Baumschulen und nicht zuletzt für ihren Weinbau. Leistungsfähige Gewerbe- und Industriebetriebe künden von der Wirtschaftskraft der Großen Kreisstadt Fellbach, die erst 15 000 Einwohner hatte und heute mit ihren beiden Stadtteilen Schmiden und Oeffingen über 42 000 Einwohner zählt. Der Ort Fellbach wurde im Jahr 1121 erstmals urkundlich erwähnt, die Teilorte Schmiden und Oeffingen sind erheblich älter. Zu einem bekannten Marktflecken entwickelte sich Fellbach erst im 18. und 19. Jh. Das Stadtrecht erlangte Fellbach schließlich 1933.

Sehenswertes in Fellbach

Lutherkirche

Die evangelische Lutherkirche im alten Siedlungskern war im 14. Jh. von einer kastellartigen Mauer und einem Wassergraben umgeben. Diese Umfriedung ist im 19. Jh. beseitigt worden. Turm, Chor und Sakristei (Netzrippengewölbe) sind gute Beispiele spätgotischer Baukunst. Um die Lutherkirche ist in den letzten Jahren eine neue Stadtmitte entstanden.

Rathaus

Zentrum dieses mit mehreren Geschäften, der Stadtbibliothek, hübsch angelegten Plätzen und einer Parkgarage versehenen baulichen Ensembles ist das moderne Rathaus. Es besitzt ein Glockenspiel aus Meißner Porzellan, ein Geschenk der sächsischen Partnerstadt für Fellbachs Hilfe nach der "Wende". Im Innenhof gibt die Plastik "Der Mensch" des Zürcher Künstlers Otto Müller einen gelungenen Blickfang ab.

Stadtmuseum

Das reichhaltige Fellbacher Stadtmuseum beschäftigt sich mit der Lokalhistorie, von paläontologischen Funden bis zu Dokumenten alteingesessener Familien (Hintere Str. 26; Öffnungszeiten: Sa./So. 15^{00} – 18^{00} Uhr).

Maria Regina

Die architektonisch bemerkenswerte katholische Kirche Maria Regina am Rembrandtweg ist 1967 nach Plänen von Klaus Franz fertig gestellt worden. Der schräg gestellte Kegelstumpf aus Sichtbeton ist bis auf das Oberlicht fensterlos, wodurch ein völlig auf den Altar ausgerichteter Innenraum entstand.

Die bereits 1976 eingeweihte Schwabenlandhalle (Tainer Str. 7) ist ein bekanntes Kultur- und Kongresszentrum im Mittleren Neckarraum.

Schwabenlandhalle

Fellbachs imposante alte Kelter wurde 1906 erbaut und stellt den größten kommunalen Kelterbau Baden-Württembergs dar. Nach einer recht wechselhaften Geschichte wurde sie 2002 von der Gemeinde als "Haus der Kultur und der Weine" in Betrieb genommen. Hier finden kleinere Konzerte und Veranstaltungen statt, das Stadtmuseum Fellbach betreibt hier eine Dauerausstellung zum Weinbau.

Alte Kelter

Baedeker TIPP **Lämmler und Goldberg ...**

... so heißen die besten Lagen Fellbacher Weine – zu genießen in einer gemütlichen Weinstube oder bei der Besichtigung eines Weinbaubetriebs mit Weinprobe.

**Fernsehturm

G 7

Der Fernsehturm auf dem Hohen Bopser wurde 1954 bis 1956 als erster Fernsehturm der Welt aus Stahlbeton errichtet. Mit dem damals elfthöchsten Bauwerk der Welt hatte Stuttgart ein weithin sichtbares Wahrzeichen bekommen.
Die Betonnadel mit vierstöckigem Mastkorb und aufgesetzter Antenne ragt aus dem Wald des Hohen Bopsers (483 m ü. d. M.) am Südrand des Stadtkessels. Die Idee des Ingenieurs Fritz Leonhardt und des Architekten Erwin Heinle ist seither Vorbild für viele in

Lage
Jahnstraße

Stadt-/ Straßenbahn
Ruhbank (U 7, U 8, 15)
Waldau (U 7, U 8)

Von der Plattform des Fernsehturms reicht die Sicht bei gutem Wetter bis zu den Alpen.

Fernsehturm (Fortsetzung)

Öffnungszeiten tgl. 9⁰⁰ – 24⁰⁰, letzte Auffahrt 22³⁰

anderen Großstädten der Erde errichtete ähnliche Türme. Der sich verjüngende Stahlbetonschaft ruht auf einem kegelstumpfförmigen, mit mehreren Tausend Tonnen Erde bedeckten Fundament. Mit zwei Aufzügen (zur Bauzeit die schnellsten der Welt) gelangt man in 44 Sekunden in den Korb, der auf vier Etagen ein Technikergeschoss für die Sendeanlagen, ein Küchengeschoss sowie zwei Restaurantetagen beherbergt. Von der zweigeschossigen Aussichtsplattform in 152 m Höhe bietet sich ein fantastischer Rundblick: Man kann nicht nur die "Blaue Mauer" der Schwäbischen Alb, die Silhouette des Schwarzwaldes sowie die Erhebungen des Schwäbisch-Fränkischen Keuperberglandes erkennen, sondern sieht am südlichen Horizont gelegentlich bis zu den Alpen. Am Turmfuß gibt es ein italienisches Restaurant und im Sommer einen großen Biergarten.

Baedeker TIPP Aussicht by night

Ein spezielles Vergnügen ist ein Fernsehturmbesuch bei Dunkelheit mit Blick auf die Lichter Stuttgarts. Liebhaber der Sterne-Küche dinieren auf in jeder Hinsicht "höchstem" Niveau im Restaurant "Weber's Gourmet im Turm". Ein Drink im Turmcafé bietet dasselbe Panorama und schont die Reisekasse.

Filder

B – L 1 – 5

Lage südlich von Stuttgart

S-Bahn Leinfelden-Echterdingen (S 2, S 3), Filderstadt (S 3)

Südlich von Stuttgart, etwa zwischen Stuttgart-Vaihingen und Denkendorf, erstreckt sich eine rund 16 km lange und 10 km breite Hochebene, die Filderebene. Sprachlich bedeutet "Filder" nichts anderes als "Felder". Tatsächlich hatten die Filder aufgrund der außerordentlich fruchtbaren Lösslehmböden seit Jahrhunderten eine wichtige Funktion als "Vorratskammer" von Stuttgart.
Die Industrialisierung Ende des 19. Jh.s ging an den meisten Filderdörfern gänzlich vorüber, erst nach dem Zweiten Weltkrieg erfuhren die Filder ein ungeheueres Siedlungswachstum. Aufgrund des Autobahnanschlusses, des Flughafens und der Nähe zu Forschungseinrichtungen wie der Universität S-Vaihingen wurden die Filder zu einem gefragten Gewerbestandort und zählen heute unzweifel-

Auf den schweren Filderböden gedeiht Kraut aller Art besonders gut.

haft zu den stärksten Wachstumsregionen in Baden-Württemberg – um den Preis eines ungeheuren und nicht unumstrittenen Flächenverbrauchs für Siedlungs- und Verkehrsflächen.

Allgemeines (Fortsetzung)

Filderkraut

Berühmt wurden die Filder durch das "Filderkraut" (Weißer Spitzkohl), das auf den hervorragenden Lössböden gut gedeiht. Diese 1772 erstmals erwähnte Sonderform des Kohls wurde seit dem 18. Jh. in immer größerem Stil angebaut. Seit 1895 entstanden zahlreiche Krautfabriken auf den Fildern, von denen heute gerade noch drei existieren.

Sehenswertes auf den Fildern

Plieningen

Plieningen, das einst reichste Bauerndorf, hatte seit 1728 Marktrecht und war bis ins 19. Jh. der eigentliche Mittelpunkt der Filder. Noch heute erinnern prächtige Fachwerkhäuser im Ortskern an den einstigen Wohlstand. Allerdings wurde Plieningen gegen Ende des 19. Jh.s von Vaihingen, das als einziger Filderort Anschluss an die Gäubahn erhielt, überflügelt.

Martinskirche

Von kunstgeschichtlich hoher Bedeutung ist die romanische Martinskirche im Ortskern. Das Kirchenschiff stammt aus dem 12. Jh. und zeigt außen am Dachgesims ein romanisches Figurenrelief mit 12 Gestalten, deren Deutung bis heute immer noch Rätsel aufgibt. Der Turm wurde später angefügt, der Chor 1517 vollendet. Der Innenraum ist weitgehend durch das 19. Jh. geprägt, das Kruzifix stammt von 1520.

Mönchshof und Rathaus

Die Martinskirche bildet gemeinsam mit dem lindenbeschatteten Mönchshof, dem Pfarrhaus, der renovierten Zehntscheuer und dem alten Rathaus (erbaut 1741 – 1751) ein stimmungsvolles Ensemble. Im ersten Obergeschoss des Rathauses ist das Plieninger Heimatmuseum mit Exponaten des einst wohlhabenden Bauerndorfs untergebracht (Öffnungszeiten: Sa. / So. 10^{00} – 12^{00} Uhr und n. V., ☎ 4 56 04 42).

Leinfelden-Echterdingen

Die im Zuge der Gemeindereform aus zwei alten Dörfern geschaffene Stadt Leinfelden-Echterdingen (35 000 Einw.), zu der auch die Ortschaften Musberg und Stetten gehören, liegt im Nordwesten der Filderebene.

Historischer Pfad

Durch den alten Ortskern von Echterdingen führt ein "Historischer Pfad" mit 28 Stationen, beginnend am Rathaus, einem 1524 errichteten repräsentativen Fachwerkbau. Daneben steht die im Kern romanische Kirche mit dem markanten spätgotischen Turm, gegen-

Baedeker TIPP **Im Zeichen des Spitzkrauts**

Am zweiten Oktoberwochenende zieht das Filderkrautfest in Leinfelden-Echterdingen alljährlich viele Zehntausend Besucher in die Stadt. Nach dem Mitfiebern beim Krauthobelwettbewerb, der Krautkopfstaffette oder dem Krautathlon schmecken die Krautspezialitäten besonders gut.

Filder

Leinf. - Echterdingen (Fts.)
Heimatmuseum

über das 1744 erbaute Pfarrhaus, in dem der berühmte Mechanikerpfarrer Philip Matthäus Hahn (1739 – 1790) fast zehn Jahre wirkte. In der Hauptstraße 79 präsentiert das Heimatmuseum Echterdingen eine Dauerausstellung zur Ortsgeschichte.

*** Spielkartenmuseum**

In Leinfelden befindet sich das Deutsche Spielkartenmuseum. Mit seinen umfangreichen Beständen europäischer, indischer, chinesischer und japanischer Spielkarten, kunstgewerblicher Gegenstände, der Spezialbibliothek und dem Archiv zählt es zu den führenden Spielkarten-Museen Europas (Öffnungszeiten: Do. – Sa. 14[00] – 17[00], So. / Fei. 11[00] – 17[00] Uhr).

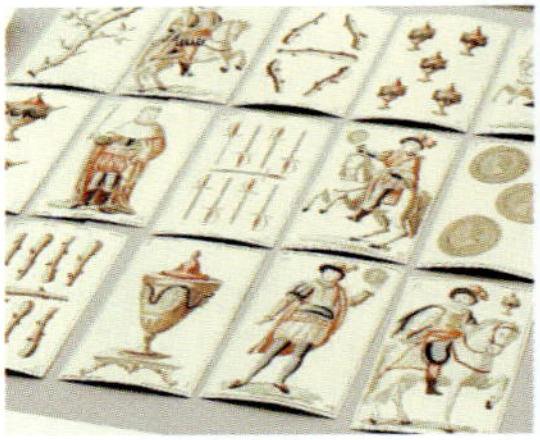

Vielfalt ist Trumpf.

*** Flughafen Stuttgart**

Der zwischen Echterdingen und Bernhausen gelegene Zeppelinstein erinnert an die Notlandung des Luftschiffs LZ4, das hier 1908 durch einen Sturm zerstört wurde. Die Luftfahrt im Stuttgarter Raum begann 1911 allerdings auf dem Cannstatter Wasen. Der erste Flughafen wurde 1925 in Böblingen errichtet, und erst zwischen 1937 und 1939 entstand der Flughafen auf den Fildern, nach Plänen von Ernst Sagbeil, der bereits Berlin-Tempelhof und München-Riehm erbaut hatte. Das alte Abfertigungsgebäude musste in 2000 dem Neubau des Terminals 3 weichen. Architektonisch bemerkenswert ist der Terminal 1, 1991 durch den Hamburger Architekten Meinhard von Gerkan errichtet: eine lange dreigeschossige Stahl-Glas-Konstruktion mit zum Rollfeld hin schräg ansteigenden Dachflächen. Das Dach wird von zwölf stählernen "Bäumen" getragen (► Abb. S. 25). Regelmäßig finden hier Festivals und Reisemärkte statt. Für das Jahr 2004 ist die Eröffnung des gestalterisch ähnlich

Das moderne Orts- und Ladenzentrum von Leinfelden

Flughafen (Fts.)

gehaltenen Terminals 3 vorgesehen, damit wird sich die Kapazität des Flughafens auf jährlich 12 Mio. Passagiere erhöhen. Auf der Besucherterrasse kann man sich die Oldtimerflugzeuge des Albatros-Flugmuseums ansehen, darunter eine Junkers F 13 (Öffnungszeiten: April – Sept. tgl. 8^{00} – 21^{00}, Okt. – März tgl. 9^{00} – 18^{00} Uhr). Führungen durch den Flughafen gibt es von Mo. – Do. 9^{00}, 11^{00}, 14^{00}, Fr. 9^{00} und 11^{00} Uhr (Anmeldung erforderlich unter ☎ 9 48 23 26, Mo. – Fr. 10^{00} – 12^{00} Uhr).

*** Siebenmühlental**

Zwischen Musberg und der Burkardsmühle liegt das landschaftlich überaus reizvolle Siebenmühlental mit seinen insgesamt elf Mühlen. Die Eselsmühle ist als einzige noch heute in Betrieb (mit Café, Bioladen, Demeter-Brotbäckerei und gesteinskundlicher Ausstellung: geöffnet tgl. 10^{00} – 19^{00} Uhr). Die Funktionsweise einer alten Mühle zeigt das Museum in der Mäulesmühle (Öffnungszeiten Mi. – Sa. 15^{00} – 18^{00}, So. 11^{00} – 18^{00} Uhr). Sie ist überregional bekannt durch die Mundart-Theateraufführungen in der angeschlossenen “Kommedescheuer”.

Baedeker TIPP

Sportlich voll auf dem Damm

Auf dem historischen Bahndamm der 1955 eingestellten Schönbuchbahn verläuft zwischen der Burkhardsmühle und Musberg eine der beliebtesten Inlinerstrecken im Stuttgarter Raum. Fußgänger sind, besonders am Wochenende in der Minderheit: also Vorsicht!

Ostfildern

Scharnhausen

Die südwestlich oberhalb von Esslingen gelegene Gemeinde Ostfildern besteht aus den Ortsteilen Kemnat (Sitz des Verlags Karl Baedeker), Nellingen, Ruit und Scharnhausen. Am Scharnhäuser Ortsausgang Richtung Ruit liegt das 1784 erbaute frühklassizistische Lustschlösschen des Herzogs Carl Eugen, das sich heute in Privatbesitz befindet.

Nellingen

Den historischen Ortskern von Nellingen nimmt der “Klosterhof” ein, vom 13. Jh. bis 1649 Verwaltungssitz des Klosters St. Blasien im Schwarzwald. Sehenswert sind der um 1220 gebaute spätromanische Kirchturm, das alte Pfarrhaus sowie das Probsteigebäude (beide spätes 16. Jh.).

Denkendorf

Das ehemalige Kloster von Denkendorf im Körschtal wurde um 1130 gegründet und war von 1713 bis 1810 evangelisches Seminar. Sehenswert ist die restaurierte Klosterkirche mit spätromanischer Pfeilerbasilika, tonnengewölbter Krypta und farbig gefasster Außenfassade. Südlich der Kirche stehen die spätgotischen Klostergebäude mit dem Bengel-Stüble. Zudem gibt es ein Heimatmuseum mit Sammlungen zu Handwerk und Landwirtschaft (Kirchstr. 9; Öffnungszeiten: 1. So. im Monat 10^{00} – 12^{00} Uhr).

Neuhausen

Das früher rein katholische Neuhausen auf den Fildern ist heute eine der wenigen (traditionellen) Hochburgen der Fastnacht im Raum Stuttgart (Umzug am Sonntag vor Faschingsdienstag). Se-

Filder, Neuhausen (Fortsetzung)

henswert sind die riesige Dorfkirche von 1850/18 52 sowie das Obere Schloss, ein Fachwerkbau von 1518 und das heute als Rathaus genutzte Renaissance-Schloss von 1567.

Filderstadt Bernhausen

Durch alle fünf Ortsteile der Gemeinde Filderstadt führt ein "Historischer Rundweg" mit rund 80 Stationen. Einige prächtige Fachwerkhäuser zeigen den Reichtum des einstigen Bauerndorfs. Kulturgeschichtlich interessant ist der Bernhausener "Ewige Friedhof", der 1871 durch die Altpietistische Gemeinschaft angelegt wurde und dessen Gräber nie aufgelassen werden dürfen.

Bonlanden

Der alte Bonlandener Ortskern um die gotische Georgskirche wird durch zahlreiche schmucke Fachwerkhäuser geprägt. Bemerkenswert ist die Burg mit ihrer imposanten Wall- und Graben-Anlage und rund ein Meter dicken Mauern. Sie wurde 1475 zum Pfarrhaus umgebaut. Im alten Rathaus befindet sich das Gottlob-Häußler-Heimatmuseum. Auf vier Stockwerken werden u.a. die Themen Landwirtschaft, Handwerk, Weinbau, Spielzeug sowie ein "Tante-Emma-Laden" gezeigt (Öffnungszeiten So. 13⁰⁰ – 17⁰⁰ Uhr). Sportliche Hauptattraktion von Bonlanden ist das Spaßbad "Fildorado".

Friedhöfe

* Hoppenlau-Friedhof   P 1/2

Lage Rosenberg-/ Holzgartenstraße

Zwischen ▶ Liederhalle und ▶ Linden-Museum liegt der Hoppenlau-Friedhof, der älteste noch erhaltene und heute unter Denkmalschutz stehende Stuttgarter Friedhof. Er wurde 1626 angelegt, doch bereits seit 1880 fanden hier keine Beerdigungen mehr statt. Grabmäler unterschiedlichster Kunstrichtungen (auch ein jüdischer Teil), alte hohe Bäume und lebhaftes Vogelgezwitscher machen den Ort zu einer friedlichen Oase im Großstadtgetümmel. Ihre letzte

Auch die jüngsten Gräber auf dem Hoppenlau-Friedhof sind bereits über 100 Jahre alt.

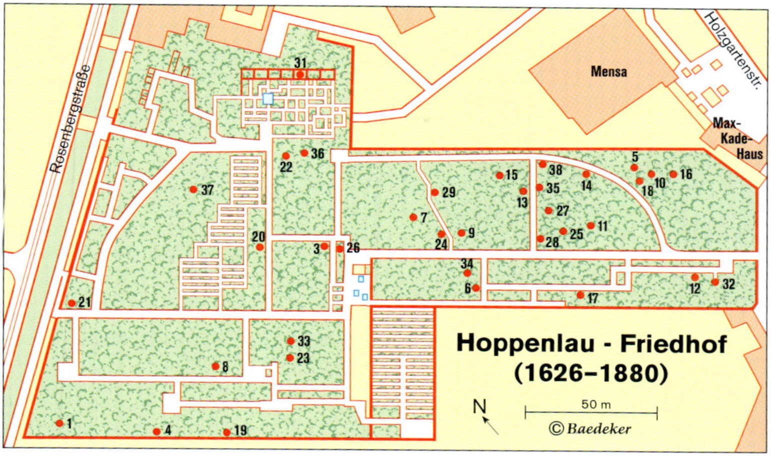

1 Böhringer, Christian Friedrich
(1791 – 1867),
Kaufmann

2 Cotta von Cottendorf, Johann Friedrich
Freiherr (1764 – 1832),
Buchhändler, Verleger, Politiker
Grabstätte unbekannt

3 Dannecker, Johann Friedrich von
(1785 – 1841),
klassizistischer Bildhauer

4 Dieterich, Johann Friedrich
(1787 – 1846),
Historienmaler

5 Elben, Christian Gottfried
(1754 – 1829),
Gründer des Schwäbischen Merkur

6 Etzel, Gottlieb Christian Eberhard
(1784 – 1840),
Oberbaurat

7 Faber, Ferdinand Friedrich
(1789 – 1858),
Genealoge

8 Faber du Faur, Wilhelm Friedrich von
(1786 – 1855),
Hüttentechniker, Erfinder

9 Feuerlein, Willibald
(1781 – 1850),
erster Oberbürgermeister von Stuttgart

10 Fischer, Reinhard Ferdinand Heinrich
(1746 – 1813),
Oberbaudirektor

11 Georgii, Eberhard Friedrich
(1757 – 1830),
Präsident des Obertribunals,
'der letzte Württemberger'

12 Gutbrod, Georg Gottlob
(1791 – 1861),
Stadtschultheiss von Stuttgart

13 Hauff, Wilhelm
(1802 – 1827),
Dichter, Erzähler, Schriftleiter

14 Haug, Friedrich
(1761 – 1829)
Dichter, Bibliothekar

15 Jäger, Carl Christoph Friedrich
(1773 – 1828),
Obermedizinalrat,
Mitbegründer des Katharinenhospitals

16 Jäger, Georg von
(1785 – 1866),
Geologe, Paläontologe,
Ehrenbürger

17 Kauffmann, Friedrich
(1803 – 1856),
Mathematiker, Liederkomponist

18 Kerner, Karl Freiherr von
(1775 – 1840),
General, Minister, Bergratspräsident

19 Kielmeyer, Karl Friedrich von
(1765 – 1844),
Naturforscher, Universitätsprofessor,
Staatsrat, Ehrenbürger

20 Memminger, Johann Daniel Georg
(1773 – 1840),
Geograph, Statistiker

21 Menzel, Wolfgang
(1798 – 1873),
Schriftsteller, Kritiker, Dramatiker

22 Müller, Johann Gotthard von
(1747 – 1830),
Kupferstecher

23 Pahl, Johann Gottfried von
(1768 – 1839),
Memoirenschreiber, Chronist

24 Pistorius, Emilie (geb. Feuerlein)
(1776 – 1816),
Schwiegermutter Uhlands

25 Plieninger, Theodor
(1756 – 1840),
Medizinalrat, Ehrenbürger

26 Rapp, Gottlob Heinrich
(1761 – 1832),
Kaufmann, Hofbankdirektor,
Kunstschriftsteller

27 Reinbeck, Georg
(1767 – 1849),
Dichter, Ästhetiker, Ehrenbürger;

\- und seine Frau
Reinbeck, Emilie (geb. Hartmann)
(1794 – 1846),

\- **Lenau** wohnte zwischen 1832 und 1844
des öfteren im Hause Reinbeck

28 Römer, Friedrich von
(1794 – 1864),
1848 – 1849 Vorsitzender des
Märzministeriums, Präsident der
Abgeordnetenkammer, Ehrenbürger

29 Scheffauer, Philipp Jakob
(1756 – 1808),
Bildhauer

30 Schick, Gottlieb
(1776 – 1812),
Maler
Grabstätte unbekannt

31 Schott, Albert
(1782 – 1861),
liberaler Politiker

32 Schubart, Christian Friedrich Daniel
(1739 – 1791),
Dichter, Publizist

33 Schwab, Gustav
(1792 – 1850),
Dichter, Übersetzer

34 Sick, Johann Daniel
(1733 – 1801),
Hofkammerrat, Weinhändler;

\- Sick, Karl Friedrich
(1780 – 1837),
Hofrat, verdient um die
Cannstatter Mineralquellen

35 Storr, Gottlob Christian
(1746 – 1805),
Theologe, Oberhofprediger

36 Wächter, Eberhard von
(1762 – 1852),
Maler

37 Zanth, Karl Ludwig Wilhelm
(1796 – 1857),
Architekt, Hofbaumeister

38 Zumsteeg, Emilie
(1796 – 1857),
Sängerin, Komponistin, Pianistin

Hoppenlau-Friedhof (Fts.)

Stadtbahn Seidenstr. (U 2)

Ruhestätte fanden hier u.a. die Dichter Wilhelm Hauff und Gustav Schwab, Christian Friedrich Daniel Schubart (▶ Berühmte Persönlichkeiten) sowie der Bildhauer J.H. Dannecker. In den letzten Jahren wurde viel für die Erhaltung der Grabmäler, vor allem auch im jüdischen Teil des Friedhofs, und die Anlage getan.

Pragfriedhof J / K 30

Lage Friedhofstraße

Stadt-/ Straßenbahn Pragfriedhof (U 5, U 6, U 7, 15)

Damals noch weit außerhalb der Stadt auf den Pragäckern (abgeleitet von den "Brachäckern") gelegen, wurde 1873 der Pragfriedhof als erster städtischer Friedhof eingeweiht. Bereits 1906 war eine Erweiterung notwendig. Im Zuge dieser Veränderungen wurde ein imposantes Krematorium von Wilhelm Scholter geplant. Das Zentrum der Jugendstilanlage bildet eine überkuppelte Feierhalle. Friedhofsgebäude und Friedhofskapelle (1873 – 1876) stehen im ursprünglichen Eingangsbereich, die Hauptallee führt als architektonisches "Rückgrat" der Gartenanlage zum Krematorium. 1877 wurde der jüdische Friedhof am Ostrand des heute rund 20 Hektar großen Geländes angelegt und bald nach dem Ende der Nazidiktatur instand gesetzt. Bekannte Persönlichkeiten wie die Literaten Karl Gerok und Eduard Mörike (▶ Berühmte Persönlichkeiten) sind hier beigesetzt, ebenso der Luftschiffbauer Ferdinand Graf Zeppelin und der Medizin-Nobelpreisträger Hans Spemann.

Waldfriedhof O 27 / 28

Lage Eugen-Dolmetsch-Straße

Im Jahr 1914 wurde der Waldfriedhof im Degerlocher Wald oberhalb des Stadtteils Heslach eingeweiht. Auf dem weitläufigen Gelände mit wunderbarem alten Baumbestand fanden u.a. Altbundespräsident Theodor Heuss, seine Frau Elly Heuss-Knapp, der Industrielle Robert Bosch (▶ Berühmte Persönlichkeiten), der Architekt Paul Bonatz, der Künstler Oskar Schlemmer, der erste Oberbürgermeister Stuttgarts nach dem Zweiten Weltkrieg Arnulf Klett, die Schauspieler Erich Ponto und Edith Heerdegen, der Sänger Wolfgang Windgassen und der Landesbischof Theophil Wurm ihre letzte Ruhestätte. Ein Ehrenmal für die Gefallenen des Ersten Weltkrieges wurde 1929 errichtet. Die Skulptur "Mutter Heimat" von Fritz von Graevenitz wurde hier 1954 zum Gedenken aufgestellt.

> *Baedeker* TIPP **Der Weg ist das Ziel**
>
> Unverändert seit 1929 bringt die nostalgische Standseilbahn Trauergesellschaften, Friedhofsbesucher und Spaziergänger vom Südheimer Platz in Heslach zum Waldfriedhof. Die Fahrt ist kurz, aber lohnend. (▶ Baedeker Special S. 95)

Dornhalden-friedhof

Auf dem benachbarten neueren Dornhaldenfriedhof sind die RAF-Mitglieder und Stammheim-Häftlinge Gudrun Ensslin, Andreas Baader und Jan Carl Raspe bestattet, die im Herbst 1977 tot in ihren Gefängniszellen aufgefunden worden waren. Oberbürgermeister Manfred Rommel ermöglichte damals die Beisetzung trotz heftiger Proteste aus der Bevölkerung und setzte damit ein mutiges, weithin beachtetes Zeichen für Toleranz.

Zacke & Co.

Über zwei wirklich außergewöhnliche Transportmittel inmitten der Massen von Bussen, Stadt-, Straßen- und S-Bahnen verfügt die Stadt Stuttgart: die Zahnradbahn und die Standseilbahn. Beide Verkehrsmittel wurden eingerichtet, um die außergewöhnlichen Steigungen an den steilen Hängen der bergigen Stadt leichter überwinden zu können.

Das nostalgischste und schönste Fahrzeug im Stuttgarter Schienennetz ist zweifellos die Standseilbahn, die bereits seit 1929 eigentlich unverändert zwischen dem Südheimer Platz in Heslach und dem Waldfriedhof verkehrt. Die 536 m lange Strecke wird von den schräg gebauten, an die enorme Steigung von 28% angepassten Wagen mit einer Geschwindigkeit von gerade einmal 11 km/h zurückgelegt. Auf den 20 harten, aber blitzblank polierten Holzsitzplätzen "reisen" bekennende Bahnnostalgiker Seite an Seite mit Trauergesellschaften und Waldspaziergängern.

Das einfache, doch seit über 70 Jahren wirksame technische Prinzip der zwei an einem gemeinsamen Seil befestigten, gegenläufig verkehrenden Wagen beruht auf elektrisch unterstützter Kraftübertragung: Der jeweils zu Tal fahrende Wagen zieht mittels der Schwerkraft den zweiten Wagen bergan. Auf halber Strecke begegnen sich die beiden Wagen, ein kurzer Gruß der Fahrer und weiter geht's, dem Ziel entgegen.

Zahnradbahn

Seit 1884 verbindet die Zahnradbahn, von den Stuttgartern liebevoll "Zacke" genannt, den Marienplatz mit den hoch gelegenen Fildern. Bereits ab 1865 wurde über eine bessere Verkehrsanbindung des Filderraums mit dem Stadtzentrum diskutiert. Im Gespräch war eine in großzügigem Bogen geführte Strecke von Stuttgart über Degerloch, Möhringen, Echterdingen, Plieningen, Bernhausen, Denkendorf, Nellingen und zurück über Ruit und Hohenheim nach Degerloch. Dieser ehrgeizige Plan war jedoch zu teuer und wurde auch später nie verwirklicht.

Emil von Kessler, Direktor der Maschinenfabrik Esslingen, die die Wagen fertigte, finanzierte schließlich aus eigener Tasche den Bau eines ersten Streckenabschnitts vom Marienplatz bis Degerloch nach dem Vorbild der kurz zuvor eröffneten Drachenfels-Bahn im Siebengebirge. Nach nur dreimonatiger Bauzeit fuhr die dampfbetriebene Zahnradbahn erstmals am 23. August 1884 den Berg hinauf. Damit die Filderbauern ihre Produkte auf die Stuttgarter Märkte bringen konnten, wurde den Personenwagen kurze Zeit später ein Güterwagen angehängt.

"Panoramabahn"

Bald bereits lockte die Bahn auf ihrer kurzen Strecke zum "Luftkurort Degerloch" – ja, damals war die Luft oben noch gut – Reisende aus Nah und Fern an, die eine Fahrt eigens der viel gepriesenen schönen Aussicht wegen unternahmen. Die Bahn wurde bereits in den 1890er-Jahren elektrifiziert und ist heute, viele viele Wagengenerationen später, ein modernes Nahverkehrsmittel. Die Aussicht aber, und die schöne Strecke sind unverändert!

Fangelsbachfriedhof

N 30

Lage
Markusplatz

Bus 41
ab Österr. Platz

Markuskirche

Im Jahr 1823 wurde auf freiem Feld im Süden Stuttgarts der Fangelsbachfriedhof angelegt. Hier ruhen der Philosoph Immanuel Hermann von Fichte, Hofbaumeister Nicolaus Friedrich von Thouret und der Fabrikant Gustav Siegle.
Am Rande des Fangelsbachfriedhofs (Filderstraße) steht die im Jugendstil gehaltene Markuskirche (erbaut 1906 – 1908). Architektonisch interessant ist sie als einer der ersten in Eisenbeton ausgeführten Sakralbauten.

Uffkirchhof

▶ Bad Cannstatt

* Grabkapelle auf dem Württemberg

östl. L 35

Lage
S-Rotenberg

Bus
Rotenberg (61)

“Die Liebe höret nimmer auf” – so lautet die Inschrift über dem Eingang der Grabkapelle des württembergischen Königspaares. König Wilhelm I. ließ nach dem frühen Tod seiner geliebten Gemahlin Katharina (▶ Berühmte Persönlichkeiten) 1819 die noch gut erhaltene Stammburg der Württemberger schleifen, um ihr an erhabener Stelle ein Grabmal zu errichten – eine Art “schwäbisches Taj Mahal”.

Katharina, Königin von Württemberg

Katharina (▶ Berühmte Persönlichkeiten), Tochter des russischen Zaren Paul I. und dessen württembergischer Gemahlin Maria Feodorowna, kam nach ihrer Heirat 1816 nach Stuttgart. Nach nur drei-

Monument einer großen Liebe: die Grabkapelle auf dem Württemberg

Stammsitz der Württemberger

Erbaut um das Jahr 1000 als gut gesichterte Höhenburg, überdauerte die Burg Wirtemberg auf dem Rotenberg rund 800 Jahre. König Wilhelm I. ließ die intakte Anlage abbrechen, um an ihrer Stelle die Grabkapelle für seine jung verstorbene Frau Katharina Pawlowna zu errichten.

Der Sage nach entstammt das Geschlecht der Württemberger einer Mesalliance mit glücklichem Ausgang: Ein Bürgersohn verliebte sich in die Tochter des Kaisers von Österreich und floh mit ihr nach Schwaben. Dort kauften sie ein kleines Grundstück am Rotenberg und eröffneten eine Wirtschaft zum "Wirt am Berg". Nach einigen Jahren kehrte der Kaiser – der Zufall wollte es so – genau dort ein. Die Tochter gab sich zu erkennen und bat zusammen mit Mann und Sohn um Gnade. Der Kaiser verzieh ihnen und erhob den jungen Mann zum "Herzog von Wirtemberg", abgeleitet von "Wirt am Berg". So weit die Sage. Ihr größter Schönheitsfehler ist jedoch, dass es zu jener Zeit keinen Kaiser von Österreich gab. Neuere Vermutungen legen nahe, dass die Württemberger als freie Herren von weit her kamen, eventuell aus der Nachbarschaft von Luxemburg, wo es einen Virdeberg (heute Widdeberg) gibt.

Konrad war der Erste

Erstmals erwähnt und damit historisch belegt wurden die Württemberger im Jahre 1081. Als

Nur eine Steininschrift zeugt heute noch von der Existenz der trutzigen Burg.

Stammvater gilt Konrad, der nach seiner Heirat mit Luitgard von Beutelsbach auf dem Rotenberg eine gut gesicherte Burg baute und sich fortan Konrad von Württemberg nennen ließ; seine Besitzungen lagen damals bei Cannstatt und im Remstal. Bischof Adalbert von Worms weihte die Kapelle im Februar 1083 und ließ die Urkunde darüber in Stein meißeln. Diese Tafel mit der ältesten bekannten Inschrift einer Burg in Deutschland ist heute das einzige Relikt der Burg. Nach dem Untergang der Staufer raffte Konrads Nachfahre Eberhard der Erlauchte ganz in Raubrittermanier so viel von deren Besitz zusammen, wie er nur konnte. Die Reichsstädte, allen voran Esslingen, und Kaiser Heinrich IV. zogen darauf gegen ihn ins Feld, besiegten ihn und zerstörten seine Burg. Eberhard verlegte daraufhin seinen Sitz nach Stuttgart und ließ dort das heutige Alte Schloss anlegen. Er und sein Vater Ulrich der Stifter gelten als Begründer Württembergs. Kleiner als zuvor wurde die Burg wieder aufgebaut. 200 Jahre lang war es ruhig um sie, bis Herzog Ulrich aus dem Land gejagt und seine Burg 1519 niedergebrannt wurde. Als er 1534 zurückkehrte, ließ er die Burg ein letztes Mal wiederherstellen, diesmal als Denkmal für das Haus Württemberg.

Katharina von Württemberg (Fortsetzung)

jähriger Ehe starb sie im Alter von 31 Jahren. Obwohl Wilhelm schon bald darauf seine Cousine Pauline heiratete, die den Thronfolger gebar, ließ er sich nach seinem Tod an der Seite Katharinas beisetzen.

Grabkapelle

Die Grabkapelle wurde nach Wilhelms Plänen von Baumeister Giovanni Salucci in klassizistischer Form mit rundem Grundriss und drei Vorhallen, getragen von ionischen Säulen, errichtet. Die dreiteilige Freitreppe flankieren gusseiserne, für nächtliche Feuer angefertigte Opferschalen. An drei Seiten der Rotunde sind Portiken mit ionischen Säulen vorgelagert. Im schlicht gehaltenen Innenraum bilden die Statuen der Evangelisten den einzigen Schmuck. Johannes wurde von Dannecker gestaltet, die drei anderen nach den Entwürfen von Thorwaldsen gefertigt. Von der einstigen Burg Württemberg, die immerhin über viele Jahrhunderte Stammsitz eines bedeutenden Geschlechts war, ist nur noch der Weihestein mit der Jahreszahl 1083 erhalten.

Baedeker TIPP Aussichtsreich

Von der Spitze des Berges bietet sich eine prachtvolle Aussicht. Hat man diese ausgiebig genossen, könnte man einen Rundgang durch das hübsche Weinbauerndorf Rotenberg anschließen oder einen ca. 1/2-stündigen Spaziergang nach ▶ Uhlbach unternehmen mit einem Besuch des Weinbaumuseums und natürlich einer Weinstube.

Gruft

Durch eine Öffnung im Boden kann man hinab in die Gruft blicken, in der der gemeinsame Sarkophag des Königspaares aus Carrara-Marmor steht. Er wurde in Florenz nach dem Entwurf Saluccis gearbeitet und wird vom russischen Doppeladler und dem württembergischen Löwen und Hirsch geziert. In einem weiteren Sarkophag wurde die erste Tochter des Herrscherpaares, Prinzessin Marie, beigesetzt. Die Grabkapelle diente von 1825 bis 1899 als russisch-orthodoxes Gotteshaus. Auch heute wird hier einmal jedes Jahr zu Pfingsten ein russisch-orthodoxer Gottesdienst zelebriert (Öffnungszeiten: März – Oktober Mi. 10⁰⁰ – 12⁰⁰, Fr., Sa. 10⁰⁰ – 12⁰⁰ und 13⁰⁰ – 17⁰⁰, So., Fei. 10⁰⁰ – 12⁰⁰ und 13⁰⁰ – 18⁰⁰ Uhr oder n.V.: ☎ 33 71 49).

Grünes U

H – L 29 – 30

Verlauf
Vom Stadtzentrum über Rosensteinpark und Killesberg zum Kräherwald

Mit der Internationalen Gartenschau (IGA) 1993 konnte der lange gehegte Plan einer durchgehenden Grün-Verbindung vom Schlossplatz bis zum Killesberg realisiert werden. Etliche bereits bestehende Grünanlagen Stuttgarts wurden in Form eines "Grünen U" ergänzt und miteinander verknüpft: vom Schlossplatz über den Oberen, Mittleren und Unteren Schlossgarten, den Rosensteinpark und die Wilhelma zum Leibfriedschen Garten und über den Wartberg und den Killesberg hinaus bis in die Feuerbacher Heide und in den Kräherwald.

Schlossgarten

Die Anlagen des ▶ Schlossgartens sind das Herzstück des Grünen U. Direkt vom Stadtzentrum aus reichen sie mit einer Länge von etwa vier Kilometern fast bis nach Bad Cannstatt. Der Schlossgarten gliedert sich in vier Teile: den Akademiegarten hinter dem Neuen Schloss, die Oberen Anlagen, die Mittleren Anlagen und die Unteren Anlagen, die sich bis zum Stadtteil ► Berg ziehen.

Schlossgarten (Fortsetzung)

Park der Villa Berg

Rund um ihren Sommersitz ließ sich das württembergische Kronprinzenpaar Karl und Olga eine zauberhafte Parkanlage im Stil der italienischen Reanaissance anlegen, die jedoch nicht mehr erhalten ist. Zur Bundesgartenschau 1977 wurde der Park an die Unteren Schlossgartenanlagen angebunden und später unterhalb der Villa Berg um den Japan-Garten der IGA 1993 bereichert.

Rosensteinpark

Stadt-/Straßenbahn Wilhelma (U 14) oder Löwentor (U13, 15)

Der Park um das Schloss Rosenstein umfasst heute rund 100 Hektar (immerhin noch 60 % seiner ursprünglichen Fläche) und zählt mit seinem historischen Baumbestand zu den schönsten, naturbelassensten und weitläufigsten Parks der Landeshauptstadt. Er wurde im 19. Jahrhundert unter König Wilhelm I. im Stil eines großen englischen Landschaftsparks angelegt und mit Laubgehölzen bepflanzt.

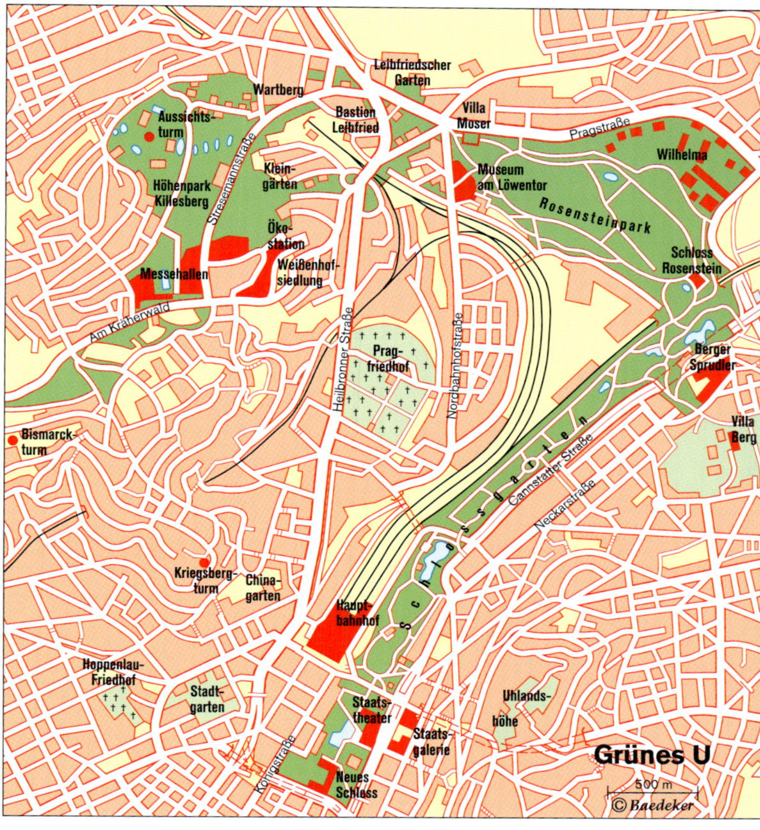

Rosensteinpark (Fortsetzung)

Der Ostteil des als Kulturdenkmal geschützten Rosensteinparks wird von der ▶ Wilhelma eingenommen, ganz im Südosten steht das ▶ Schloss Rosenstein und am Nordwestrand des Parks trifft man auf das geologisch-paläontologische ▶ Museum am Löwentor (beide Teile des Staatlichen Museums für Naturkunde).

Leibfriedsches Gelände

Als wichtiges Glied in der Grünverbindung Rosensteinpark – Killesberg konnte das zwischen zwei belebten Verkehrsadern gelegene Leibfriedsche Gelände anlässlich der IGA 93 als öffentliche Grünanlage ausgebaut werden. Die Reste des denkmalgeschützten Gartens der im Zweiten Weltkrieg zerstörten Villa Moser, zwei Kunststationen (Hans Dieter Schaal "Villa Moser" und Dan Graham "Gate of Hope") und der Aussichtspunkt "Bastion Leibfried" laden zum Verweilen ein.

Baedeker TIPP **Sommerparadies für Kleinkinder**

Die Wasserspielanlagen des Wartberggeländes sind an heißen Sommertagen eine Attraktion für Familien mit Kleinkindern. Die verschiedenen Brunnen laden zum gefahrlosen Plantschen ein und auch die Eltern finden ein angenehmes Plätzchen zur Erholung.

Wartberg/ Steinberg

Das nördlich an das Messegelände auf dem Killesberg bzw. an die Weißenhofsiedlung anschließende ehemalige Wein- und Kleingartengelände Wartberg/Steinberg wurde ebenfalls zur IGA 1993 als Verbindungsstück zum Killesberg als öffentliche Grünanlage umgestaltet. Es gibt ein Ökologie-Zentrum, einen Bienengarten und privat bewirtschaftete Kleingärten. Erfrischen kann man sich in zwei Biergärten.

Killesberg

Bereits 1939 entstand der Höhenpark ▶ Killesberg auf einem ehemaligen Steinbruchgelände. Seine Anlagen mit der Fülle von Blumen, Sträuchern und Stauden und dem neu errichteten Aussichtsturm gehören zu den beliebtesten Ausflugszielen im Stadtgebiet von Stuttgart.

China-Garten

Bus
Im Kaisemer (43)

Außerhalb des Grünen U (Birkenwald-/Ecke Panoramastraße) wurde der chinesische Garten, der wie der Japan-Garten Bestandteil der IGA 93 war, wieder aufgebaut. Vom "Pavillon der vier Himmelsrichtungen" bietet sich ein besonders schöner Blick auf die Stadt.

**Hauptbahnhof — A 3

Lage
Arnulf-Klett-Platz

S-Bahn
S 1 – S 6

Stadt-Straßenbahn
U 5, U 6, U 7, U 9, U 11, U 14, 15

Der 1914 bis 1927 am heutigen Arnulf-Klett-Platz errichtete Hauptbahnhof ist mit dem berühmten blau-weißen, seit 1952 auf dem Dach rotierenden Mercedesstern eines der weithin sichtbaren Wahrzeichen der Landeshauptstadt. Der Kopfbahnhof wurde von Paul Bonatz und Friedrich Scholer als kubisches Ensemble mit zwei monumentalen Eingangshallen und einem 56 m hohen Turm geplant, dessen Fundament auf 290 Eichenpfählen ruht. Für den Bau verwendete Bonatz die damals neuen Materialien Beton und Stahl, die er allerdings mit groben Muschelkalkquadern verkleidete. In den 200 m breiten Bahnhof laufen pro Werktag 1200 Züge ein und etwa 280 000 Fahrgäste (davon ca. 180 000 im S-Bahn-Verkehr) eilen

Den Bahnhofsturm schmückt "Stuttgarts guter Stern".

Hauptbahnhof (Fortsetzung)

an Spitzentagen durch die Bahnhofshallen. Im Westflügel befindet sich das Intercity-Hotel.

Bus
40, 42, 43, 92

Arnulf-Klett-Platz

Der Bahnhofsvorplatz ist eigentlich eine sechsspurige Straße und trägt den Namen Arnulf-Klett-Platz nach dem ehemaligen Oberbürgermeister der Stadt. Gegenüber liegt der Hindenburgbau und daneben der in den Jahren 1929 bis 1931 errichtete Zeppelinbau mit dem renommierten Hotel Graf Zeppelin. 1998 ist die Umgestaltung des Hotels Graf Zeppelin und des dahinter liegenden Bereichs an der Kronenstraße zum Zeppelin-Carré mit Läden und Cafés zum urbanen Quartier vollendet worden.

Zeppelin-Carré

Stuttgart 21

In absehbarer Zukunft wird sich das Stuttgarter Stadtzentrum um rund 100 Hektar vergößern. Wo heute noch ein Gewirr von Bahngleisen ins Stadtzentrum führt, sollen rund 11000 Wohnungen, 24000 Arbeitsplätze und die nötige Infrastruktur inklusive Geschäftspassagen, Restaurants, Bibliothek etc. entstehen. Kernstück des Großprojekts ist der Umbau des heutigen Kopfbahnhofs in einen unterirdischen Durchgangsbahnhof nach dem Entwurf des Architektenbüros Ingenhoven, Overdiek und Partner.

Baedeker TIPP Aussicht kostenlos

Kaffee mit Aussicht gefällig? Das Bistro 21 im Bahnhofsturm gewährt einen einmaligem Blick auf die Stadt. Wer diesen lieber ganz gratis genießen möchte, begibt sich auf die Aussichtsplattform (Öffnungszeiten: Di. – So. 10^{00} – 19^{00}, im Sommer bis 22^{00} Uhr).

Ausstellung

Wer sich für das bei Bevölkerung und Politikern umstrittene Gemeinschaftsprojekt der Deutschen Bahn AG und der Landeshauptstadt Stuttgart interessiert, sollte sich die Ausstellung "TurmForum Stuttgart 21" im Turm des Hauptbahnhofs nicht entgehen lassen. (Öffnungszeiten: Di. – So. 10^{00} – 19^{00} Uhr; Führungen n.V., ☎ 2 09 22 92 - 0, info@turmforum.de).

Haus der Geschichte Baden-Württemberg

6. EBENE

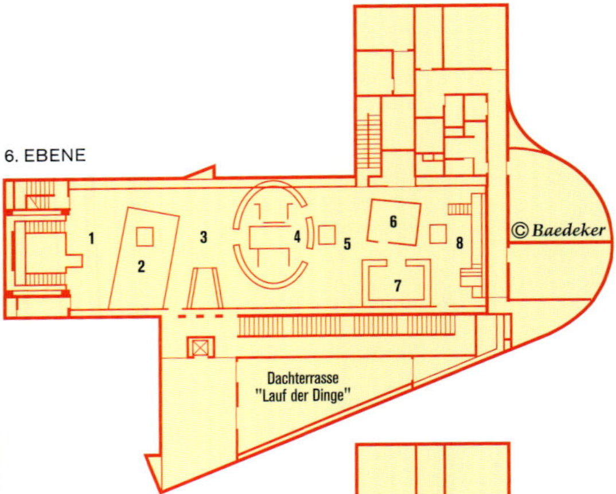

5. EBENE

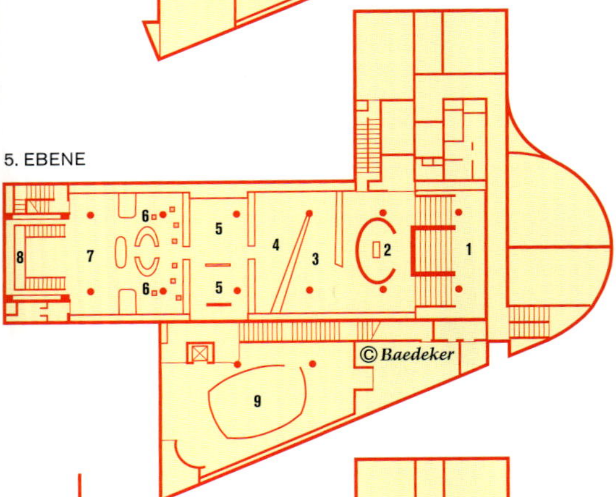

4. EBENE

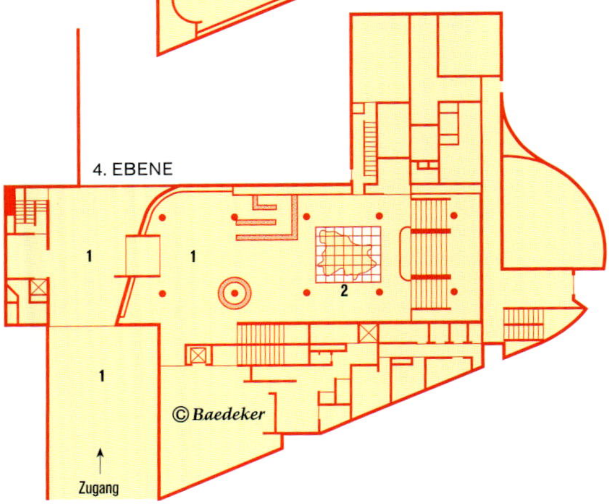

6. EBENE

1 Natur und Umwelt
2 Wirtschaft
3 Urbanität und Kultur
4 Religionen
5 Migration
6 Frauen und Männer
7 Wissenschaft
8 Nachbarn und Grenzen

5. EBENE

1 Territoriale Revolution
2 Vormärz
3 Revolution und die Bewältigung der Folgen
4 Liberale Provinzen im Kaiserreich
5 Weltkriege und Zwischenkriegszeit
6 Auseinandersetzung um den Südweststaat
7 Parlamentarische Demokratie im Medienzeitalter
8 Museum der Gegenwart
9 Begehbares Depot

N

4. EBENE

1 Baden- Württemberg ABC
2 Interaktive Landkarte

*Haus der Geschichte Baden-Württemberg

P 4

Lage
Konrad-Adenauer-Str. 16

Stadtbahn
Staatsgalerie (U 1, U 4, U 9, U 14)

Öffnungszeiten
Di. – So. 10 ⁰⁰ – 18 ⁰⁰, Do. bis 21⁰⁰

Mit der Eröffnung von Stuttgarts jüngstem Museum im Dezember 2002 konnte das städtebauliche Ensemble von James Stirling und Michael Wilford an der "Kulturmeile" abgeschlossen werden. Das historische Landesmuseum beschäftigt sich mit der Geschichte des Gebiets des heutigen Bundeslandes Baden-Württemberg von etwa 1800 bis in die Gegenwart.
Der Beginn der Ausstellung holt den Besucher mit dem Baden-Württemberg-ABC in den Alltag des "Ländles": Zum assoziativen Einstieg ermuntern charakteristische "Schwabensymbole" vom Spätzlehobel über die Bausparkasse, den Kehrwochenbesen bis zu Wibele ... Weiter geht es auf einem chronologischen Gang durch die Geschichte, vorbei an Meilensteinen wie den Verfassungen von 1818 und 1819, aber auch an düsteren Kapiteln von Krieg und Dikatatur. Er endet im "Museum der Gegenwart"; hier entsteht, von Besuchern mitgestaltet, aus Objekten, Tönen, Meinungen das Museum als Momentaufnahme und Entwurf für Morgen.

Themenpark

Fragestellungen, die die Chronik nur ereignishaft streifen konnte, erhalten im Themenpark im obersten Geschoss die ihnen gebührende Vertiefung: Urbanisierung und Industrialisierung sind wichtige Stichworte, aber auch Aus- und Einwanderung, Vertreibung, Religion, Natur und Umwelt, Frauen und Männer, Wissenschaft und Forschung sowie Nachbarn und Grenzen in Europa.
Die Ausstellung erlaubt vielerlei Durch- und Rückblicke: Durch baulich angelegte Blickachsen zwischen den Ebene 5 und 6 sind die Bereiche Chronologie und Themenpark immer wieder schlüssig miteinander verknüpft.

"Wir, hier in Baden-Württemberg"

Der Rundgang endet im "Depot in den Köpfen": Die Präsentation bedient sich alleine des Mediums Film und befragt Menschen zu ihren Vorstellungen von Baden-Württemberg. Ergebnis ist eine Bestandsaufnahme des Landes aus unterschiedlichsten Perspektiven, ein vergnügliches Kaleidoskop von Menschen und Meinungen.

*Haus der Wirtschaft

B 2

Lage
Willi-Bleicher-Straße 19

Stadtbahn
Keplerstraße/ Friedrichbau (U 9, U 11, U 14)

Öffnungszeiten:
Di. – So. 11⁰⁰ – 18 ⁰⁰

Den Stuttgartern noch ein Begriff als Landesgewerbemuseum, wurde das imposante kuppelgekrönte Bauwerk des ausgehenden 19. Jh.s zwischen Willi-Bleicher-, Hospital-, Kiene- und Schlossstraße Ende der 1980er-Jahre mit einer neuen inhaltlichen Konzeption zum "Haus der Wirtschaft", einem in der Bundesrepublik bislang einmaligen Dienstleistungszentrum für die Wirtschaft.
Das prachtvollste Gebäude der Epoche des Historismus in Stuttgart entstand in den Jahren 1889 bis 1896 als Landesgewerbemuseum. Nach seiner Zerstörung im Zweiten Weltkrieg baute man es vereinfacht wieder auf. Die unter Denkmalschutz stehende Außenfassade ist im Sinne einer "architecture parlante" reich verziert. Im Innern erreicht man über das großzügige Treppenhaus die König-Karl-Halle, deren Blickpunkt früher das große Wandgemälde mit König Karl darstellte. Heute ist die "Schule von Athen" von Ben Willikens zentraler Wandschmuck des größten Veranstaltungsraums, der in lichter Höhe von einem Glasdach überspannt wird.

Haus der Wirtschaft (Fts.)

Im Haus der Wirtschaft hat das Land seine Förderinstitutionen gebündelt. Neben dem Landesgewerbeamt Baden-Württemberg hat u. a. die Steinbeis-Stiftung hier ihren Sitz.

Design-Center

Das Haus der Wirtschaft beherbergt außerdem das Design-Center Stuttgart mit einer Design-Bibliothek und der "Leitstelle für Gestaltung im Handwerk" sowie die Informationszentren für Technik, Patente, Energie, betrieblichen Umweltschutz und Existenzgründungen.

Baedeker TIPP Bücher satt

Bücherfreunden sei ein Besuch der "Stuttgarter Buchwochen" empfohlen. Die Schau baden-Württembergischer Verlage mit einem abwechslungsreichen Programm von Lesungen und Veranstaltungen rund um das Buch findet jeden Herbst im Haus der Wirtschaft statt.

Hedelfingen — östl. N 33

Stadtbahn
U 9, U 13

Das ehemalige Weingärtnerdorf liegt am westlichen Neckarufer an der Stadtgrenze zu Esslingen. Funde weisen darauf hin, dass der Ort bereits im 6. oder 7. Jh. besiedelt war. Seit 1922 gehört Hedelfingen, auf dessen Gemarkung der größte Teil des Stuttgarter Hafens und viele Industriebauten angelegt sind, zu Stuttgart.

* **Alte Kirche**

Die Alte Kirche ist Hedelfingens ältestes Bauwerk. Teile des Langhauses stammen aus dem 13. Jh., der kreuzrippengewölbte Chor aus dem Jahr 1468. Im Zweiten Weltkrieg wurde sie schwer beschädidgt. Bei ihrer Restaurierung 1966 wurden interessante Wandmalereien (u. a. Szenen aus dem Johannes-Evangelium, das Jüngste Gericht, die Zehn Gebote) aus dem 15. Jh. freigelegt (Besichtigung n.V. ☎ 42 11 64).

Kreuzkirche

Unweit der Alten Kirche befindet sich die Kreuzkirche, sie entstand 1930 und war der erste Kirchenbau der Stadt im Stil der "Neuen Sachlichkeit".

Altes Haus

Im Alten Haus in der Heumader Str. 2 werden Ausstellungen zum Leben in den Orten Hedelfingen und Rohracker gezeigt. (Öffnungszeiten: So. 11^{00} – 16^{00} Uhr).

*Hegel-Haus — C 3

Lage
Eberhardstr. 53

Stadtbahn
Rathaus
(U1, U 2, U 4, U 11)

Der Philosoph Georg Wilhelm Friedrich Hegel (▶ Berühmte Persönlichkeiten) erblickte in dem Haus am ehemaligen Kleinen Graben am 27. August 1770 das Licht der Welt und verbrachte hier seine frühe Kindheit. Bereits 1776 zog die Familie in die damals vorstädtische Rödersche Gasse (heute Lange Str. 7).

Hegels Geburtshaus entstand im 16. Jh. als Fachwerkbau und wurde seither mehrfach verändert. Fast wäre es dem städtebaulichen Kahlschlag zum Opfer gefallen, doch besann man sich noch rechtzeitig seines berühmten Bewohners und richtete 1991 in dem hübschen Gebäude eine Gedenkstätte ein. Die Ausstellung im Erdgeschoss beleuchtet Stuttgart zur Zeit Hegels, in den beiden Obergeschossen werden seine Lebensstationen "von Stuttgart nach Berlin" nachvollzogen. Der Gewölbekeller bietet Platz für kulturelle Veranstaltungen (Öffnungszeiten: Di., Fr. 10^{00} – 17^{30}, Do. 10^{00} – 18^{30} Uhr).

Hegelhaus (Fortsetzung)

*Hohenasperg

Lage
25 km nördlich von Stuttgart

S-Bahn
Asperg (S 5)

Der Hohenasperg (356 m ü. d. M.), überragt nordwestlich von ▶ Ludwigsburg das fruchtbare Umland um rund 100 m. Er soll in der Vorzeit ein kultischer Ort gewesen sein, an dem man den "Asen" opferte. Bereits in der späteren Hallstattzeit (7. Jh. v. Chr.) war er befestigt. Später wurde auf dem Plateau eine Festung errichtet, die im 16. Jh. – unter Herzog Ulrich – weiter ausgebaut und mit starken Mauern, Basteien und Gräben versehen worden ist.

Im 18. Jh. entstand ein Gefängnis auf dem Hohenasperg und schon bald war er als der "höchste Berg Württembergs" bekannt: Man war schnell oben, aber es konnte Jahre dauern, bis man wieder herunterkam. Inhaftiert waren hier Joseph Süß-Oppenheimer, bekannt als Jud Süß, oder der Dichter und Musiker Christian Friedrich Daniel Schubart. Häftlinge wie der Nationalökonom Friedrich List, die Revolutionäre Joseph Fickler und Gottlieb Rau (1848 / 1849) und manch anderer, der sich gegen die Obrigkeit regte, trugen dem Hohenasperg den Namen "Demokratenbuckel" ein. Nach dem Zweiten Weltkrieg war die Festung Internierungslager der Amerikaner. Derzeit ist sie Strafvollzugskrankenhaus, doch bemüht sich eine Bürgerinitiative um die Umwidmung zur Gedenkstätte. Ein Rundgang auf den Wällen gewährt weite Ausblicke ins schwäbische Unterland (Führungen n. V. ☎ 0 71 41 / 2 69-2 31).

Baedeker TIPP In der Natur

Der Biergarten des Naturfreundehauses beim Kleinaspergle lohnt rundum: Vesper und Getränke zu vernünftigen Preisen, dazu sehr kinderfreundlich mit großem Spielplatz, zwei geduldigen Eseln und einigen Ziegen zum Streicheln.

Kleinaspergle

Auf einer Höhe zwischen Asperg und Möglingen (via Osterholzallee) ist der Grabhügel Kleinaspergle erhalten, einer der größten seiner Art im deutschen Südwesten. Hier hat man ein hallstattzeitliches Fürstengrab mit reichen Schätzen aufgedeckt, darunter Endbeschläge aus Goldblech von zwei Trinkhörnern.

*Schloss und Park Hohenheim

östl. S 31

Lage
Südliches Stadtgebiet

Stadtbahn
Plieningen (U 3)

Hohenheim (391 m ü. d. M.), südlich des Stadtzentrums auf den Fildern gelegen, war bereits im Mittelalter Herrensitz. Um 1100 ist ein Egilolf von Hohenheim erstmals urkundlich genannt. Berühmtester Nachfahre derer von Hohenheim war der Arzt und Humanist Theophrast Bombast von Hohenheim, seit 1529 als Paracelsus bekannt, der aber kaum hier weilte.

Im Jahre 1418 ist erstmals eine Burg Hohenheim erwähnt, die im 16. Jh. einem Brand zum Opfer fiel. Das barocke Schloss ließ Herzog Carl Eugen ab 1785 seiner Geliebten und späteren Gattin Franziska von Hohenheim errichten. Es ist außen eher schlicht, die Innen-

*Universität Hohenheim

Bus Universität Hohenheim 65, 70

Zoologisches und Tiermedizinisches Museum

räume wurden jedoch mit Arbeiten des Stuckateurs Anton von Isopi äußerst prunkvoll gestaltet. Im Krieg wurden die Flügel beschädigt und wieder aufgebaut. Im Schloss residiert die ehemalige Landwirtschaftliche Akademie. Sie geht auf eine bereits 1818 von Wilhelm I. ins Leben gerufene landwirtschaftliche Versuchs- und Musteranstalt zurück und ist heute die vielleicht schönste Universität Deutschlands. Neben den Agrarwissenschaften kann man hier u. a. Wirtschaftswissenschaften, Biologie, Lebensmitteltechnologie, Haushalts- und Kommunikationswissenschaften studieren. Das Zoologische und Tiermedizinische Museum der Universität Hohenheim ist im Schloss-Mittelbau eingerichtet (Öffnungszeiten: Mi. 10^{00} – 14^{00}, So. 10^{00} – 16^{00} Uhr – im August nur So., im Dez. geschlossen; Führungen n.V. ☎ 4 59 - 22 56). Das beste Restaurant Stuttgarts ist in einem Seitengebäude zu finden, in der ehemaligen Speisemeisterei, dessen Namen es übernommen hat.

Ein Rest der ursprünglichen Parkanlage: das Römische Wirtshaus

Parkanlagen

Große Beachtung schenkten Carl Eugen und Franziska der Anlage eines Englischen Gartens. Grundgedanke der Schöpfung war, in den Trümmern einer römischen Stadt eine bäuerliche Siedlung zu erstellen. So entstanden von 1777 bis 1793 fast hundert Gebäude (Bäder, Tempel, Grotten, Gartenhäuser u. a.), von denen heute noch das Spielhaus, die Ruine eines römischen Tempels sowie das Römische Wirtshaus bestehen Ein kleines Museum zur Geschichte Hohenheims ist im historischen Spielhaus eingerichtet (Öffnungszeiten: April – Okt. Sa. 14^{00} – 17^{00}, So. / Fei. 10^{00} – 17^{00} Uhr; Nov. – März. nur So. u. Fei. 10^{00} – 16^{00} Uhr. Führungen durch das Museum, durch Gärten und Schloss n. V., ☎ 4 59 - 21 19).

Museum zur Universität

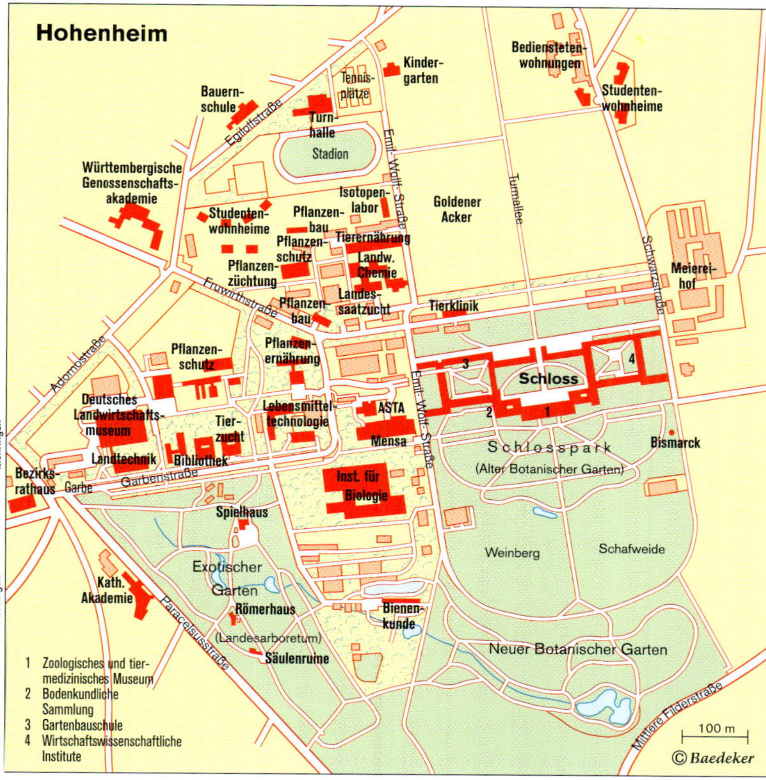

*Alter Botanischer Garten

Der knapp 5 ha große Alte Botanische Garten ist aus diesem ehemaligen Schlosspark hervorgegangen. Seit 1829 wurden hier unzählige Baumarten angepflanzt, so z. B. vor dem Westflügel des Schlosses eine Allee vorwiegend aus nordamerikanischen Nadelgehölzen oder vor dem Ostflügel Laubgehölze, darunter ein mächtiger Baumhasel, ein Montpellier-Ahorn sowie einige Magnolienarten. In der Osthälfte des halbkreisförmigen Waldstreifens am Südrand des Parks gedeihen mitteleuropäische und nordamerikanische Laubbäume, darunter der Zuckerahorn, dessen herbstliche Laubfärbung zu den wundervollsten Eindrücken bei einem Besuch der Hohenheimer Gärten zählt.

*Neuer Botanischer Garten

Neueren Datums ist der etwa 10 ha große Neue Botanische Garten jenseits von Weinberg und Schafweide. In seiner vegetationsgeschichtlichen Abteilung zeigt er die vielgestaltige Entwicklung der Vegetation Süddeutschlands seit der letzten Eiszeit. Die Systematische Abteilung zeigt stammesgeschichtliche Verbindungen innerhalb höherer Pflanzen.

Hohenheim (Fts.)
** Exotischer Garten

Im Exotischen Garten, zugleich Landesarboretum, werden seit 1779 weit über 2400 Gehölzarten, darunter etwa 400 Nadelhölze kultiviert. Seit 1996 wurde das beengte Gelände großzügig zum Körschtal hin erweitert und soll wieder den Charakter eines weitläufigen englischen Landschaftsgartens bekommen.

*Deutsches Landwirtschaftsmuseum

Das 1975 auf dem Universitätsgelände eröffnete Landwirtschaftsmuseum zeigt allerlei bäuerliche Handarbeitsgeräte und Maschinen sowie Dokumentationen zur Entwicklung landwirtschaftlicher Produktions- und Verarbeitungsverfahren. Schwerpunkt der Ausstellung sind Ackergeräte im Wandel der Zeit (Garbenstr. 9). Eine weitere Ausstellungshalle mit dem Bereich "Motorisierung" befindet sich in der Filderhauptstr. 179. Öffnungszeiten: April – Okt. Di. bis Fr. 10^{00} – 13^{00} u. 14^{00} – 17^{00}, Sa. / So. / Fei. 10^{00} – 17^{00}; Nov. – März: nur So 10^{00} – 17^{00} Uhr oder n.V., ☎ 4 59 - 2146).

Hospitalkirche (Evangelische Hospitalkirche) — B 2

Lage
Hospitalstr. 20

S-Bahn
Stadtmitte
(S 1 – S 6)

Die dreischiffige Hallenkirche wurde von 1471 bis 1493 – wie die Stifts- und die Leonhardskirche – durch Aberlin Jörg gebaut. In der neu angelegten nordwestlichen Vorstadt, der so genannten reichen Vorstadt, ersetzte sie eine Liebfrauenkapelle. Daneben entstand ein Dominikanerkloster, das erste und einzige Kloster Stuttgarts. Im Zuge der Reformation wurde das Kloster in ein Hospital umgewandelt. In der Zeit des Nationalsozialismus dienten die Räume als Gefängnis, hier wurden jüdische Bürger, Sinti und Roma und politische Gegner verhört und gefoltert. 1944 fiel das Gotteshaus Bomben zum Opfer. Turm und Chor wurden von 1951 bis 1960 wieder aufgebaut. Im Chor steht eine Kreuzigungsgruppe, die Hans Seyffer 1501 schuf; im südlichen Seitenschiff der Sachsenheim-Altar von 1489. Beachtenswert sind ferner einige Grabmäler aus dem 16. und 17. Jh., ein Reformationsdenkmal von J. Brüllmann (1917) und die Glasfenster.

Hospitalhof

Zusammen mit der Hospitalkirche bildet der Hospitalhof ein überregionales Bildungszentrum der evangelischen Kirchen in Stuttgart. Zu ihrem Veranstaltungsprogramm gehören Vortragsreihen, Seminare und Ausstellungen.

Johanneskirche (Evangelische Johanneskirche am Feuersee) — C 1

Lage
Gutenbergstr. 11

S-Bahn
Feuersee
(S 1 – S 6)

Bus
Feuersee
(41, 44, 92)

Völlig unerwartet stößt man, von der verkehrsreichen Rotebühlstraße kommend, auf einen idyllischen See mit Weiden, Büschen, Enten und Schwänen, auf dessen Halbinsel eine Kirche steht, die wie die Inszenierung eines Gemäldes von Caspar David Friedrich erscheint. Als der renommierte württembergische Architekt Christian von Leins 1865 bis 1876 die Johanneskirche am Löschteich Feuersee erbaute, war sie der erste nachmittelalterliche Kirchenneubau der Stadt. Sie ist ein typisches Werk des Historismus, dessen Anhänger die französische Hochgotik zum ästhetischen Maßstab und Vorbild erkoren hatten. Nach starken Beschädigungen im Zweiten Weltkrieg wurde die Kirche in den Jahren 1948 bis 1966 wieder aufgebaut. Statt einer Spitze bekam der Turm allerdings nur eine Plattform mit Brüstung aufgesetzt.

Der Feuersee diente bereits seit 1703 als Speicher für Löschwasser und wurde bei der Planung des Stadtteils von 1850 an zum städtebaulichen Bezugspunkt. Die Johannesstraße war als zentraler Prachtboulevard des Viertels vorgesehen, sie läuft gerade auf die Johanneskirche zu. Noch heute hat sich in kleinen Abschnitten ein wenig vom Glanz der Gründerzeit erhalten.

Johanneskirche (Fortsetzung)
Johannesstraße

Karlshöhe

D 1

Die dem Hasenberg vorgelagerte Karlshöhe (342 m ü. d. M.) reicht vom Westen her in den Stuttgarter Talkessel hinein. Die steilen Hänge der Karlshöhe galten früher als eine der besten Weinlagen der Stadt, und auch heute sind noch einige von ihnen mit Rebstöcken bepflanzt.

Lage
Südwestrand des Stadtkerns

Bus
Marien-/Silberburgstraße (41)

Am oberen Ende des Jean-Améry-Weges trifft man auf einen Athene-Brunnen (nebst Pandora und Prometheus). Er wurde 1911 im Garten der hier befindlichen, im Zweiten Weltkrieg zerstörten Villa Siegle aufgestellt.

Athene-Brunnen

Vom Nordwesthang der Karlshöhe zieht die Hasenbergsteige steil hinauf Richtung Birkenkopf. Ihren Beginn markiert der Gänsepeterbrunnen am Johann-Sebastian-Bach-Platz. Die Hasenbergsteige ist eine der erlesensten Stuttgarter Wohnlagen, gesäumt von sehr schönen Gründerzeitvillen.

Hasenbergsteige

Am Seewasserwerk zweigt links der "Blaue Weg" ab, ein überaus idyllischer Wanderweg, auf dem man zunächst entlang alter Weinberge spazieren kann und in dessen weiterem Verlauf man in die Waldgebiete im Südwesten Stuttgarts und bis Vaihingen gelangt. Beim Haus Nr. 65 öffnet sich ein kleiner Park, in dem Skulpturen des Stuttgarter Künstlers Otto Herbert Hajek aufgestellt sind. Diese Anlage dehnt sich bis zum 1882 aufgestellten Denkmal für den Dichter Wilhelm Hauff und zu den Überresten des 1879 eingeweihten, 1943 gesprengten Hasenbergturmes aus.

Blauer Weg

Baedeker TIPP **Und jetzt ein kühles Helles ...**

Der Biergarten auf der Karlshöhe ist die ideale Adresse für schwüle Sommerabende. Fast immer weht ein laues Lüftchen und der Blick ist schlichtweg fantastisch. Achtung: nicht ganz einfach zu finden, also am besten: Passanten fragen.

Ursprung der heutigen, vom sehr dominanten Allianz-Komplex beherrschten Silberburganlage am Fuß der Karlshöhe ist ein im 18. Jh. erbautes Lusthaus, das wenig später zu einem beliebten Ausflugslokal wurde. Anlässlich der Bundesgartenschau 1961 versah man die Anlage mit Rabatten, Spielflächen und Wasserspielen.

Silberburganlage

Karlshöhe
(Fortsetzung)
** Lapidarium

Freunde stimmungsvoller Orte mit ganz besonderer Atmosphäre sollten unbedingt dem städtischen Lapidarium einen Besuch abstatten: In dem nach dem Vorbild italienischer Renaissance-Gärten angelegten Gelände der Villa Gemmingen sind Bruchstücke einst bekannter Stuttgarter Bauwerke zusammengetragen. Hier stehen die Reste des Königstores, des Lusthauses und des Alten Rathauses, es gibt Wappensteine und Skulpturen und eine Antikenkollektion im überdachten Wandelgang (Mörikestraße 24/1; Öffnungszeiten: Mai – Mitte Sept. Mi., Do., Sa., So. 14^{00} bis 17^{00}, Führung: 14^{30} Uhr und n.V., ☎ 216-63 27).

Baedeker TIPP Kultur zwischen Steinen

Zwischen anmutigen Skulpturen und steinernen Geschichtszeugen werden oft abendliche Lesungen oder Konzerte veranstaltet. Wie wäre es mit Gruselgschichten unter freiem Himmel, Kammerkonzerten bekannter Stuttgarter Künstler oder einem Vorspiel des musikalischen Nachwuchses? Infos vor Ort oder unter www.lapidarium.de

Karlsplatz C 3

Stadt-/ Straßenbahn Schlossplatz
(U 5, U 6, U 7, 15)

Auch wenn der Reiter in der Mitte des Platzes Kaiser Wilhelm I. ist: Der Karlsplatz erhielt seinen Namen von Herzog Carl Eugen (► Berühmte Persönlichkeiten), denn dieser ließ den Platz anlegen. Davor befand sich an gleicher Stelle der abgeschiedene Privatgarten der Herzoginnen. Heute ist der kastanienumstandene Platz jeden Samstag von 8^{00} bis 15^{00} Uhr Schauplatz des so genannten "kleinen" Flohmarkts. (Der "große" Flohmarkt belebt an je einem Sonntag im Mai und im September den gesamten Innenstadtbereich).

Jeden Samstag auf dem Karlsplatz: Flohmarkt

Mahnmal
Zwischen Altem Schloss und Karlsplatz erinnern vier schwarze Granitblöcke des Künstlers Elmar Daucher (1970) an die Opfer der nationalsozialistischen Gewaltherrschaft.

Altes Waisenhaus

Das ockergelbe Gebäude auf der gegenüber liegenden Platzseite wurde 1705 als erste Kaserne der Stadt geplant, diente aber wegen des Umzuges des Hofes nach Ludwigsburg schon seit 1712 als Waisenhaus. 1922 bis 1924 wurde es durch Paul Schmitthenner zum "Haus des Deutschtums" und zum Sitz des "Deutschen Auslandsinstituts". Bis 1945 arbeitete hier der Reichssender Stuttgart.

Institut für Auslandsbeziehungen

Heute beherbergt das Alte Waisenhaus das Institut für Auslandsbeziehungen (ifa), eine Mittlerorganisation der Bundesregierung für den internationalen Kulturaustausch. Das Institut unterhält eine eigene Galerie (Öffnungszeiten: Di. – Fr. 12^{00} bis 18^{00}, Sa., So., Fei. 11^{00} – 16^{00} Uhr) und die größte auslandskundliche Bibliothek Europas. Im Innenhof befindet sich der Biergarten der Kneipe Amadeus und zum Karlsplatz hin gibt es ein großes Kaffeehaus.

An der Südseite des Platzes (Dorotheenstr. 10) befand sich das im Krieg zerstörte sog. Hotel Silber. Von 1933 bis 1945 war es Zentrale der Geheimen Staatspolizei (Gestapo) und für viele Menschen erste Station eines Leidensweges durch Zuchthäuser und Konzentrationslager. Im Nachfolgebau sind Dienststellen des baden-württembergischen Innenministeriums untergebracht.

Karlsplatz (Fortsetzung)

Killesberg

H/J 29/30

* Höhenpark

Zwischen der Stuttgarter Innenstadt und dem nördlichen Stadtbezirk Feuerbach steigt der Killesberg (383 m ü. d. M.) auf. Der Park am Nordrand des Kessels wurde auf dem Gelände eines stillgelegten Steinbruchs für die Reichsgartenschau 1939 angelegt, die jedoch mit dem deutschen Angriff auf Polen am 1. September abrupt endete. Im Krieg erlangte das Hauptgebäude der "Friedensschau" – so hatten Nazi-Größen sie vor ihrem Beginn vollmundig angekündigt – noch einmal traurige Berühmtheit: Ab Mitte 1941 mussten sich etwa 4000 Stuttgarter Juden hier zur Deportation versammeln. Der Killesberg gilt heute als einziges großes, gut erhaltenes Beispiel für die Gartenbaukunst der 1930er-Jahre. Kennzeichnend ist der bewusst großräumige Bezug zur umgebenden Landschaft, nicht allein durch Sichtbezüge ins Tal, sondern auch durch die Aufnahme traditioneller heimischer Landschaftselemente (z.B. Obstwiesen). In die "geplante Natur" der Gesamtanlage wurden verschiedene Schaugärten integriert (Astilbental, Primelgarten usw.). Charakteristisch sind die Trockenmauern und Natursteingebäude. Heute preist man ihren ökologischen Wert, damals entstanden sie, weil Beton und Zement im Zuge der Kriegsvorbereitungen knapp waren. Auch in den Jahren 1950 und 1961 fanden hier Gartenschauen statt, zuletzt die IGA 1993, die den Killesberg an das "grüne U" anschloss. Wasserspiele, das Tal der Rosen, der Seerosenteich, die Sommerblumenwiese, der Dahliengarten und die Seenterrassen werden von den Parkbesuchern geschätzt. Attraktionen für Kinder sind die Tierwiese und ein ausgesprochen gut ausgestatteter Spielplatz. Im Sommer gastiert auf dem Gelände "Elsies historisches Jahrmarkttheater" mit Karussell, Schiffsschaukel und Kasperletheater. Die Freilichtbühne sowie Cafés und Gaststätten runden das Freizeitangebot ab.

Haupteingang
via Messehallen

Stadtbahn
Killesberg Messe (U 7)

Bus
43, 50

Baedeker TIPP **Tazzelwurm und Springerle ...**

... so heißen die Dampfloks der Schmalspureisenbahn, die seit 1950 von Ende April bis Mitte Oktober ihre Runden durch den Park dreht. Die kurze Fahrt ist ein Muss für Stuttgarter Großeltern mit Kindern und dank der schönen Perspektiven auf die verschiedenen Landschaftsräume des Parks durchaus zu empfehlen für Jedermann.

Aufgang
Kasse

Im Eingangsbereich des Höhenparks erinnert ein Gedenkstein an die Deportation der Baden-Württembergischen Juden.

Killesberg (Fts.) **Gedenkstein**

Neuester "Höhepunkt" im Park ist der 2001 errichtete, filigrane und bis zur Spitze 41 m messende Aussichtsturm. Der moderne Entwurf von Jörg Schlaich mit vier kreisrunden Aussichtsbühnen, die von einem Mittelpylon und einem sich nach oben verjüngenden Seilnetz gehalten werden, eroberte die Herzen der Stuttgarter im Sturm. Und der Ausblick ist phänomenal!

***Killesbergturm**

Messe Stuttgart

Am Südrand des Parks logiert die Messe. Teile der Gebäude stammen noch aus dem Driten Reich. Nach den bis 1989 vollzogenen Ausbauten umfasst das Messegelände 16 Hallen (bei der Nummerierung fehlt die Nr. 13 wegen des unter Messebeschickern verbreiteten Aberglaubens) und zwei moderne Kongresszentren mit 15 Tagungsräumen. Die Bruttoausstellungsfläche beträgt rund 50 000 Quadratmeter. Alljährlich finden auf dem Killesberg 25 bis 30 Messen und Ausstellungen von internationalem Format statt, am bekanntesten hierunter sind sicherlich der Publikumsliebling CMT (Internationale Ausstellung für Caravan, Motor, Touristik) und die Verbrauchermesse HAFA. Sehr beliebt sind jedoch auch die neueren Publikumsmessen wie die Retro Classics (Oldtimer) oder die Jugendmesse "You".

Lage
Am Kochenhof

Stadtbahn
Killesberg Messe (U 7)

Bus
43, 50

Da die Messe auf dem Killesberg aufgrund beengter Verhältnisse bei manchen Ausstellungen aus allen Nähten zu platzen droht, wird seit Jahren um einen Messe-Neubau auf den Fildern beim Flughafen gerungen. Die Neubauplanungen sind trotz heftiger Proteste der betroffenen Gemeinden schon voll im Gange, die angestrebte Einweihung ist Herbst 2006.

Neue Messe

Königstraße

B / C 3

Die Königstraße ist die Hauptachse der Innenstadt-Fußgängerzone und als Adresse der großen Kaufhäuser die wichtigste Geschäftsstraße der Stadt. In ihrem oberen Verlauf war sie als "Großer Graben" noch bis Beginn des 19. Jh.s Teil der befestigten Stadtgrenze. Vor allem im Sommer ist sie eine sowohl tagsüber als auch abends sehr belebte Flaniermeile, auf der man sich mit einem Schaufensterbummel oder dem Betrachten der Passanten die Zeit vertreiben

Verlauf
vom Hauptbahnhof bis zur Marienstraße

S-Bahn
Hbf. und Stadtmitte (S 1 – S 6)

Stadtbahn
Hbf., Schlossplatz, Rotebühlplatz

Baedeker TIPP **Gucken kostet nichts!**

Ein Teil der Verkaufsräume des Ladens im Haus Königstraße 44 befindet sich in dem ältesten noch erhaltenen Gebäudeteil der Königstraße, einem Gewölbekeller aus dem 16. Jh. Ein Blick in die "Katakomben" ist sehr zu empfehlen.

◄ **Freie Sicht für schwindelfreie Parkbesucher: Seit dem Jahr 2001 hat der Killesberg einen sehr eleganten Aussichtsturm.**

Der "Pusteblumenbrunnen" auf der unteren Königstraße dient im Sommer als erfrischender Sitzplatz.

Flaniermeile (Fortsetzung)

kann. Jongleure und Pantomimen nutzen das Pflaster nach Geschäftsschluss zu spontanen Vorstellungen und Straßenmusiker aus aller Welt sorgen für akustische Abwechslung.

Arnulf-Klett-Platz

Die Königstraße beginnt am Arnulf-Klett-Platz vor dem Hauptbahnhof. Dort liegt auch das Informationszentrum "i-Punkt" der Stuttgart Marketing GmbH. Folgt man ihr in Richtung Schlossplatz, kommt man auf Höhe der Landesbank Baden-Württenberg an einem 3 m hohen "Aquamobile" und kurz darauf am "Pusteblumenbrunnen" vorbei.

Eberhardskirche

Zur Linken liegt dann die Pfarrkirche St. Eberhard. Die erste katholische Pfarrkirche der Landeshauptstadt wurde 1808 bis 1811 auf Anordnung von König Friedrich I. vom Schloss Solitude an ihren heutigen Standort versetzt. Nicolaus Thouret veränderte das ursprünglich barocke Gotteshaus in klassizistischer Manier. 1944 fiel St. Eberhard einem Bombenangriff zum Opfer; der Nachfolgebau zeigt sich heute in sehr nüchterner Gestalt.

Königin-Olga-Bau

Als Abschluss zum ▶ Schlossplatz passiert man den nach dem Zweiten Weltkrieg von Schmitthenner und Partnern entworfenen Königin-Olga-Bau (Dresdner Bank). An dieser Stelle stand früher die "Danneckerei", Atelier und Antikensaal des Hofbildhauers und Schillerfreundes Johann Heinrich Dannecker. Gegenüber an der Bolzstraße liegt der Marquardtbau. Er wurde 1896 als Nobelhotel eröffnet und dient heute als Büro- und Geschäftshaus mit Café, Kino und dem Boulevardtheater "Komödie im Marquardt".

Der von Königsbau und ▶ Neuem Schloss begrenzte Schlossplatz teilt die Königstraße in einen unteren und einen oberen Abschnitt. Nach ihm folgen beiderseits große Geschäftshäuser. Einige recht imponierende Fassaden und klangvolle Namen unterstreichen den großstädtischen Charakter dieses oberen Teils der Königstraße, so z.B. das Salamander-Haus (Nr. 19 A), die klassizistische Neue Kanzlei, (Nr. 44; 1838), das Bally-Haus (Nr. 12; 1966) sowie in Höhe der Einmündung der Schulstraße das Großkaufhaus Karstadt (Nr. 27; 1946) und nicht zuletzt der Mittnachtbau (Nr. 46), der nach dem ehemaligen Ministerpräsidenten Hermann Freiherr von Mittnacht (1825 – 1909) benannt ist. Den Abschluss der Königstraße bildet der 1900 fertig gestellte, turmbewehrte Wilhelmsbau.

Obere Königstraße

Baedeker TIPP **Brezel original**

Eine kleine Stärkung gefällig? Die "Bretzelkörble" gab es schon lange vor den Großbäckereifilialen, sie haben den Rang einer Stuttgarter Institution. Hier kauft man Brezeln direkt auf die Hand.

Jenseits der Fritz-Elsass-Straße zweigt die Kleine Königstraße ab. Hier steht auf einem engen Eckgrundstück das Jugendstil-Theater "Altes Schauspielhaus".

Kleine Königstraße

*Kunstgebäude

B 3

Lage
Schlossplatz

Öffnungszeiten
Di. – So. / Fei. 11^{00} – 18^{00}, Mi. bis 20^{00}

Einst stand an dieser Stelle das Neue Lusthaus, ein Meisterwerk der deutschen Renaissance (Reste im ▶ Schlossgarten). Es diente zuletzt als königliches Hoftheater und fiel 1902 einem verheerenden Brand zum Opfer. An seiner Stelle entstand bis 1913 das Kunstgebäude, dessen Kuppel ein weithin sichtbarer vergoldeter Hirsch ziert. Das Bauwerk wurde im Zweiten Weltkrieg schwer beschädigt, doch danach wieder aufgebaut und erheblich erweitert. Vor dem Eingang steht die Plastik "Die Nacht" von Aristide Maillol (1909). Im Kunstgebäude sind Ausstellungen des Württembergischen Kunstvereins und – bis zur Fertigstellung des im Jahr 2002 begonnenen großen Neubaus am Kleinen Schlossplatz – die Sammlungen der Städtischen Galerie zu sehen.

Württembergischer Kunstverein

Der Württembergische Kunstverein (gegr. 1827) hat es sich zur Aufgabe gemacht, internationaler und regionaler Kunst der Gegenwart durch regelmäßige Sonderausstellungen ein Forum zu geben. Jüngere, noch nicht arrivierte Künstler sollen somit gefördert werden, aber auch Vertreter der klassischen Moderne werden vorgestellt und mittels thematischer Ausstellungen können Beiträge zu zeitgeschichtlichen Diskussionen geleistet werden.
Mit seiner dreigliedrigen Raumfolge (Kuppelbau, Glasbau, Vierecksaal) und einer Ausstellungsfläche von 2000 m² steht der Württembergische Kunstverein seit jeher an der Spitze der deutschen Kunstvereine. Seit den 1960er-Jahren hat er mehr als 350 Ausstellungen gezeigt, die dem Institut den Rang einer international bekannten Kunsthalle eingebracht haben.

Die Galerie der Stadt Stuttgart, 1925 als Städtische Gemäldesammlung in der Villa Berg eröffnet, ist seit 1961 im Kunstgebäude untergebracht. Die Sammlung reicht vom frühen 19. Jh. bis zur Gegenwart. Durch die Ausbildung von Sammelschwerpunkten erlangte die verhältnismäßig junge Gemäldegalerie nicht nur in der Fachwelt Anerkennung. Hervorzuheben ist die Otto-Dix-Sammlung (Räume 4 und 5) mit dem eindrucksvollen Triptychon "Großstadt", der Radierfolge "Der Krieg" und den Werken "Bildnis des Schauspielers Heinrich George", "Stillleben im Atelier", "Bildnis Martha Dix", "Prager Straße", "Selbstbildnis als Soldat", "Grabenkrieg", "Bildnis Dr. Fritz Glaser" und "Anita Berber".

Kunstgebäude (Fortsetzung)
* Galerie der Stadt Stuttgart

Landtag (Haus des Landtags von Baden-Württemberg) — B 4

In den Grünanlagen des ehemaligen Akademiegartens neben dem ► Neuen Schloss liegt das Landtagsgebäude. 1959 bis 1961 wurde der dreigeschossige Bau mit dunkel verglaster Spiegelfassade hier errichtet. Die Empfangshalle ziert eine Fossilienwand aus dem Holzmadener Schwarzjura. Das Zentrum des Baus bildet der polygonale Plenarsaal, um den Sitzungsräume, Abgeordnetenbüros und Verwaltungsräume gruppiert sind. Im Erdgeschoss kann man sich in dem Restaurant Landtag stärken – im Sommer im Freien mit Blick auf das Neue Schloss.

Lage
Konrad-Adenauer-Straße

Stadt-/ Straßenbahn
Charlottenplatz (U 2, U 4, U 5, U 6, U 7, U 9, U 14, 15)

Auf der gegenüber liegenden Seite der B 14 (Konrad-Adenauer-Straße) wurde von 1984 bis 1987 zwischen Staatsgalerie und Landesbibliothek das neue Haus der Abgeordneten errichtet. Der nüchtern wirkende Bau zeigt im Innenbereich eine helle und weitläufige Gestaltung um einen bepflanzten Innenhof. In den oberen Stockwerken sind Fraktions- und Abgeordnetenräume untergebracht. Auch der Informationsdienst und die Landtagsverwaltung haben ihren zentralen Platz im Haus erhalten. Für heftige Diskussionen sorgte neben einer Backsteinskulptur ("Backsteinturm") des dänischen Künstlers Per Kirkeby die "weiße Röhre mit dem schwarzen Blitz", wie der 130 m lange Tunnel genannt wird, der den Landtag und das Abgeordnetenhaus verbindet.

Haus der Abgeordneten

Baedeker TIPP **Demokratie für Neugierige**

Das Innenleben des Landtags ist keinesfalls geheim: Führungen gibt es nach Vereinbarung über ☎ 20 63-2 28 oder: besucherdienst@landtag-bw.de.

Leonberg

Die ehemalige Kreisstadt Leonberg (44 000 Einw.) liegt am Rand des Strohgäus und gehört heute zum Landkreis Böblingen. Sie wurde 1248 durch Graf Ulrich I. von Württemberg gegründet. Hier ging der berühmte Astronom Johannes Kepler zur Schule. Außerdem wurde in Leonberg der Philosoph Friedrich Wilhelm Schelling (1775 – 1854) geboren.

Lage 16 km westl. von Stgt.

S-Bahn
Leonberg (S 6)

◄ **Weithin sichtbar glänzt der goldene Hirsch von der Kuppel des Kunstgebäudes am Schlossplatz.**

Leonberger

Der Leonberger ist vielleicht das bekannteste "Produkt" der Stadt: seit den 1960er-Jahren wird hier die als zuverlässig und familienfreundlich geschätzte Hunderasse gezüchtet, eine Kreuzung von Bernhardiner, Landseer und Pyrenäenhund. Besondere Charakteristika sind das gelbliche bis rotbraune Fell, eine dunkle Maske, Hängeohren und ein buschiger Schwanz.

Sehenswertes in Leonberg

Schloss

Im Westen der Altstadt steht das Leonberger Schloss auf dem Talrand über dem Flüsschen Glems. Aberlin Tretsch erbaute es 1560 bis 1565 im Auftrag von Herzog Christoph im Stil der Renaissance. Im Jahr 1609 bezog hier Herzogin Magdalena Sibylla von Württemberg ihren Witwensitz. Ihr Sohn, Herzog Johann Friedrich von Württemberg, beauftragte den Stuttgarter Baumeister Heinrich Schickhardt, das Schloss zu restaurieren und den Terrassengarten mit Brunnen und Pomeranzenhaus anzulegen. Von 1742 an war das Schloss nicht mehr herrschaftlicher Wohnsitz: Kameralamt und Amtsgericht zogen ein.

*** Pomeranzengarten**

Der Leonberger Pomeranzengarten, einer der wenigen Spätrenaissance-Terrassengärten in Europa, ist nach den Originalplänen von Heinrich Schickhardt rekonstruiert worden. Im Gegensatz zu Barockgärten, wo die Einzelpflanze zugunsten der Gesamtwirkung in den Hintergrund tritt, waren in der Gartenkunst der Renaissance Schönheit und Seltenheit einzelner Spezies, aber auch ihre Verwendbarkeit als Duft-, Gewürz- und Heilpflanze bestimmend. Die exotischen Pomeranzen (Bitterorangen) wurden in Behältern gezogen, die im Pomeranzenhaus überwinterten. Aus der Schale gewann man Orangeat, aus ihren Blüten und Blättern stellte man Heilmittel her.

*** Marktplatz**

Noch recht gut erhalten ist der alte Stadtkern mit dem Marktplatz. Hier und in der näheren Umgebung stehen hübsch herausgeputzte, geschichtsträchtige Fachwerkbauten sowie das wohl schon aus dem 13. Jh. stammende Steinhaus (das älteste Haus der Stadt) mit dem Gasthof "Zum schwarzen Adler". Hier soll bereits vor über 500 Jahren 1457 erstmals ein württembergischer Landtag abgehalten worden sein. Am Markt mit dem Marktbrunnen von 1566 stehen das stattliche alte Rathaus und auch das Elternhaus von Johannes Kepler, der hier als Schüler wohnte, sowie das Haus, in dem der Dichter Friedrich Hölderlin seine Jugendliebe Luise Nast kennen gelernt hat.

Baedeker TIPP **Pferdemarkt**

Seit mehr als 300 Jahren ist der Leonberger Pferdemarkt der Höhepunkt im Festkalender der Stadt. Reitpferde, Zugpferde, Kleinpferde, Ponys und Gespanne beleben regelmäßig im Februar den Marktplatz und ein farbenfroher Umzug zieht Zehntausende von Besuchern an.

Stadtkirche

Westlich vom Marktplatz liegt die Stadtkirche mit ihrem markanten Turm. Der Bau wurde bereits im 13. Jh. begonnen und zeigt spätromanische und frühgotische Elemente.

Der Pomeranzengarten: Rekonstruktion nach Renaissance-Plänen

Stadtmuseum

Das Stadtmuseum befindet sich im denkmalgeschützten Gebäude der ehemaligen Lateinschule unmittelbar neben der Stadtkriche und präsentiert die Stadtgeschichte von der Jungsteinzeit bis in die jüngste Vergangenheit sowie einen Schelling-Gedenkraum (Öffnungszeiten: Di., Mi., Do. 14^{00} – 17^{00}, So. 11^{00} – 13^{00} und 14^{00} – 17^{00} Uhr; Führungen n. V., ☎ 0 71 52 / 35 43 64).

Umgebung von Leonberg

Eltingen

Das alte Dorf Eltingen, südlicher Vorort von Leonberg, ist heute mit der Kernstadt fast zusammengewachsen. Die im Jahre 1487 errichtete Dorfkirche gilt als kunsthistorisches Kleinod. Besonders bemerkenswert sind das Netzrippengewölbe im Chor sowie die figürlichen Darstellungen in der Sakristei. Sehenswert ist auch die Carl-Schmincke-Straße, die mit ihren Fachwerkhäusern als eine der schönsten Dorfstraßen Württembergs gilt.

Warmbronn

Im südlich jenseits der Autobahn gelegenen Dorf Warmbronn verdienen das Wohnhaus und das Grab des Dichters Christian Wagner (1835 – 1918) Beachtung. Im Wagner-Haus ist auch eine Dauerausstellung mit dem Titel "Ländliche Lebensweise und Kultur" zu sehen (Öffnungszeiten: So. 11^{00} – 13^{00} Uhr und nach Vereinbarung, ☎ 0 71 52 / 94 90 94).

Bauernhausmuseum Gebersheim

Im Leonberger Ortsteil Gebersheim konnte einer der letzten großen und alten Bauernhöfe als Museum erhalten werden. Sowohl die Geschichte des Gebäudes wird hier detailliert dargestellt wie

Leonberg (Fortsetzung)	auch das Leben der Bauern im Strohgäu. Ein Museumsgarten mit Bauerngarten ist ebenfalls vorhanden (Öffnungszeiten: April – Okt. Di. 9^{00} – 13^{00}, Mi. u. Do. 14^{00} – 18^{00}, Sa., So. u. Fei. 10^{00} – 12^{00} u. 14^{00} bis 18^{00} Uhr).

*Liederhalle (Kultur- und Kongresszentrum Stuttgarter Liederhalle) B 2

Lage Berliner Platz 1 **Stadtbahn** Berliner Platz (U 2, U 4, U 9, U 11, U 14)	Die bereits unter Denkmalschutz stehende Liederhalle wurde 1955 / 1956 nach Plänen von Adolf Abel, Rolf Gutbrod und Blasius Spreng erbaut. Sie entstand in der Nachfolge eines Festsaals von Christian Leins, der 1943 Bomben zum Opfer gefallen war. Drei verschieden große Säle, die durch ein weitläufiges Foyer miteinander verbunden sind, werden zumeist für Konzerte genutzt, beherbergen jedoch auch Kongresse, rauschende Bälle oder viel beachtete Modenschauen.
Gebäudegliederung	Die Baukörper der Säle sind an der lebendigen Außenfassade des Gebäudes ablesbar: Die Fassade des Mozartsaals ist mit einem abstrakten Mosaik farbiger Quarzitplättchen verkleidet, der Kubus des Silchersaals erhielt eine Ummantelung aus Keramikplättchen, während der geschwungene Baukörper des Beethovensaals in Sichtbeton belassen wurde.
Beethovensaal	Der Beethovensaal (maximal 2019 Sitzplätze) ist der größte der drei Säle. Er bietet neben einer viel gerühmten Akustik auch ausgesprochen gute Sichtverhältnisse. Architektonisch interessant ist nicht nur sein einem Flügel nachempfundener Grundriss, sondern auch seine dynamisch aufsteigende Empore.
Mozartsaal	Der fünfeckige, fächerartig angelegte Mozartsaal (752 Plätze) ist auf Kammermusikkonzerte zugeschnitten. Er ist etwas nüchterner gestaltet, verfügt jedoch ebenfalls über eine sehr ansprechende Akustik.
Silchersaal	Kleinster der drei Säle ist der Silchersaal (320 Sitzplätze). Er wurde als Proben- und Vortragssaal konzipiert.
Hegelsaal, Schillersaal	1991 ist ein getrennter Erweiterungsbau mit zwei weiteren Sälen fertig gestellt worden. Das siebeneckige Kongressgebäude wird von einer markanten Lichtkuppe bekrönt und ist mit modernsten technischen Installationen ausgerüstet.

Berühmt für ihre ausgezeichnete Akustik: die Liederhalle

**Linden-Museum (Staatliches Museum für Völkerkunde)

Das Stuttgarter Linden-Museum – benannt nach seinem Gründer Karl Graf von Linden – beherbergt ethnografische Sammlungen von internationaler Bedeutung. Es ist unmittelbar neben dem Katharinenhospital und dem historischen Hoppenlaufriedhof (► Friedhöfe) gelegen und bietet große Ausstellungen zu völkerkundlichen Themen sowie eine exzellente Auswahl außereuropäischer Kunst.

Lage
Hegelplatz 1

Bus
Hegelplatz
(40, 42, 43)

Die Anfänge des Hauses reichen zurück ins Jahr 1884, als sich schwäbische Unternehmer zum "Württembergischen Verein für Handelsgeografie und Förderung deutscher Interessen im Ausland" zusammenschlossen. Wenig später wurde Karl Graf von Linden, ein hoher württembergischer Regierungsbeamter, Vorsitzender des Vereins. Er erkannte sehr bald, dass die kolonialen Eroberungen mit einer unwiederbringlichen Zerstörung der einheimischen Kulturen verbunden waren und gab dem Verein eine neue Aufgabe: Wenigstens die materiellen Zeugnisse der "unzivilisierten Kulturen" sollten für die Nachwelt gerettet und in einem Museum für Völkerkunde konserviert werden. Binnen zweier Jahrzehnte trug Graf von Linden rund hunderttausend Einzelstücke umfassende Sammlungen aus allen Erdteilen zusammen, vorwiegend mit Hilfe von Beamten aus den damaligen deutschen Kolonien. Außerdem sorgte er für die Finanzierung eines eigenen Museums – ausschließlich mit Eigenkapital und Spendengeldern. 1910 schließlich erfolgte der erste Spatenstich für den Bau – wenige Tage vor dem Tod des Grafen.

Öffnungszeiten
Di – So.
10^{00} – 17^{00},
Mi. bis 20^{00}

Hinduistisches Relief

Das Museum war von Anbeginn ein bedeutender Bestandteil des Stuttgarter Kulturlebens, die feste Verankerung im Bürgertum verhinderte eine Vereinnahmung durch die Nationalsozialisten. Im Zweiten Weltkrieg brannte das Gebäude bis auf die Grundmauern nieder. Die Sammlungen waren rechtzeitig im Salzbergwerk Bad Rappenau in Sicherheit gebracht worden, zahlreiche Großobjekte jedoch konnten nicht transportiert werden und fielen den Flammen zum Opfer. Unmittelbar nach Kriegsende begann der Wiederaufbau, genau nach den ursprünglichen Plänen. 1973 schließlich wurde das Museum in gemeinsamer Trägerschaft vom Land Baden-Württemberg und der Stadt Stuttgart übernommen.

Ausstellungen

Dauer- und Sonderausstellungen

Auf rund 4000 m^2 Fläche bieten sechs Abteilungen einen globalen Überblick über Kultur und Kulturgeschichte: Die Dauerausstellungen werden in unregelmäßigen Abständen ergänzt bzw. neu gestaltet. Jährlich mehrere Sonderausstellungen behandeln besondere regionale oder thematische Schwerpunkte.

Nordamerika

Voraussichtlich im Herbst 2003 wird eine neue Dauerausstellung zu Indianern aus unterschiedlichen Kulturregionen eröffnet: Sie beschäftigt sich mit den Irokesen von der Ostküste, den sesshaften

Ganze Räume und Straßen sind im Lindenmuseum nachgebildet.

Nordamerika (Fortsetzung)

Prärie-Indiandern Mandan und Hidatsa, den nomadischen Crow, den Hopi aus dem Südwesten, den kalifornischen Hupa, den Tsimshian von der kanadischen Pazifikküste und den Inuit aus Alaska. Bis dahin gibt es verschiedene kleine Interims-Ausstellungen.

Lateinamerika

Ebenfalls ab Herbst 2003 wird die Dauerausstellung zu Peru und Bolivien zu sehen sein, bestückt mit archäologischen Gold- und Silberarbeiten, Textilien und Keramik aus Alt-Peru sowie Alltags- und Zeremonialobjekten aus Amazonien und dem Hochland.

Südsee

Im Südseebereich gibt es Ausstellungen zu Australien – Kunst und Kultur der Aborigines – und Neubritannien.

Afrika

Die Ausstellung zeigt die kulturelle Vielfalt der Regionen Schwarzafrikas. Schwerpunkte bilden Westafrika – Benin-Bronzen, Masken, Alltags- und Gegenwartskultur –, sakrale Königstümer und Ostafrika. Traditionelle Religionen, Islam, Christentum und europäisch-afrikanischer Kulturkontakt runden die Afrika-Ausstellung ab.

Orient

Bis zum Frühjahr 2004 gibt es Sonderausstellungen zu Afghanistan (2003) und Türkei (2003/2004), inkl. einer rekonstruierten Bazar-Straße. Ab ca. Mitte 2004 wird eine Dauerausstellung zum Thema Islam eröffnet.

Ostasien

China ist mit Ritualbronzen, Grabbeigaben und Keramik aus vier Jahrtausenden sowie Malerei des 17. bis 20. Jh.s repräsentiert.
Die japanische Abteilung zeigt Malerei des 13. bis 19. Jh.s, Kunsthandwerk, Lackarbeiten aus zwei Jahrtausenden, Nachbauten eines traditionellen Teehauses und eines Wohnhauses.

Der indische Kulturkreis ist mit hinduistischer, buddhistischer und jinistischer Kunst von der Antike bis zur Neuzeit, altindischen Terrakotten und Miniaturmalereien bestückt. Volksreligiosität und indo-muslimische Kultur sind weitere Themen der Ausstellung.
Die Südostasien-Räume beschäftigen sich mit Kunst und rituellen Objekten der Kambodschanischen Khmer, der Cham aus Vietnam und der thailändischen Mon-Dvarati-Epoche.
Nepal und Tibet sind mit dem Thema Lamaismus, einem Altarraum, Kunsthandwerk, Thangka-Malerei und einem Yamantaka-Sandmandala bestückt.

Lindenmuseum (Fortsetzung)
Südasien

Zu allen Ausstellungen finden Vorträge, Filme, Konzerte, Museumsgespräche, Familien- und Kinderprogramme statt. Führungen für Interessierte sowie spezielle Angebote für Gruppen sind nach Vereinbarung möglich. Und: das Museumscafé nicht versäumen!

Weitere Angebote

**Ludwigsburg

Zumindest bei einem längeren Aufenthalt in Stuttgart ist ein Ausflug ins nur 15 S-Bahn-Minuten entfernte Ludwigsburg obligatorisch. Denn das ca. 85 000 Einwohner zählende "schwäbische Versailles" kann mit dem größten Barockschloss in Deutschland aufwarten, umgeben vom "Blühenden Barock", dem "Schlossgarten" der Ludwigsburger. Damit nicht genug, in Spaziergangsentfernung vom Residenzschloss findet man zwei weitere kleinere Barockschlösschen, und auch im Ludwigsburger Stadtbild tritt rund um den Marktplatz der barocke Aufbau noch heute klar zutage. Noch etwas ist typisch für Ludwigsburg – die vielen Kastanienalleen. Fragwürdige städteplanerische Entscheidungen vom Anfang der 1970er-Jahre wie der sechsspurige Ausbau der die Stadt zerteilenden Bundesstraße 27 und das alles überragende Einkaufszentrum "Marstall Center" trüben die Harmonie allerdings erheblich.

Lage
15 km nördlich von Stuttgart

S-Bahn
Ludwigsburg (S 4, S 5)

Neckarschifffahrt
ab Wilhelma bis Hoheneck

Ludwigsburg ist rund um das Schloss gewachsen. Als Gründungsdatum gilt der 7. Mai 1704, als auf Geheiß von Herzog Eberhard Ludwig (1676 – 1733) mit dem Bau eines repräsentativen "Fürstenbaus" an Stelle des 1692 niedergebrannten herzoglichen Jagdguts Erlachhof begonnen wurde. 1705 erhielt dieser Herrensitz den Namen Ludwigsburg. Einige Jahre später versuchte der Herzog eine Stadtgründung, doch erst als er mehrmals Gewerbe- und Religionsfreiheit, zwei Jahrmärkte und eine eigene Rechtspflege in Aussicht gestellt hatte, ließen sich die ersten Neu-Ludwigsburger nieder und bauten sich Häuser, die in das vom italienischen Architekten Giuseppe Donato Frisoni entworfene Stadtraster eingefügt werden mussten. 1717 schließlich wurde Ludwigsburg württembergische Residenz, doch verlegte Eberhard Ludwigs Nachfolger Carl Alexander 1734 den Hof wieder nach Stuttgart zurück,

Geschichte

Baedeker TIPP Butterbrezel, Hefezopf...

... und Schneckennudel – die Klassiker schwäbischer Backkunst sind genau das Richtige für zwischendurch. In Ludwigsburg geht man dazu am besten ins Caféstüble Lutz am Marktplatz. Den Blick auf den "stolzesten Platz Württembergs" gibt es gratis dazu.

Geschichte (Fortsetzung)

was Ludwigsburg an den Rand des Ruins brachte und Carl Alexander veranlasste, die Stadt 1736 immerhin zur Garnison zu machen. Herzog Carl Eugen wiederum kehrte 1764 nach Ludwigsburg zurück und machte es zum prächtigsten Hof Europas und Mittelpunkt des europäischen Theater- und Musikgeschehens. Doch 1775 zog es ihn wieder nach Stuttgart, und Ludwigsburg verödete beinahe. Herzog Friedrich II., der spätere König Friedrich I. (1797 bis 1816) wählte das Schloss zu seiner Sommerresidenz, doch residierten nach seinem Tod die Könige wieder ausschließlich in Stuttgart. Dafür erhielt Ludwigsburg die größte württembergische Garnison, und aus dem "schwäbischen Versailles" wurde nun endgültig das "schwäbische Potsdam", wovon noch heute zahlreiche Kasernenbauten zeugen. Diese werden aber inzwischen anderweitig genutzt, z. B. von der Filmakademie Baden-Württemberg und Firmen der Medien- und Kommunikationsbranche. Als Zentrum des Landkreises ist Ludwigsburg heute bedeutender Industriestandort (Maschinenbau, Fahrzeugteile) und u. a. Sitz der einzigen deutschen Orgelbauer-Fachschule sowie der traditionsreichen Porzellanmanufaktur.

Baedeker TIPP Venezianische Messe

Von Herzog Carl Eugen vor über 200 Jahren aus Venedig mitgebracht, verwandelt das Spektakel heute die Stadt alle zwei Jahre im September in einen Marktplatz voller Narren. Drei Tage dauert die Mischung aus barockem Kostümzauber, traditioneller Volkskunst und avantgardistischer Performance (nächste Termine: 2003, 2005 etc.).

** Schlossfestspiele

Alljährlich von Mai bis Oktober finden die Ludwigsburger Schlossfestspiele / Internationale Festspiele Baden-Württemberg weit über die Landesgrenzen hinaus Beachtung. Hauptveranstaltungsorte sind das Schlosstheater und das Forum am Schlosspark (Kartenvorbestellung: ☎ 0 7141 / 917100).

Sehenswertes in der Stadt

*Marktplatz

Mittelpunkt der Stadt ist der von bis zu dreigeschossigen Barockhäusern mit Laubengängen umsäumte Marktplatz, nach Theodor Heuss "der stolzeste Platz Württembergs". Er wird beherrscht von der zweitürmigen evangelischen Stadtkirche (1718 – 1726) von Frisoni und der gegenüber liegenden, eintürmigen katholischen Dreieinigkeitskirche (1724 – 1727). Im Zentrum des Platzes steht der Marktbrunnen mit einem Standbild des Stadtgründers Eberhard Ludwig – allerdings nur in Kopie; das Original von 1723 befindet sich im Schloss.

Wilhelmstraße

Wenig südlich vom Marktplatz verläuft die Wilhelmstraße, die in barocker Breite angelegte Hauptstraße Ludwigsburgs. Sie wird dominiert vom gelb getünchten, lang gestreckten Bau der Kanzleikaserne (1722) und dem Rathaus (1725). Dahinter liegt das Kulturzentrum mit der Stadtbibliothek und dem Städtischen Museum, das u. a. eine sehr schön gemachte Dauerausstellung über Ludwigsburger Literaten präsentiert (Öffnungszeiten: Mi. – So. 10^{00} – 12^{00} und

Großes Spektakel alle zwei Jahre: die Venezianische Messe ▶

APOTH

1 Stadtkirche
2 Dreieinigkeitskirche
3 Geburtshaus von Eduard Mörike
4 Geburtshaus von Justinus Kerner
5 Geburtshaus von David Friedrich Strauß
6 Palais der Gräfin Graevenitz
7 Haus von Joseph Süß Oppenheimer
8 Altes Zucht- und Waisenhaus
9 Strafvollzugsmuseum
10 Ehem. Porzellanmanufaktur
11 Grab von König Wilhelm II.
12 Filmakademie

Wilhelmstraße (Fortsetzung)

13^{00} – 17^{00} Uhr). Am Westende der Wilhelmstraße öffnet sich der Arsenalplatz mit dem 1761 errichteten Arsenal, in dem das Staatsarchiv untergebracht ist.

Holzmarkt

Wenig nördlich vom Marktplatz legte Frisoni als Verbindung zwischen Markt und Schloss den rautenförmigen Holzmarkt an, in dessen Mitte ein Obelisk die vier bedeutendsten Söhne der Stadt ehrt: die Schriftsteller Eduard Mörike (1804 – 1875), Justinus Kerner (1786 – 1862) und Friedrich Theodor Vischer (1807 – 1887) sowie den Theologen David Friedrich Strauß (1808 – 1874). Ihre Geburtshäuser liegen alle am oder in nächster Umgebung des Marktplatzes.

Graevenitz-Palais

In der Marstallstraße (Nr. 59) unweit unterhalb vom Holzmarkt ließ Eberhard Ludwig von Frisoni ein Domizil für seine Mätresse, die “Landesverderberin” Gräfin von Würben, geborene von Graevenitz, errichten. Heute ist das Haus, in dem die Kinder- und Jugendbuchautorin Tony Schumacher geboren wurde, der schönste barocke Bau der Innenstadt und Verwaltungssitz der Schlossfestspiele.

Längs der Westseite der Schlossanlage verläuft die viel befahrene Schlossstraße (B 27). Deren bemerkenswerteste Bauten sind das Gasthaus Waldhorn, 1707 errichtet und damit ältestes Bürgerhaus der Stadt, sowie der Grafenbau (1724 / 1725), Wohnsitz des württembergischen Premierministers Friedrich Wilhelm von Graevenitz. Über der Kreuzung Schloss- / Wilhelmstraße schwebt eine riesige Schlangenskulptur des niederländischen Künstlers Auke de Vries.

Schlossstraße

An der Ostseite des Schlossgartens verläuft die Mömpelgardstraße, benannt nach der ehemaligen württembergischen Besitzung Montbéliard im französischen Jura, der heutigen Partnerstadt Ludwigsburgs – übrigens die erste deutsch-französische Städtepartnerschaft nach dem Zweiten Weltkrieg. Sie ist gesäumt von sehr schönen Barockhäusern, darunter das Haus des Joseph Süß-Oppenheimer ("Jud Süß" ▶ Berühmte Persönlichkeiten).

Mömpelgardstraße

In der Schorndorfer Straße gibt im ehemaligen Gefängnis das Strafvollzugsmuseum ein Bild vom Gefangenendasein früherer Zeiten (Öffnungszeiten: Di. – Fr. 9^{00} – 12^{00} und 14^{00} – 16^{00}, So.: Okt. bis April 13^{00} – 17^{00}, Mai – Sept. 14^{00} – 18^{00} Uhr). Wenig weiter sieht man rechts die ehemaligen Gebäude der Porzellanmanufaktur.

Schorndorfer Straße

Jenseits des Schorndorfer Tores wurde 1761 außerhalb der Stadtmauer der Alte Friedhof angelegt, heute ein wirklich romantisch-verwunschener Ort. Hier sind der letzte württembergische König Wilhelm II. und Reichsgraf Johann Karl von Zeppelin begraben, letzterer in einem Mausoleum von Thouret mit Skulpturen von Johann Heinrich Dannecker.

***Alter Friedhof**

An der Stuttgarter Straße liegt das 1988 eingeweihte "Forum am Schlosspark" mit Theater-, Konzert- und Bürgersaal, u. a. Spielort der Schlossfestspiele und Kongresshaus. Weiter südlich erhebt sich der Turm der Friedenskirche (Garnisonkirche). Auf der Empore im Kirchenraum zeigt das Landeskirchliche Museum Wechselausstellungen (Öffnungszeiten: Di. – Sa. 14^{00} – 17^{00}, So. 11^{30} – 17^{00} Uhr).

Stuttgarter Straße

** Residenzschloss und ** Blühendes Barock

Ende März – Anfang Nov.: tgl. 9^{00} – 12^{00} und 13^{00} – 17^{00} jeweils alle 30 Minuten; Anfang Nov. – Ende März: Mo. – Fr. 10^{30}, 11^{45}, 13^{30}, 15^{00} und 16^{00}; Sa. und So. 10^{30} und 11^{30} sowie 13^{30} – 16^{00} Uhr alle 30 Minuten. Eingang: Neues Corps de Logis im mittleren Schlosshof.

Führungen im Residenzschloss

Gärten: Ende März – Anfang Nov. tgl. 7^{30} – 20^{30}; Märchengarten: 9^{00} – 18^{00}, ab Oktober 10^{00} – 17^{00} Uhr. Eingänge: Schorndorfer Straße (9^{00} – 18^{00} Uhr), hinterer Schlosshof (8^{00} – 20^{00} Uhr), Mömpelgardstraße (Kassenautomat, 7^{30} – 20^{30} Uhr). Außerhalb der Saison freier Eintritt.

Öffnungszeiten Blühendes Barock

Baedeker TIPP Schwäbische Floriade

Barockes und klassizistisches Interieur gehen mit üppiger Blütenpracht eine wundervolle Allianz ein, wenn alljährlich Ende April / Anfang Mai die Räume des Schlosses zur "Schwäbischen Floriade" mit Blumenarrangements geschmückt werden.

Schauseite des Schlosses: die Front des Neuen Corps de Logis

Baugeschichte

Das Ludwigsburger Residenzschloss ist die größte noch erhaltene Barockanlage in Deutschland. Philipp Joseph Jenisch errichtete 1704 den ersten Abschnitt des "Fürstenbaus", das heutige Alte Corps de Logis, in Anlehnung an den italienischen Palazzo (das Dachgeschoss wurde erst 1719 aufgesetzt). Ab 1707 vollendete Johann Friedrich Nette diesen Trakt und ergänzte ihn durch den Ordensbau und den Riesenbau, so dass eine Dreiflügelanlage entstand; sieben Jahre später kamen Galerien und Eckpavillons dazu. 1714 übernahm D.G. Frisoni die Bauleitung und errichtete die Schlosskirche, die Ordenskapelle und die beiden anschließenden Kavaliersflügel. Ab 1725 wurde unter Mitarbeit des Architekten Paolo Retti das Neue Corps de Logis aufgerichtet, ebenso das Gartenparterre. Damit war die große Vierflügelanlage vollendet. Herzog Carl Eugen veranlasste den weiteren Ausbau durch Johann David Leger und Philippe de la Guêpière; unter dem späteren König Friedrich I. schließlich gestaltete Hofbaumeister Thouret das Schloss weiter aus, so dass große Teile der Inneneinrichtung die Kühle des Klassizismus ausstrahlen.

Rundgang

Neues Corps de Logis

Prachtvolle Treppenhäuser mit Figurenschmuck von Diego Carlone führen in das Hauptgeschoss vor den Gardesaal, wo die Führung beginnt. Die anschließenden Zimmerfluchten von König Friedrich enthalten u.a. Geschenke von Kaiser Napoleon I., der sich 1805 hier aufhielt und dabei die berühmt gewordenen Worte sprach: "Wer nicht für mich ist, der ist wider mich!" Die Verbindung zwischen den Räumen Friedrichs und den nach Osten liegenden Räumen der Königin bildet der klassizistische Marmorsaal.

In der lang gestreckten Ostgalerie hängen Porträts der württembergischen Herrscher. Das darauf folgende Schlosstheater wurde 1728 von Herzog Eberhard Ludwig in Auftrag gegeben, 1757 von Philippe de la Guêpière ausgebaut und 1802 von Thouret im Empire-Stil umgestaltet. Noch heute kommt die Bühnenmaschinerie von 1759 – die älteste noch erhaltene Deutschlands – bei den Ludwigsburger Schlossfestspielen zum Einsatz.

Ostgalerie
Schlosstheater

Durch den östlichen Kavalierbau geht es in die Schlosskirche, üppig katholisch ausgestattet, denn Herzog Carl Alexander konvertierte zum Missfallen der protestantischen Württemberger zum Katholizismus. Das Altargemälde "Einsetzung des Abendmahls" und das Kuppelfresko stammen von Carlo Carlone, die Statuen von König David und König Salomo schuf sein Bruder Diego.

Schlosskirche

Der Riesenbau enthält das wie die übrigen Räume in reinem Rokoko ausgestattete Appartement der herzoglichen Prinzen sowie das Appartement des Erbprinzen mit dem Porzellankabinett.

Riesenbau

Wohl das schönste Interieur zeigt der in den ersten beiden Jahrzehnten des 18. Jh.s eingerichtete Spielpavillon mit seinen originalen Spieltischen. Das Deckenfresko "Allegorien der Vier Jahreszeiten" schuf E. Wohlhaupter, die Stuckarbeiten Diego Carlone.

Spielpavillon

Das Alte Corps de Logis umfasst die Appartements der Erbprinzessin und des Herzogs. Im Audienzzimmer des Appartements der Erbprinzessin beeindrucken Brüsseler Gobelins und das Deckenfresko "Schlafender Mars" von Steinfels, im Vorzimmer das Steinfels-Deckengemälde "Diana mit ihrem Gefolge". Glanzpunkt der herzoglichen Räume ist das Spiegelkabinett.

Altes Corps de Logis

Die Marmorsaletta des Jagdpavillons ziert ein Apoll-Deckenfresko von Colomba; dahinter schließen ein Chinesisches Lackkabinett, ein Marmorkabinett und ein Boiserienkabinett an.

Jagdpavillon

Die Spiegelgalerie wurde 1714 gestaltet.

Das gestalterische Gegenüber des Riesenbaus, der Ordensbau, enthält den Ordenssaal, wo am 25. September 1819 die Verfassung des Königreichs Württemberg und am 25. September 1919 die republikanische Verfassung des Landes Württemberg verkündet wurden. Scotti und Baroffio schufen 1731 das Deckenfresko sowie im Treppenhaus eine imposante "Verherrlichung des Herkules". Die Ordenskapelle mit Stuckarbeiten von Billi, Schnitzwerk von Roger und einem Deckenfresko von Livio Retti gilt als eine der schönsten Rokoko-Kirchenräume im südwestdeutschen Raum.

Ordensbau

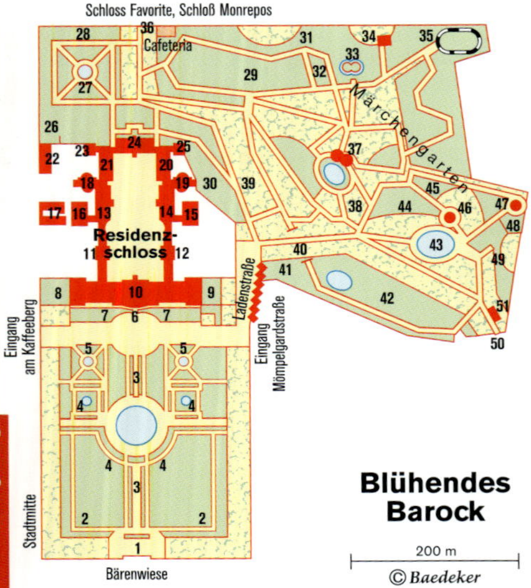

1 Haupteingang
2 Schling- und Parkrosen
3 Fontänenstraße
4 Rosenvergleichsschau
5 Barockgärten
6 Frühlingsblumenschau
7 Klassizistische Gärten
8 Friedrichsgarten
9 Königinnengarten
10 Neues Corps de logis
11 Bildergalerie
12 Ahnengalerie
13 Westlicher Kavalierbau
14 Östlicher Kavalierbau
15 Theaterbau
16 Festinbau
17 Café Schlosswache
18 Ordenskapelle
19 Schlosskirche
20 Riesenbau
21 Ordensbau
22 Küchenbau
23 Jagdpavillon
24 Altes Corps de logis
25 Spielpavillon
26 Stilgärten (Barock, Renaissance)
27 Große Broderie
28 Volieren
29 Große Wiese
30 Volieren
31 Spielplatz
32 Seerosenkönig
33 Märchenbach
34 Herzogschaukel
35 Miniatur-Eisenbahn
36 Eingang Favorite
37 Emichsburg
38 Rhododendrontal
39 Tal der Vogelstimmen
40 Brückenweg
41 Orangerie
42 Großvoliere
43 Schüssele-See (Fontäne)
44 Staudenwiese
45 Raritätengarten
46 Mediterraner Weinberg
47 Weinberghaus
48 Japangarten
49 Parkcafé
50 Eingang Posilipostraße, Naturinfocenter
51 Aquädukt

Museen im Schloss

Im ersten Stock des östlichen Kavalierbaus beschäftigt sich ein kleines, aber feines Museum mit der Geschichte des Ludwigsburger Schlosstheaters (nicht Teil der Führung; Öffnungszeiten: tgl. 10^{00} bis 17^{00} Uhr). Die Ausstellung "Höfische Kunst des Barock" des Württembergischen Landesmuseums ist voraussichtlich bis ins Jahr 2003 geschlossen. Sie wird dann in neuen Räumen im Residenzschloss wiedereröffnet.

Porzellanmanufaktur

Die renommierte Ludwigsburger Porzellanmanufaktur wurde 1758 von Herzog Carl Eugen gegründet. Im östlichen Schlossflügel, am Durchgang vom mittleren zum hinteren Schlosshof, bietet die Manufaktur-Galerie Zier- und Gebrauchsporzellan sowie Figuren nach Vorbildern aus dem 18. Jh. an (Öffnungszeiten: Mo. – Fr. 9^{30} – 12^{30} und 13^{30} – 17^{30}, Sa. 10^{00} bis 13^{00} Uhr). Von April bis September kann man mittwochs und donnerstags von 14^{00} bis 16^{00} Uhr den Porzellanmalern zuschauen.

Blühendes Barock

Die kunstvollen Parkanlagen rund um das Schloss wurden 1954 zum 250-jährigen Jubiläum gärtnerisch neu gestaltet und sind seither um manche Attraktion erweitert worden. Während der Südteil der Gärten und die Große Broderie im Norden nach barocken Prinzipien angelegt sind, orientiert sich die übrige Anlage am Vorbild englischer Parks. In diesem Teil erhebt sich die Emichsburg, 1798 bis 1802 auf Wunsch Herzog Friedrichs nach Plänen von Thouret erbaut. Der Schüssele-See markiert den Standort eines Theaterhauses, das zu Carl Eugens Zeiten das größte seiner Art in Europa war und Ende des 18. Jh.s abgerissen wurde. Ihn umgeben Nachbauten historischer Spielgeräte, die der Hofgesellschaft die Zeit vertreiben halfen. Besondere Attraktionen des Blühenden Barocks sind der Märchengarten mit Märchenbach, Herzogenschaukel und Miniatureisenbahn, der große Kinderspielplatz, die Großvolière und der Japangarten. Informationen zu Natur und Umwelt erhält man im Naturinfo-Center. Höhepunkt der Saison sind das Musikfeuerwerk im Juli und das Feuerwerk an der Emichsburg im Spätsommer.

Ludwigsburg, Blühendes Barock (Fts.)

Märchengarten

Weitere Sehenswürdigkeiten in Ludwigsburg

Das gegenüber dem Residenzschloss genau in dessen Achse liegende ehemalige Jagdschloss Favorite entstand unter Herzog Eberhard Ludwig nach Entwürfen von Frisoni, der es um 1720 fertig stellte. Von 1799 bis 1801 baute Thouret das Innere in klassizistischem Stil aus. Der herrliche Park rund um das Schloss war ursprünglich herzogliches Jagdrevier und steht heute als seltenes Beispiel eines Hudewaldes unter Naturschutz (Führungen im Schloss: Ende März bis Anfang Nov.: tgl. 9^{00} – 12^{00} und 13^{30} – 17^{00}; Anfang Nov. – Ende März: Di. – So. 10^{00} – 12^{00} und 13^{30} – 16^{00} Uhr).

***Schloss und Park Favorite**

Auf der Seeschlossallee kann man vom Ende des Favoriteparks zum Seeschloss Monrepos spazieren, das 1760 bis 1766 unter Herzog Carl Eugen nach Entwürfen von de la Guepière errichtet wurde. Die kuppelgekrönte zentrale Rotunde ist zum See hin ausgebogen, zu dem eine Rampe in Stufen hinunterführt. Auf dem See kann man mit Ruder- und Tretbooten den echten venezianischen Gondolieri nacheifern, die der Herzog einst hier zu seinem Vergnügen beschäftigte. Westlich vom Schloss liegen die ebenfalls im 18. Jh. erbauten Wirtschaftsgebäude des Hofkameralamts mit der Kellerei des Herzogs von Württemberg (Verkauf und Weinprobe: Mo. – Fr. 9^{00} – 18^{00} Uhr) sowie das Schlosshotel Monrepos.

***Schloss Monrepos**

Besichtigung nicht möglich

Im von einer Burgruine (13. Jh.) überragten Stadtteil Hoheneck am Ufer des Neckars bilden die Wolfgangskirche, das Pfarrhaus, das ehem. Rathaus (1575) und die alte Kelter ein malerisches Ensemble. Hoch über dem Fluss liegt das altbekannte Sole-Heilbad Hoheneck, heute mit modernem Bewegungsbad, Mediterraneum, Freibecken und Biosauna ein Publikumsmagnet erster Güte (Öffnungszeiten: Mo. 10^{00} bis 21^{00}, Di. – Fr. 8^{00} – 21^{00}, Sa. und So. 8^{00} – 17^{00} Uhr).

***Heilbad Hoheneck**

Bus 427

**Marbach am Neckar

Das Städtchen Marbach am Neckar (13 500 Einw.) wurde 972 erstmals urkundlich erwähnt und ist bekannt als Geburtsort des Dichters Friedrich Schiller (1759 – 1805) sowie des Astronomen und Mathematikers Tobias Mayer (1723 – 1762). Es liegt reizvoll auf der rechten Neckarseite hoch über dem Fluss und hat einen hübschen alten Stadtkern. Als Sitz des Schiller-Nationalmuseums und des Deutschen Literaturarchivs ist Marbach ein beliebtes Reiseziel für Literaturfreunde aus aller Welt.

Lage
23 km nördlich von Stuttgart

S-Bahn
Marbach (S 4)

"And where are the horses?"

Mit dieser Frage ging Queen Elizabeth II als prominenteste "Irrgängerin" in die Anekdotensammlung der Marbacher ein. Sie – und mit ihr vielleicht auch der ein oder andere weniger prominente Reisende – hatte das baden-württembergische Haupt- und Landesgestüt Marbach besichtigen wollen. Es ist nicht identisch mit der Schillerstadt und liegt 75 km entfernt in Gomadingen-Marbach auf der Schwäbischen Alb.

** Schiller-Nationalmuseum – Deutsches Literaturarchiv

Lage
Schillerhöhe 8 – 10

Öffnungszeiten
Museum
tgl. 10⁰⁰ – 18⁰⁰,
Mi. bis 20⁰⁰
Literaturarchiv
Mo. – Fr.
8³⁰ – 17³⁰

Das Schiller-Nationalmuseum ist das einzige literarische Museum in Deutschland, das sich der gesamten Deutschen Literatur von 1750 bis zur Gegenwart widmet. Das Gebäude auf dem Steilufer über dem Neckar erinnert in seiner äußeren Gestalt an das Schloss Solitude wo Friedrich Schiller die Carlsschule besuchte und in dessen Nachbarschaft seine Eltern über zwanzig Jahre lebten. Der 1903 eingeweihte Bau erhielt 1934 seine heutige Gestalt. Das 1955 im Museum gegründete Deutsche Literaturarchiv bezog 1972 einen Neubau, der bereits nach zwanzig Jahren in seinen Proportionen verdoppelt werden musste.
Das Schiller-Archiv und -Museum, wie es zunächst hieß, verstand sich ein halbes Jahrhundert lang als Sammlungs- und Ausstellungsort für die schwäbische Literatur- und Geistesgeschichte. Durch die Übernahme des Cotta'schen Verlagsarchivs als Leihgabe, später als Stiftung der "Stuttgarter Zeitung" in den frühen 1950er-Jahren, wurde die Gründung des Deutschen Literaturarchivs (1955) vorbereitet, die Marbach zu einem weithin bekannten Zentrum der literarischen Moderne gemacht hat. Das Archiv mit seiner Handschriften-Sammlung (rund 1100 Nachlässe, Verlags- und Redaktionsarchive), mit einer Spezialbibliothek (etwa 770 000 Bände), einer Bild-Abteilung, dem Cotta-Archiv und vielen Sondersammlungen (Literatur im Rundfunk, Fernsehen u. a.) ist nur für wissenschaftliche Benutzer zugänglich.

Ausstellungen

Die Sammlungen des Deutschen Literaturarchivs werden in fünf ständigen und zwei wechselnden Ausstellungen im Schiller-Nationalmuseum der

Baedeker TIPP **Mit dem Neckar-Käpt'n ...**

... zu Schiller. Einmal täglich geht eine Linienfahrt "dr Neckr na", also von Cannstatt neckarabwärts. Abfahrt ist von Mai bis September am Wilhelma-Steg und nach zwei Stunden 45 Min. kann man in Marbach aussteigen (Fahrplaninformationen unter ☎ 54 99 70 60 oder www.neckar-kaeptn.de). Zurück geht's dann am schnellsten mit der S-Bahn.

Öffentlichkeit gezeigt. Die ständigen Ausstellungen gelten den großen Gestalten der (schwäbisch)-deutschen Literatur: Wieland und Schubart in der Vorklassik, Schiller, Hölderlin mit seinen Stiftsfreunden Hegel und Schelling, den schwäbischen Romantikern und Eduard Mörike sowie dem 20. Jahrhundert – von Friedrich Nietzsche bis zur Gruppe 47.

Ausstellungen (Fortsetzung)

Die Jahresausstellungen und die rascher wechselnden Kabinett-Ausstellungen haben in den letzten Jahren u.a. die Klassiker des 20. Jahrhunderts vorgestellt, darunter Hesse, Döblin, Benn, Tucholsky, Kafka, Lasker-Schüler, Walter Benjamin oder Zuckmayer. Dazu erschienen die geschätzten "Marbacher Kataloge" und die "Marbacher Magazine".

Literaturmuseum der Moderne

Ein seit langem gewünschtes Marbacher Literaturmuseum der Moderne wird derzeit als Ergänzungsbau von David Chipperfield Architects geplant. Es soll zum 200. Todestag Schillers am 9. Mai 2005 eingeweiht werden.

Weitere Sehenswürdigkeiten in Marbach

*Ortskern

Sehr hübsch ist Marbachs alter Siedlungskern mit verwinkelten Gassen und einem von West nach Ost verlaufenden Straßenmarkt (Marktstraße). Interessante Bauten sind der Obere Torturm mit der danebenliegenden Wendelinskapelle aus dem 15. Jh. (heute eine Buchhandlung), die ehemalige Zehntscheuer (Ende 17. Jh.; heute Amtsgericht), das Rathaus (1762) und Reste der Stadtbefestigung – der Spaziergang an ihr entlang ist sehr romantisch.

*Schillers Geburtshaus

Friedrich Schiller wurde am 10. November 1759 in dem einfachen Giebelfachwerkhäuschen an der Niklastorstraße 31 geboren. Das 1859 von Leins umgestaltete Gebäude ist heute als kleine Schiller-Gedenkstätte eingerichtet und enthält neben persönlichen Utensilien der Familie Schiller einige zeitgenössische Schillerbildnisse sowie die Kopie einer Danneckerschen Schillerbüste (Öffnungszeiten: tgl. 9^{00} – 17^{00} Uhr).

Tobias-Mayer-Museum

Tobias Mayer, Autodidakt und als Mathematiker und Astronom zu hohen Ehren gekommen, u.a. durch ein Theorie zur Mondbewegung, kam im Haus Torgasse 13 zur Welt (Öffnungszeiten: 2. u. 4. So. im Monat 14^{00} – 17^{00} Uhr, Führungen n.V. ☎ 0 7144 / 169 42).

Ölmühle

Das Technische Kulturdenkmal Ölmühle (Obere Holdergasse 2) stammt aus dem Jahre 1906 und ist nahezu vollkommen betriebsfähig, so dass man hier schön die Techniken der Ölgewinnung zu sehen bekommt (Öffnungszeiten: letzter So. im Monat 14^{00} – 17^{00} Uhr und n. V. ☎ 0 7144 / 102 - 2 52).

Alexanderkirche

Die außerhalb des Stadtkerns direkt an der Bahnstrecke liegende Alexanderkirche ist ein Frühwerk des Kirchenbaumeisters Aberlin Jörg, der u.a. auch die ▶ Stiftskirche in Stuttgart baute. Ihr Innenraum ist unter Fachleuten als einer der schönsten spätgotischen Schöpfungen im südwestdeutschen Raum bekannt (Führungen n. V., ☎ 0 7144 / 102 - 0).

Dorfmuseum Kelter Rielingshausen

In der ehemaligen Kelter im Marbacher Ortsteil Rielingshausen befindet sich heute ein Dorfmuseum zur Geschichte des örtlichen Weinbaus und des dörflichen Lebens in früheren Zeiten (Besichtigung n. V., ☎ 0 7144 / 31 34).

Umgebung von Marbach

Benningen

In Benningen, am anderen Neckarufer gegenüber gelegen, befand sich im 1./2. Jh. n. Chr. ein römisches Kastell. Es lag an der Römerstraße Walheim – Bad Cannstatt, von der beim Rathaus ein Stück freigelegt worden ist. Von Benningen erreicht man am Neckar entlang die von den Ortschaften Beihingen, Heutingsheim und Geisingen gebildete Gemeinde Freiberg am Neckar. Jedes der drei Dörfer besitzt ein herrschaftliches Schloss.

Steinheim

Im 6 km nördlich von Marbach gelegenen Steinheim a. d. Murr wurde 1933 der Schädel des Homo sapiens steinheimensis gefunden, der heute im Museum am Löwentor in Stuttgart zu sehen ist. Das Steinheimer Urmensch-Museum zeigt u. a. eine Replik des Schädels (Öffnungszeiten: April – Sept. Di. – Fr. 10^{00} – 12^{00} und 14^{00} – 16^{00}, Sa., So., Fei. bis 17^{00}; Okt. – März Di. – So. 10^{00} – 12^{00} und 14^{00} – 16^{00} Uhr).

*Markgröningen

Lage
18 km nordwestl. von Stuttgart

Bus
7768 ab Bhf. Zuffenhausen
7771 ab Bhf. Ludwigsburg

Am Rande des Langen Feldes und des Strohgäus liegt Markgröningen (14 000 Einwohner). Die erste urkundliche Erwähnung des Ortes "Gruningen" datiert bis auf das Jahr 779 zurück. Im 13. Jh. war Markgröningen Freie Reichsstadt, bevor es 1336 an Württemberg kam. Es wurde zentrale Oberamtsstadt und erlebte in der zweiten Hälfte des 15. Jh.s seine große Blütezeit. Mit der Gründung Ludwigsburgs, das ihm bald den Rang ablief, verlor die Stadt an Einfluss. Doch während seiner wechselvollen Stadtgeschichte konnte Markgröningen sein mittelalterliches Stadtbild mit zahlreichen historischen Bauten erhalten.

*** Schäferlauf**

Weit über die Grenzen der Stadt hinaus ist der Markgröninger Schäferlauf bekannt. 1445 erstmals urkundlich erwähnt, wird sein Ursprung jedoch früher vermutet. Höhepunkt der Veranstaltungen, die jedes Jahr im August stattfinden, ist der Wettlauf der barfüßigen Schäfer und Schäfermädchen über ein 300 Schritt langes Stoppelfeld, dessen Sieger zum Schäferkönig bzw. zur Schäferkönigin gekürt wird.

Sehenswertes in Markgröningen

*** Stadtbild**

Das unverfälschte mittelalterliche Stadtbild lohnt den Ausflug. Mit Hilfe eines ausgeschilderten, beim Rathaus beginnenden Stadtrundgangs (ca. 1,5 Std.) kann man die schönsten Gebäude und Plätze der Stadt kennen lernen.

*** Rathaus**

Von besonderer Schönheit ist das den Marktplatz beherrschende, stattliche Rathaus. Es wurde 1441 als "Kaufhus" mit offener Laube im Erdgeschoss fertig gestellt, hier hatten Metzger und Bäcker ihre Verkaufsstände. Eine Außentreppe führte in den ersten Stock zu den Verkaufsräumen für verderbliche Ware. Die Fachwerkkonstruktion zeigt die Bauweise des "Schwäbischen Mannes": Die Eichenbalken sind in der Art eines Mannes mit gespreizten Armen und Beinen angeordnet und mit Holzzapfen verbunden.

Wer ist der beste Schäfer? Beim hochsommerlichen Wetthüten in Markgröningen wird jedes Jahr ein Sieger gekürt.

* Bartholomäus-Kirche

Die evangelische Bartholomäuskirche fällt schon von Weitem durch ihre zwei ungleichen Türme auf. Der Nordturm war als Wachturm Eigentum der Stadt, während der südliche der eigentliche Glockenturm der Kirche ist. Der Bau der dreischiffigen Basilika wurde um 1255 mit der Turmfront begonnen; ihre heutige Gestalt erhielt die Kirche nach 1450 mit dem Anbau des Chores durch den auch in Stuttgart tätigen Kirchenbaumeister Aberlin Jörg. Finanziert wurde der Bau weitgehend von Heinrich Volland d. Ä., der damals als reichster Bürger Württembergs galt. Seine Familie gehört zu den Ahnen solch bedeutender Männer wie Hegel, Schelling, Mörike, Hölderlin, Uhland, Kerner, Wildermuth, Hauff, Raiffeisen, von Weizsäcker, aber auch vieler heutiger Markgröninger Bürger.
Im Inneren der Kirche befindet sich der Grabstein des Grafen Hartmann von Grüningen (er starb 1280 auf dem Hohenasperg). Auf dem Stein ist die älteste bekannte Abbildung des Wappens der Württemberger, drei Hirschstangen, zu sehen. Weiterhin beachtenswert sind ein gotisches Chorgestühl aus dem 14. Jh. und Wandmalereien. Der erste Schlussstein im Chorgewölbe zeigt das Meisterwappen Aberlin Jörgs: einen gewinkelten Dachsparren mit sechs Sternen.

Spital zum Heiligen Geist

Als eine beispielhafte Einrichtung für die Wohlfahrtspflege entstand im 13. Jh. das Spital zum Heiligen Geist; Arme und Kranke wurden hier von Ordensbrüdern unterstützt und gepflegt, Durchreisende beherbergt, und auch Bürger der Stadt konnten sich als "Pfründner" einkaufen, um im Alter hier versorgt zu werden – ein Modell, das weithin seines Gleichen suchte.

Keltengrab in Hochdorf an der Enz

Im 7 km westlich von Markgröningen gelegenen Hochdorf an der Enz wurde 1978 ein keltisches Fürstengrab entdeckt, das niemals ausgeraubt worden war und einzigartige Grabbeigaben enthielt.

* Keltenmuseum

Im eigens erbauten Keltenmuseum werden die Grabungen dokumentiert. Die originalen Grabfunde sind im Württembergischen Landesmuseum in Stuttgart ausgestellt. Anhand von Repliken zeichnet die Ausstellung ein lebendiges Bild von Kultur, Handwerk und Alltagsleben in der frühkeltischen Gesellschaft. Höhepunkt ist die original nachgebaute Grabkammer mit der Nachbildung des prunkvoll gekleideten und geschmückten Leichnams auf einer Bronzebank, um ihn herum Essgeschirr und Trinkhörner für ein Totenmahl sowie ein Kupferkessel, der noch zu zwei Dritteln mit Met gefüllt war. Im Außengelände sind eine Vorratskammer, ein "Einfamilienhaus" und ein Gemeinschaftsgebäude nachgebaut – Alltag vor 2500 Jahren (Öffnungszeiten: Di. – Sa. 9^{30} – 12^{00} u. 13^{30} – 17^{00}, So. 10^{00} – 17^{00} Uhr.)

Grabbeigaben für den Keltenfürsten

Grabhügel

Zum Grabhügel selbst gelangt man Richtung Ortsmitte und dann nach links auf einem ausgeschilderten Weg. Er wurde an der ursprünglichen Fundstelle in Originalgröße wieder aufgeschüttet.

*Markthalle (Städtische Markthalle) C 3

Lage
Dorotheenstr. 4

Stadt-/ Straßenbahn
Charlottenplatz (U 2, U 4, U 5, U 6, U 7, U 9, U 14, 15)

Öffnungszeiten
Mo. – Fr. 7^{00} – 18^{00}, Sa. bis 16^{00}

Duftwolken exotischer Gewürze, Berge von frischem Obst und Gemüse, ein multikulturelles Stimmenwirrwarr – wo kann man hier in Stuttgart gelandet sein? Natürlich in der Markthalle, einer der schönsten Deutschlands und einem Mekka für Hausfrauen und Köche, die Wert auf Qualität, Frische und auch etwas ausgefallenere Produkte (zu ebensolchen Preisen) legen.
Bereits 1864 wurde die Alte Markthalle eröffnet, die der König bauen ließ, damit "die Frauen und Töchter unserer Wein-

Allerlei Fabeltiere schmücken die Brüstungen der Markthalle.

In der Markthalle ist Einkaufen ein sinnlicher Genuss.

Markthalle (Fortsetzung)

gärtner, geschützt von den Unbilden der Witterung, ihre Produkte feilbieten können". Nach einem Brand wurde ein Wettbewerb zur Neugestaltung der Halle ausgeschrieben, den der damals noch junge Architekt Martin Elsaesser gewann. Das Konzept, eine Mischung zwischen Nahrungsmittelbörse und Warenhaus, bewährt sich bis heute, wie die rund fünf Dutzend Marktbeschicker beweisen. Die 1914 eingeweihte neue Markthalle zählt zu den interessantesten Jugendstilbauten Stuttgarts. Ihre Außenwände sind mit volkstümlichen Fresken geschmückt, Arkaden, Türmchen und Erker standen im Bezug zu den in der ehemaligen Umgebung liegenden Gebäuden. Nachdem sie den Bombenhagel des Zweiten Weltkriegs als eines der wenigen Gebäude der Innenstadt weitgehend unversehrt überstanden hatte, war sie zu Beginn der 1970er-Jahre vom Abriss bedroht. Nur der vehemente Einsatz einer Bürgerinitiative konnte sie der Stadt und ihren Bürgern erhalten.
Auf der Galerie im ersten Stock befindet sich ein kleines italienisches Restaurant, hier kann man mit Blick auf das bunte Treiben verweilen. Das Gebäude beherbergt außerdem das Geschäft Merz & Benzing – wo es u. a. sehr schöne Blumensträuße und allerlei Trendiges zur Wohnungseinrichtung gibt –, sowie ein Restaurant mit schwäbischen Spezialitäten.

Marktplatz

C 3

Stadtbahn
Rathaus
(U1, U2, U4, U11)

Bus
Rathaus
(43, 44, 92)

Der Marktplatz ist seit eh und je das Handels- und Kommunikationszentrum der Stadt. Er wurde 1304 erstmals urkundlich erwähnt und erfuhr im Lauf der Zeit mehrfache Erweiterungen. Bereits 1456 wurde am Platz das erste Rathaus erbaut. Bis 1820 stand hier das "Herrenhaus", das als Gerichtsgebäude fungierte und in dem der legendäre "Jud Süß" (▶ Berühmte Persönlichkeiten) verurteilt worden ist.
Der im Zweiten Weltkrieg schwer in Mitleidenschaft gezogene Platz war bereits in den 1950er-Jahren wieder voll funktionsfähig. Typische Geschäftshäuser aus dieser Zeit säumen den Platz, dominiert von der nüchternen Hauptfassade des ▶ Rathauses – hinter dessen Turmverkleidung sich der weitgehend intakte Turm des großen neugotischen Vorgängerbaus versteckt.

Marktbrunnen Das einzige historische Überbleibsel am Platz, leider höchst unscheinbar in einer Senke zwischen Bäumen verborgen, ist der große Marktbrunnen von Nikolaus Thouret. Die gusseisernen Trogplatten sind mit allegorischen Figuren, Jagd- und Kriegsszenen, dem württembergischen Wappen und dem Namenszug Herzog Eberhard Ludwigs verziert.

***Breuninger** An der Südostseite des Marktplatzes steht das bereits in den Achtzigerjahren des 19. Jh.s gegründete Kaufhaus Breuninger. Das Handelshaus unterhält heute Filialen in Sindelfingen und Ludwigsburg und gilt noch immer als eine der anspruchsvollsten Einkaufsadressen Deutschlands. Jüngster Teil des aus mehreren Gebäuden bestehenden Breuninger-Komplexes ist die 1989 eröffnete sechsgeschossige, von einer imposanten gläsernen Kuppel überdachte Karlspassage (► Abb. S. 198).

Eberhardstraße Die nach Graf Eberhard im Barte (► Berühmte Persönlichkeiten) benannte Eberhardstraße ist – wie auch die Königstraße – der aufgefüllte historische Stadtgraben, der den alten Stadtkern im Südosten begrenzte. Mit dem Büro- und Geschäftshaus Graf-Eberhard-Bau war 1908 im Zuge einer frühen Stadtsanierung das erste Gebäude entstanden, das verschiedene Ladengeschäfte unter einem Dach vereinte. Es wurde 1982 renoviert, seitdem siedelte sich in der lange vom "Milieu" beherrschten Straße wieder eine attraktive Reihe von Geschäften und Lokalen an. 1985 entstand an Stelle der "vereinigten Hüttenwerke", einer nach dem Krieg provisorisch errichteten Ansammlung von Behelfsbauten, das ordentliche "Schwabenzentrum", eine Stein gewordene Dokumentation der 1980er-Jahre–Ästhetik.
Folgt man der Straße weiter, kommt man zum ► Hegel-Haus und zum ► Tagblatt-Turm.

Hirschstraße Die Hirschstraße verläuft vom Marktplatz parallel zur Königstraße nach Südwesten und ist von ihrem Verlauf her eine der ältesten innerstädtischen Straßen. Um 1715, als noch der später umgeleitete Nesenbach durch die Straße floss, hieß sie Stadtgasse, erhielt dann aber 1740 nach einem bekannten Gasthof ihren heutigen Namen. Die Hirschstraße ist seit vielen Jahren Fußgängerzone mit Einzelhandelsgeschäften.

Kirchstraße Die Kirchstraße, die in Verlängerung der Hirschstraße vom Marktplatz zur Stiftskirche wegführt, ist vermutlich noch älter als die Hirschstraße. Sie verbindet den ► Schillerplatz, den ältesten Platz der Innenstadt, mit dem Marktplatz.

Schulstraße Von der Nordwestseite des Marktplatzes führt die schmale Schulstraße zur Königstraße hinauf. Sie wurde bereits 1425 urkundlich erwähnt. In den Fünfzigerjahren des vergangenen Jahrhunderts wurde sie zur ersten "zweistöckigen" Fußgängerzone der Bundesrepublik umgewandelt und galt mit ihrer Sammlung kleiner Ladengeschäfte als Vorbild für eine gelungene Innenstadtsanierung.

Wochenmarkt ist dienstags, donnerstags und samstags ► am Vormittag. Erzeuger aus dem Umland verkaufen frische Ware.

Wenn es um Pflanzen geht, Stauden Gropper

Max-Eyth-See F 32

Lage
Neckartal bei Hofen

Stadtbahn
Wagrainäcker, May-Eyth-See (U 14)

Der Max-Eyth-See ist mit einer Fläche von 17 ha Stuttgarts größter See. Er liegt zwischen den Stadtteilen Münster, Hofen und Mühlhausen und entstand 1935 als Stausee direkt neben dem Neckar. Benannt wurde der See nach dem schreibenden Ingenieur und Konstrukteur des Dampfpfluges Max Eyth (1836 – 1906) aus Kirchheim unter Teck. Der See ist heute Zentrum eines Naherholungsparks: Man kann segeln, windsurfen, Kajak-, Ruder-, Elektroboot fahren oder angeln; Spiel- und Grillplätze, eine Liegewiese, ein Seerundweg und Gaststätten beleben das Gebiet. Trotz dieses Umtriebs können sich auch seltene Tiere und Pflanzen behaupten; seit 1961 ist das ganze Gelände unter Landschaftsschutz gestellt. Vor allem die Vogelschutzinsel ist hier zu nennen, wo nicht nur Haubentaucher, Graugänse, Schwäne, Teich- und Blässhühner zu sehen sind, sondern auch Kormorane und Graureiher ihre Nistplätze haben.

**Mercedes-Benz-Museum (DaimlerChrysler-Werksmuseum) K 34

Lage
S-Bad Cannstatt
Mercedesstr. 137

S-Bahn
Gottlieb-Daimler-Stadion (S 1)

Das Mercedes-Benz-Museum dokumentiert den Werdegang des Automobils von seinen Anfängen bis zur Gegenwart. Die Sammlung der ältesten Automobilfabrik der Welt reicht auf 5700 m² vom ersten jemals gebauten Automobil – dem Daimler-“Reitwagen” von 1885 – bis zu den neuesten Schöpfungen der Ingenieurskunst. Publikumsmagneten sind die legendären “Silberpfeile”, die aus der Geschichte des Automobilrennsports nicht wegzudenken sind, die

Angesichts solch urtümlicher Schönheiten geraten nicht nur eingefleischte Autofans ins schwärmen.

nicht minder legendären Sportwagen wie der SSK oder der 300 SEL sowie die Nobelkarossen von Monarchen und Staatsoberhäuptern. Ein Museumsshop lädt zum Stöbern ein, und erholen kann man sich im Café (Öffnungszeiten Museum: Di. – So. 9⁰⁰ – 17⁰⁰ Uhr, an Feiertagen geschlossen). Vermutlich ab dem Jahre 2006 wird ein großer Neubau vor dem Werkstor in Cannstatt das bisherige Museum ablösen.
Wahren Fans sei ein Besuch der Gottfried-Daimler-Gedenkstätte im Cannstatter Kurpark empfohlen (► Baedeker-Tipp S. 61).

Mercedes-Benz-Museum (Fts.)

Eingang
Werkstor 1 (Pendelbus)

Und wie kam das Automobil mit dem Stern zu seinem klangvollen Namen? Emil Jellinek, ein in Nizza lebender Kaufmann, gewann im Jahre 1899 mit einem Daimler-Gefährt, das er nach seiner Tochter Mercedes benannt hatte, ein Tourenwagenrennen. Jellinek konnte Daimler und Maybach zu Neuentwicklungen anregen, die weiterhin Erfolge auf vielen Rennstrecken einfahren sollten. 1902 wurde der Markenname "Mercedes" gesetzlich geschützt.

Der Name "Mercedes"

Möhringen Q–R 27–29

Möhringen, nach seiner Fläche und Einwohnerzahl einer der größten Stadtbezirke Stuttgarts, liegt überaus verkehrsgünstig südlich der City auf den Fildern zwischen der Kernstadt und der Autobahn Karlsruhe – München bzw. dem Stuttgarter Flughafen. Die Ortsherrschaft über die ursprünglich alamannische Siedlung wechselte mehrfach im Lauf der Geschichte. 1942 schließlich wurde Möhringen nach Stuttgart eingemeindet. Außerhalb des Ortskerns mit immer noch dörflicher Struktur haben sich zahlreiche international bekannte Konzerne und Dienstleister angesiedelt. Im Osten liegt das Druck- und Verlagszentrum der großen Stuttgarter Tageszeitungen. Im Möhringer Westen fertigt das Möhringer Traditionsunternehmen Neoplan luxuriöse Reisebusse. Architektonisch markant ist der schräg gegenüber gelegene, 1984 fertig gestellte "Glaspalast", die Hauptverwaltung des Bauunternehmens Züblin an der Vaihinger Straße.

Lage
Südliches Stadtgebiet

Stadtbahn
Möhringen (U 3, U 5, U 6, U 8)

Baedeker TIPP Omnibus-Nostalgie

Ein Gang durch die Sammlung des Auwärter-Museums zeigt nicht nur hinreißende alte Omnibusse, sondern zugleich auch die Geschichte des Nahverkehrs und des Bustourismus (auf dem Firmengelände Neoplan, Vaihinger Straße 122, Öffnungszeiten: Mo. bis Do. 14⁰⁰ – 17⁰⁰, Fr. 13⁰⁰ – 15⁰⁰ Uhr).

Im alten Ortskern blieben einige Fachwerkbauten erhalten. Der Esslinger Spitalhof von 1469 an der Filderbahnstraße erlitt im Zweiten Weltkrieg schwere Beschädigungen und wurde daraufhin abgerissen. 1959 / 1960 rekonstruierte man Teile dieses Fachwerkkomplexes. Gelungen ist der Wiederaufbau des Torhauses von 1568. Einen Besuch lohnt das Heimatmuseum (Filderbahnstr. 29; geöffnet Mi. 18⁰⁰ – 20⁰⁰, Sa. 10⁰⁰ – 12⁰⁰ Uhr).

Ortskern

Heimatmuseum

Die 1460 erbaute Martinskirche wird wegen ihrer ungewöhnlichen Größe volkstümlich auch "Filderdom" genannt. Nach den Bombennächten des Zweiten Weltkriegs blieben nur die Außenmauern übrig. Beim Wiederaufbau vereinfachte man das äußere Bild.

Martinskirche

Möhringen (Fts.)
Fasanenhof

Südlich des Altdorfes Möhringen entstand in den 1960er-Jahren eine Satellitensiedlung für 8 000 Menschen. Bauliche Dominante dieser Schlafstadt auf dem Gelände einer 1730 von Herzog Eberhard Ludwig angelegten Fasanerie ist das Hochhaus "Salute" des Architekten Hans Scharoun.

DaimlerChrysler Verwaltungszentrale

Im Südosten von Möhringen auf dem Gebiet "Sternhäule" baute in den 1980er-Jahren die der Daimler-Benz AG ihre neue Hauptverwaltung. Auf der Spitze des zentralen Gebäudes der Verwaltungsstadt rotiert der "gute Stern" 78-mal in der Stunde. 1998 erfolgte die Verschmelzung der Daimler-Benz AG mit der US-amerikanischen Chrysler Corp.; DaimlerChrysler hat 2001 einen weltweiten Umsatz von 152,9 Mrd. € ausgewiesen und weltweit über 4,5 Mio. Fahrzeuge abgesetzt.

SI-Centrum
Plieninger Str. 100

Stadtbahn
Salzäcker (U 3)

1994 wurde in Stuttgart-Möhringen das "Freizeit- und Erlebniscentrum Stuttgart International" – kurz "SI-Centrum" – eröffnet. Es entstand nach dem Vorbild von Hotelpalästen in Las Vegas – was die Schwaben zu der Bezeichnung "Las Vegasle" inspirierte – und bietet ein komplettes Freizeitangebot auf der grünen Wiese. Kern der Anlage sind die beiden Musical-Theater, die Stuttgart zum Musical-Zentrum Süddeutschlands machen (▶ Praktische Informationen, Musik). Daneben gibt es Läden, ein Großkino, ein Wellnessbad, Restaurants, Bars und einen Fittnessclub.

Spielbank Stuttgart

Spannung bietet die Spielbank im SI-Centrum. Man kann Baccara, Black Jack und Roulette spielen (Großes Spiel, tgl. ab 15⁰⁰ Uhr) oder sich an einem der 200 Spielautomaten (Kleines Spiel, tgl. ab 13⁰⁰ Uhr) .

**Museum am Löwentor (Naturkundemuseum) — J 31

Lage
Rosensteinpark

S-Bahn
Nordbahnhof (S 4, S 5, S 6)

Stadt-/ Straßenbahn
Löwentor (U 13, 15)

Öffnungszeiten
Di., Mi., Do., Fr. 9^{00} – 17^{00},
Sa., So., Fei. 10^{00} – 18^{00}

Das moderne, zwischen 1981 und 1985 erbaute Museum am Löwentor liegt am Westrand des Rosensteinparks, nur einen kleinen Spaziergang vom ▶ Schloss Rosenstein und der ▶ Wilhelma entfernt. Die Museumssammlung gehört zu den bedeutendsten der Erde und zeigt in Baden-Württemberg gefundene Fossilien aus unterschiedlichen Erdzeitaltern. Einzigartig sind die Saurier-Kollektion, die Sammlung von wirbellosen Tieren der Jurazeit sowie die eiszeitlichen Großsäugetiere.

Die Anfänge des Museums liegen im 16. Jh., als neben Kunstwerken auch merkwürdige Naturgebilde für eine Sammlung zusammengetragen wurden. Im Jahre 1791 wurde die Herzoglich-Württembergische Kunstkammer durch Dekret Herzog Carl Eugens zur selbstständigen Institution. Dieses Naturalienkabinett im Museumsgebäude an der Ecke Neckar-/Archivstraße wurde zu einer bekannten kulturellen Einrichtung in Stuttgart. Im Jahr 1944 fiel das Gebäude den Bomben zum Opfer, ein Großteil der Sammlungen blieb jedoch erhalten.

Zeitspur

In das Ausstellungsgebäude am Löwentor führt die "Zeitspur" mit den wichtigsten erdgeschichtlichen Daten. Sie soll dem Besucher eine Vorstellung von den unfassbar langen Zeiträumen der Erdgeschichte vermitteln.

Rundgang durch das Museum am Löwentor

Trias

Erste wichtige Station der Ausstellung sind die Fossilien des Muschelkalkes (Alter: ca. 210 Mio. Jahre). Dazu gehören z. B. Ceratiten (beschalte Weichtiere aus der Verwandtschaft der Ammoniten), Seelilien und Saurier (Nothosaurier, Pflasterzahnsaurier und Giraffenhalssaurier).

* Schwäbischer Lindwurm

Wappentier des "Dino-Museums": der "Schwäbische Lindwurm"

Die Saurier aus der Keuperzeit Südwestdeutschlands (Alter: ca. 200 Mio. Jahre) haben entscheidend zur Kenntnis dieser faszinierenden Tiergruppe beigetragen. Ihr größter Vertreter – der als "Schwäbischer Lindwurm" bekannte Plateosaurier – gehört zu den frühen Dinosauriern. Er wurde zum Wappentier des Stuttgarter Naturkundemuseums. Von großer Bedeutung sind außerdem die hier ausgestellten Krokodilsaurier, Adlerkopfechsen, Dachschädlerlurche (die mit den Mastodonsauriern die größten Amphibien hervorbrachten, die jemals auf der Erde gelebt haben) oder die ältesten Schildkröten der Erdgeschichte.

Jura

Kern der imposanten Jura-Ausstellung im Museum am Löwentor sind die etwa 180 Mio. Jahre alten Funde aus dem Posidonienschiefer des Schwarzen Jura. Zu den spektakulärsten Exponaten gehören das mit 10 m Länge größte komplett erhaltene Exemplar eines Ichthyosauriers (Fischechse) sowie Ichthyosaurier-Muttertiere, bei denen die Geburtslage fossil überliefert ist. Noch viel seltener sind die ausgestellten Plesiosaurier (Paddelechsen), Flugsaurier, Meereskrokodile und besonders die beiden Brückenechsen, bis heute die beiden einzigen Vertreter dieser Tiergruppe aus dem Schwarzen Jura weltweit. Darüber hinaus gibt es Fische, Seelilienkolonien und Korallen. Die Ammoniten des "Ofterdinger Schneckenpflasters" wurden aus einem Bachbett nahe Tübingen geborgen.

Baedeker TIPP Käufliche Dinos

Käufliche Wunderdinge aus dem Reich der Dinos gibt es im besonders bei Kindern beliebten Museumsshop. Verkaufsschlager: Der Becher, dessen aufgedrucktes Dino-Motiv seine Farbe je nach Temperatur des eingefüllten Getränks verändert.

Museum am Löwentor

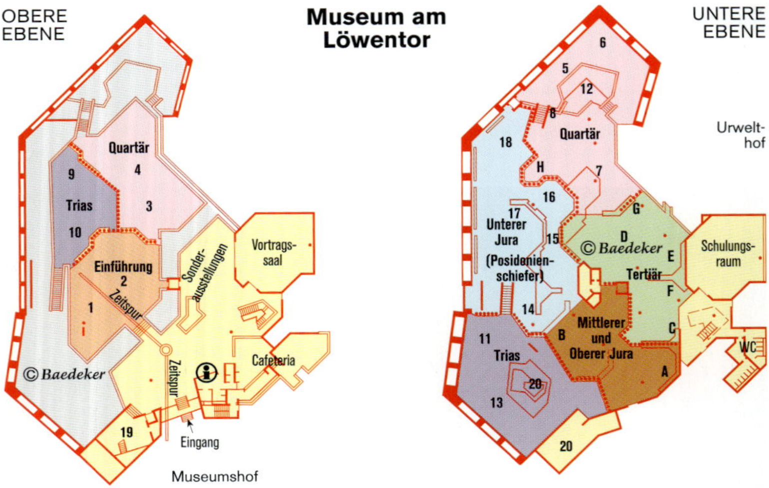

1 Erdgeschichte	6 Elefanten	11 Dachschädlerlurche	16 Krokodile	A Schwamm- und Korallenriffe	E Steinheimer Becken
2 Fossilgruppen	7 Rinder	12 Mammut	17 Ichthyosaurier	B Ammoniten	F Vulkanismus
3 Höhlenbär	8 Mensch	13 Schildkröten	18 Plesiosaurier	C Urpferde	G Meteoritenkrater
4 Riesenhirsche	9 Ceratiten	14 Seelilien	19 Bernstein	D Hauerelefant	H Stuttgarter Eiszeitalter
5 Nashörner	10 Nothosaurier	15 Fische	20 Dinosaurier		

Tertiär

Das Tertiär, das vor 65 Mio. Jahren begann und vor 2 Mio. Jahren endete, ist vor allem bedeutsam für die Entwicklung der Säugetiere. Zu den besonderen Glanzpunkten der Ausstellung gehören zwei nur etwa kaninchen- bis fuchsgroße alttertiäre Urpferdchen (Alter: etwa 50 Mio. Jahre), das Skelett einer etwa 30 Mio. Jahre alten Seekuh, ein etwa 18 Mio. Jahre alter Hauerelefant, die Rekonstruktion eines Zwerghirsches und das Skelett des dreizehigen Urpferdes Hipparion.

Quartär, Eiszeit

Zu den Exponaten der eiszeitlichen Tierwelt (Alter: bis ca. $^1/_2$ Mio. Jahre) gehören Elefanten- und Mammutreste, so das Skelett eines Steppenelefanten, Schädel von Waldelefanten und ein Waldelefantenkadaver im Travertin. Die Huftiere sind durch einen Irischen Riesenhirsch, Elch- und Rentierskelette, Nashornschädel sowie Reste von Rindern repräsentiert. Höhlenbären, Höhlenlöwen und Höhlenhyänen bezeugen das Vorkommen von großen Raubtieren während der Eiszeit im südwestdeutschen Raum.

**** Steinheimer Mensch**

Eines der wertvollsten Stücke der Stuttgarter naturkundlichen Sammlung ist der 250 000 Jahre alte Schädel des Steinheimer Urmenschen. Er gilt als bislang ältester direkter Vorfahre des heutigen Menschen (mehr dazu im Steinheimer Urmensch-Museum ► Marbach am Neckar, Umgebung).

*** Bernsteinkabinett**

Das Bernsteinkabinett, eine der bedeutendsten Sammlungen dieser Art weltweit, zeigt eine beeindruckende Auswahl an Bernsteinstücken mit zum Teil hervorragend erhaltenen Einschlüssen von

Pflanzen und Tieren aus verschiedenen Teilen der Erde. Das Alter der Bernsteine liegt zwischen 20 und 120 Mio. Jahren. Besondere Raritäten sind ein “Blauer Bernstein” sowie Einschlüsse von Wirbeltieren (Frosch, Gecko, Leguan).

Museum am Löwentor (Fts.)

Naturkundemuseum

► Museum am Löwentor

► Schloss Rosenstein

*Neues Schloss B 3

Damit Herzog Carl Eugen auf Bitten der Stuttgarter – und gegen eine Zahlung von 30 000 Gulden – den Hof von Ludwigsburg nach Stuttgart zurückverlegte, brauchte er eine standesgemäße Wohnung, denn ins Alte Schloss wollte er nicht einziehen. So wurde Leopoldo Retti beauftragt, das Neue Schloss im brach liegenden Lustgarten aus der Renaissancezeit zu erbauen. Der Grundstein wurde 1746 gelegt und begonnen wurde mit dem Bau des Gartenflügels. 1751, nach dem Tode Rettis, wurde der Pariser Architekt Louis Philippe de la Guêpière mit der Bauleitung betraut. Er errichtete die stadtseitigen Flügel und den Portikus. Danach ging die Bauleitung an Reinhard Ferdinand Fischer über, und ab 1806 vollendete Hofbaumeister Thouret den Planieflügel – nunmehr in klassizistischer Manier – und stattete die Räume im Empirestil aus. Das

Lage
Schlossplatz

Stadt-/Straßenbahn
Schlossplatz (U 5, U 6, U 7, 15)

Bus
42, 44

Zu jeder Jahreszeit reizvoll: das Neue Schloss im Herzen der Stadt

Neues Schloss (Fortsetzung)

so genannte Neue Schloss, das nicht weniger als 365 Räumlichkeiten umfasst, dokumentiert somit die Baustile Barock, Rokoko, Klassizismus und Empire. Die Residenz wurde nach Abschaffung der Monarchie in Württemberg zum Schlossmuseum (1921 – 1939). 1944 wurde das Schloss im Bombenhagel schwer beschädigt. Beim Wiederaufbau konnte zwar seine äußere Gestalt erhalten werden, das Innere wurde jedoch völlig umgestaltet. Heute sind hier Repräsentationsräume der Landesregierung sowie Teile des Kultusministeriums und des Finanzministeriums untergebracht (Schlossführungen: meist einmal monatlich, Termine und Anmeldung unter ☎ 66 73 43 31).

Ehrenhof

Dem Beispiel des Versailler Schlosses folgend, umfassen auch die drei Flügel des Stuttgarter Schlosses einen auf den Schlossplatz gerichteten Ehrenhof. Seinen Eingang zieren, auf Sockeln von Giovanni Salucci, die württembergischen Wappentiere Hirsch und Löwe.

Mittelbau

Eine statuenbekrönte Balustradenbrüstung schmückt das dem Ehrenhof zugewandte Halbgeschoss des Mittelbaus. Sehr einladend präsentiert sich der Doppelsäulenportikus; darüber erhebt sich ein reich geschmückter Dreiecksgiebel.

Gartenflügel

Der zum Eckensee gewandte Gartenflügel von Retti ist mit seinen ausgewogenen Proportionen der schönste Bauteil des Schlosses.

*** Römisches Lapidarium**

Das Römische Lapidarium ist im Keller des Neuen Schlosses (Südflügel) magaziniert. Den Weg zum Eingang an der Planie weist eine Merkursäule. Die Sammlung umfasst im württembergischen Raum gefundene Wegsteine, Säulen, Reliefs und Altäre (Öffnungszeiten: So. 10^{00} – 17^{00} Uhr und n.V., ☎ 2 79 - 34 00).

*Porsche-Museum — nördl. F 28

Lage
S-Zuffenhausen
Porschestr. 42
(Porsche-Werk II)

S-Bahn
Neuwirtshaus
(S 6)

Bus
52, 99

Das Porsche-Museum erlaubt einen gründlichen Einblick in die Geschichte der weltberühmten Renn- und Sportwagenfabrik. Ihr Gründer, Ferdinand Porsche, hatte sich als Konstrukteur schon früh einen Namen gemacht. In den 1920er-Jahren entwickelte er bei Daimler zwei der legendären Kompressor-Sportwagen, bevor er 1931 in Zuffenhausen, das im selben Jahr nach Stuttgart eingemeindet wurde, seine eigene Fabrik gründete.
Neben Serien- und Rennmotoren bzw. -getrieben kann auch ein betagter

Legenden aus über 70 Jahren Firmengeschichte

Flugzeugmotor von 1913 besichtigt werden. Seriensport- und Rennwagen oder ein Austro-Daimler (Typ "Sascha") aus dem Jahre 1922 fesseln alle Autosport-Enthusiasten und Nostalgiker. Im Museumskino werden Filme zur Porsche-Geschichte gezeigt. (Öffnungszeiten: Mo. – Fr. 9^{00} – 16^{00}, Sa. und So. 9^{00} – 17^{00} Uhr).

Porsche-Museum (Fortsetzung)

Rathaus — C 3

Lage
Marktplatz

Stadtbahn
(U1, U 2, U 4, U 11)

Das erste Stuttgarter Rathaus wurde 1456 bis 1458 zunächst als Fachwerkbau errichtet und später mehrfach umgebaut. 1899 musste dieses alte Rathaus einem repräsentativen Neubau im Stil der flandrischen Gotik weichen. Besonders imposant war der 68 m hohe Turm in der Mittelachse des Prunkbaus. Am 25./26. Juli 1944 wurde der Bau durch einen Luftangriff schwer beschädigt.
In den Jahren 1953 bis 1956 entstand das heutige Rathaus nach den Plänen von Schmohl und Stohrer. Die noch erhaltenen rückwärtigen Flügel des Vorgängerbaus wurden ihres überreichen Zierrats beraubt und in die Planung mit einbezogen. Der Hauptbau am Marktplatz ist vollständig erneuert und durch Überbauung der Eichstraße vergrößert worden. Spezialität des Gebäudes: Die Höhenunterschiede zwischen den amtlichen Korridoren werden mit einem der vermutlich letzten öffentlichen Paternoster der Republik überwunden.

Turm

Der Rathausturm ist 60,5 m hoch und besitzt ein Glockenspiel mit 30 Glocken. Ein elektromagnetisches Spielwerk lässt täglich um 11^{06}, 12^{06}, 14^{36} und 18^{36} Uhr schwäbische Volkslieder erklingen. Hinter seiner modernen Fassade verbirgt sich der neugotische Turm des Vorgängerbaus, der den Krieg fast unbeschadet überstanden hatte. Eine Mondphasenuhr und ein Wochenphasenblatt sind neben den Normaluhren an der Marktplatz- und Südwestseite des Turmkopfes angebracht.

Statuen

Die Bronzefigur "Stuttgardia" von Heinz Fritz, die früher an der Turmfassade des alten Rathauses hing, ziert heute die Fassade zur Hirschstraße. An der Fassade Eichstraße befindet sich ein Hegel-Standbild von Daniel Stocker.

Kunst und Ausstellungen

Im ersten und zweiten Obergeschoss befinden sich eine Auswahl von Ankäufen der Stadt Stuttgart und Stiftungen wie die Porträts der Stuttgarter Oberbürgermeister von 1862 bis 1933, die Büste von Dr. Arnulf Klett, dem ersten Oberbürgermeister nach dem Zweiten Weltkrieg, und die Bronzebüste des ersten Präsidenten der Bundesrepublik Prof. Dr. Theodor Heuss.
An das ehemalige Rathaus der Stadt erinnern die Glocke im Erdgeschoss und der Schmerzensmann von 1510 (Empfangsraum 1. OG).

Russische Kirche (Sankt Nikolaus) — A 1

Lage
Kornbergstraße 20 B

Sankt Nikolaus ist neben der ▶ Grabkapelle auf dem Rotenberg die zweite russisch-orthodoxe Kirche in Stuttgart und damit auch Zeugnis für die enge dynastische Verbindung zwischen Württemberg und Russland. Der Grundstein wurde am 18. Mai 1895, dem 27. Ge-

Russische Kirche (Fortsetzung)

Bus 40

burtstag des russischen Zaren Nikolaus II., gelegt. Den Bau führten Stuttgarter Architekten durch, die die Formensprache der russischen Sakralarchitektur frei variierten. Beispielsweise wurde statt der in Russland üblichen fünf Zwiebelkuppeln aus Platzmangel nur eine aufgesetzt. Die Kirche fiel im Zweiten Weltkrieg Bomben zum Opfer, konnte aber bis 1950 wieder aufgebaut werden. Die Ausmalung des Innenraums durch russische Künstler war erst 1989 abgeschlossen.

*Sankt Barbara in Hofen — nördl. G 33

Lage
S-Hofen,
Wolfgangstr. 6

Stadtbahn
Hofen (U 14)

Bus
54

Der heutige Stadtteil Hofen war bis 1803 einer der wenigen katholischen Orte in Württemberg und die Barbarakirche die einzige nicht reformierte Kirche im gesamten Stuttgarter Raum. Bis zur Verlegung der Eberhardskirche vom Schloss Solitude an die untere Königstraße blieb sie Tauf- und Hochzeitskirche für die Stuttgarter Katholiken. Da auch Gläubige aus dem Umland zu den Gottesdiensten kamen, musste die Kirche 1783 bis 1784 vergrößert werden.
Die Barbarakirche gehört zu den wenigen Bauzeugen des Barocks im Stadtkreis Stuttgart. Ursprünglich war der Kirchenraum eher nüchtern gehalten, erst im Zuge einer Renovierung 1931 wurde der bis dato schlichte klassizistische Innenraum mit Hilfe von Stuckarbeiten und Putzdecken "barockisiert". Als Kleinod gilt die "Stuttgarter Madonna" (Ulmer Schule, um 1500), die bis zur Reformation in der Stiftskirche aufgestellt war. Wegen ihr wurde St. Barbara zur "privilegierten Marienwallfahrtskirche" erklärt. Hinter der Kirche kann man die Burgruine Hofen besichtigen.

**Schillerplatz — B 3

Stadt-/ Straßenbahn
Schlossplatz
(U 5, U 6, U 7, 15)

Bus
42, 44

Hier soll der Ursprung Stuttgarts gelegen haben, das Gestüt, das als Keimzelle der Stadt gilt. Später wurde das Areal bebaut, und als Friedrich I. im Jahre 1600 Heinrich Schickhardt den Auftrag gab, vor dem Schloss einen repräsentativen Platz anzulegen, mussten dafür elf Häuser abgerissen werden. Noch heute gilt der Schillerplatz als eine der harmonischsten Platzanlagen der deutschen Renaissance. Während des Zweiten Weltkriegs brannten sämtliche Gebäude um den Schillerplatz aus. Schon zu Beginn der 1950er-Jahre wurde mit der originalgetreuen Restaurierung begonnen, nur das "Hotel König von England" an der Ecke zur Dorotheenstraße wurde durch einen Neubau ersetzt. An der Südostseite des Platzes befindet sich das wuchtige ▶ Alte Schloss, Sitz des Württembergischen Landesmuseums. Schräg gegenüber an der Südwestseite steht die ▶ Stiftskirche; daneben liegt, ein wenig versteckt, der Fruchtkasten, der sich im gläsernen Treppenturm des Commerzbank-Erweiterungsbaus spiegelt.

Schiller-Denkmal

Auf der Mitte des Platzes steht das Schiller-Denkmal des zu seiner Zeit sehr berühmten dänischen Künstlers Berthel Thorvaldsen. Das Kunstwerk wurde am 8. Mai 1839 als erstes großes Denkmal für einen Schriftsteller in Deutschland enthüllt.

Auf dem Schillerplatz findet der Blumenmarkt statt. ▶

Schillerplatz (Fortsetzung) Alte Kanzlei Die Alte Kanzlei der Herzöge Ulrich und Christoph an der Nordostseite des Schillerplatzes wurde 1542 bis 1544 errichtet. Das stattliche, viergeschossige Bauwerk beherbergte lange Zeit die Rentkammer, die Landschreiberei mit Registratur und Buchhaltung, die Hofapotheke und nicht zuletzt die Vorratskammern für das benachbarte Alte Schloss der Württemberger. Das Gebäude mit Steildach und schönen Renaissance-Portalen wurde im Zweiten Weltkrieg stark beschädigt, erstrahlt aber heute wieder in altem Glanz und beherbergt ein angesehenes Restaurant.

Merkursäule Vor dem Gebäude zum Schlossplatz hin steht die Merkursäule von 1599. Ihren Fuß ziert ein hübscher Brunnen. Sie diente ursprünglich als Wasserturm und wurde 1862 mit dem von Ludwig Hofer geschaffenen, vergoldeten Merkur gekrönt.

Fruchtkasten An der Südwestecke des Schillerplatzes prangt der 1954 bis 1956 restaurierte Fruchtkasten, ein spätgotischer Steinbau mit spitzgiebliger Fassade. Der bereits 1393 erwähnte Kornspeicher (zwischendurch herrschaftliche große Kelter) wurde 1578 neu erbaut und zur Zeit der Anlage des Schillerplatzes 1596 von Heinrich Schickhardt im Stil der Renaissance umgestaltet.

Musikinstrumentensammlung Im Fruchtkasten befindet sich die wertvolle Musikinstrumentensammlung des Württembergischen Landesmuseums. Ein Spinett von Poggio aus dem Jahre 1586 ist das älteste Exponat, ein besonderes Augenmerk wird den Instrumenten der Zeit um 1800 gewidmet (Öffnungszeiten: Di. 10^{00} – 13^{00}, Mi. – So. 10^{00} – 17^{00} Uhr).

Prinzenbau Der Prinzenbau, 1605 von Renaissance-Baumeister Heinrich Schickhardt begonnen, wurde erst 110 Jahre später von Johann Friedrich Nette vollendet. Er wurde als Abschluss zur Königstraße konzipiert. Nach mehrfachem Nutzungswechsel (hier lebte vorübergehend Wilhelmine von Graevenitz, die Mätresse von Herzog Eberhard Ludwig) wurde das Palais Wohnsitz der württembergischen Prinzen. Am 25. Februar 1848 erblickte hier der spätere König Wilhelm II., Württembergs letzter Monarch, das Licht der Welt. Der im Zweiten Weltkrieg schwer in Mitleidenschaft gezogene Bau beherbergt heute Abteilungen des baden-württembergischen Justizministeriums.

*Schlossgarten — B 4

Lage Der Schlossgarten ist die fast 4 km lange “grüne Lunge” der Innenstadt. Mit seiner Anlage wurde bereits 1805 unter König Friedrich I. von Württemberg begonnen. Er reicht vom ▶ Neuen Schloss bis zum Cannstatter Neckarknie hinunter und ist gegliedert in den Akademiegarten, den Oberen Schlossgarten, den Mittleren und schließlich den Unteren Schlossgarten.

Akademiegarten Der Akademiegarten nimmt den Raum zwischen Charlottenplatz, Neuem Schloss und dem Haus des Landtags ein. Sein Mittelpunkt ist heute der baumumstandene gusseiserne Akademiebrunnen, 1811 von Hofbaumeister Thouret geschaffen. Er zeigt vier Wasser speiende Löwen und das württembergische Wappen.

Hohe Carlsschule Im Akademiegarten stand seit 1775 die Hohe Carlsschule, die Herzog Carl Eugen 1770 auf der Solitude gegründet hatte. Das Institut hatte 1781 vom Kaiser Universitätsrang erhalten. Bekannteste Zöglinge waren Friedrich Schiller, der hier zum Militärarzt ausgebildet wurde und während dieser Zeit "Die Räuber" verfasste, weiter der Naturforscher Georges Cuvier (1769 – 1832), der Maler Eberhard Wächter (1762 – 1812) und der Bildhauer Johann Heinrich Dannecker (1758 – 1841). Im Jahr 1794 hob Herzog Ludwig Eugen die Schule auf. Das spätbarocke Gegengewicht zum Neuen Schloss wurde im Zweiten Weltkrieg zerstört, wieder aufgebaut und kurz darauf neuerlich abgerissen, weil es dem Bau des Verkehrsknotenpunktes Charlottenplatz im Wege stand

Schach im Unteren Schlossgarten: Der Nachwuchs übt schon einmal.

Oberer Schlossgarten

Der Obere Schlossgarten zwischen Landtag und Schillerstraße wurde anlässlich der Bundesgartenschau 1961 neu gestaltet. Der einst ovale See wurde im Stil der Zeit zum "Eckensee" mit Fontäne, an den sich zum prächtigen Gartenflügel des Neuen Schlosses hin ein Rosengarten anschließt. Opern- und Schauspielhaus der Württembergischen Staatstheater öffnen sich zum Eckensee.

Vor 500 Jahren der Stolz der Stuttgarter, heute Ruine: das Renaissance-Lusthaus

Mittlerer Schlossgarten

Auch der Mittlere Schlossgarten wurde für die Bundesgartenschau 1961 umgestaltet, aus dem gleichen Anlass 1977 hat man ihn erneut aufgeputzt. Das Parksegment ist durch eine schwungvolle Fußgängerbrücke mit dem Oberen Schlossgarten verbunden. Am Brückenkopf zeigt eine Marmorgruppe von Paul Müller (1881) Graf Eber-

Mittlerer Schlossgarten (Fortsetzung)

hard im Schoße eines Hirten – eine Anspielung auf das Gedicht von Justinus Kerner "Der reichste Fürst" mit der Zeile: "Ich mein Haupt kann kühnlich legen, jedem Untertan in Schoß". Nahebei steht der Landespavillon, und einige Schritte weiter kommt man zum ▶ Carl-Zeiss-Planetarium.

Lusthausruine

Am Gefallenendenkmal vorbei stößt man weiter nördlich auf die Ruine des ehemaligen Lusthauses, das Georg von Beer 1580 bis 1593 am Schlossplatz errichtet hatte. Es galt zu seiner Zeit als schönstes Bauwerk der Deutschen Renaissance. 1902 fiel das – mittlerweile zum königlichen Hoftheater umgebaute – Lusthaus einem verheerenden Brand zum Opfer. Seine Reste wurden 1904 im Mittleren Schlossgarten wieder aufgebaut. Weiter nördlich liegt der Anlagensee mit einem sehr beliebten Biergarten mit Seeterrasse.

Unterer Schlossgarten

Der Untere Schlossgarten wurde 1977 völlig neu angelegt und erhielt Verbindungen zum Park der Villa Berg sowie zum Park von Schloss Rosenstein. Spielflächen, künstliche Gewässer und eine Gaststätte lockern den Landschaftsgarten auf. Am Beginn der Platanenallee, links vom Kopf der Fußgängerbrücke, die zum Mittleren Schlossgarten führt, steht das Marmorbildnis "Rossebändiger" von Hofer (1847). Die Legende, dass sich der Künstler das Leben genommen haben soll, als er feststellte, dass die Pferde keine Zunge haben, gehört ins Reich der Mythen und Märchen: Die Zungen sind, wenn auch im Unterkiefer liegend, durchaus vorhanden.

Berger Sprudler

Zwei altbekannte Mineralquellen, die Hirschquelle, die früher das Königsbad speiste, und der Schwefelbrunnen, entspringen im nördlichsten Teil des Unteren Schlossgartens. Die Überbauung der Unteren Cannstatter Straße trägt einige der "Berger Sprudler": Brunnenkegel aus Beton, aus denen von Zeit zu Zeit Wasser sprudelt. In nächster Nähe befinden sich die Mineralbäder Leuze und Berg.

**Schlossplatz

B 3

Stadt-/ Straßenbahn
Schlossplatz
(U 5, U 6, U 7, 15)

Bus
42, 44

"Anständig, frei und breit" beschrieb bereits Johann Wolfgang von Goethe bei seinem Aufenthalt in Stuttgart 1797 den Schlossplatz, der damals noch den herzoglichen Truppen als Exerzier- und Paradeplatz diente. Erst zwischen 1860 und 1865 wurde aus dem staubigen Vorhof ein rechteckiger Platz, neu angelegte doppelte Kastanienreihen verbanden nun das Neue Schloss mit dem Königsbau. Nachdem 1944 die gesamte Anlage zerstört worden war, entschieden sich die Stadtoberen nach hitzigen Diskussionen für eine Rekonstruktion der historischen Gebäude, lediglich das Kronprinzenpalais (neben dem Königsbau) wurde nicht wieder aufgebaut. Anlässlich der Bundesgartenschau 1977 erhielt der Schlossplatz sein heutiges Aussehen. An seinem einladenden und immer belebten Mittelpunkt gibt sich Stuttgart weltstädtisch, großzügig, geschichtsbewusst und modern.
Der sehr großzügige Platz wird im Südosten umschlossen von der barocken Dreiflügel-Anlage des ▶ Neuen Schlosses, direkt gegenüber korrespondiert die spätklassizistische Kolonnadenfront des Königsbaus, an der Nordostseite wird der Platz vom Kunstgebäude begrenzt, und diesem gegenüber sind jenseits der Planie das ▶ Alte Schloss und die Alte Kanzlei zu sehen. Mit den Neubauten rund um den ehemaligen Kleinen Schlossplatz (Fertigstellung 2004) und den zeitgenössischen Kunstwerken an der Westecke des Platzes leistet auch die Moderne ihren Beitrag zu Stuttgarts gewachsener Mitte.

Jubiläumssäule

Das Zentrum des Platzes bildet die anlässlich des 25. Regierungsjubiläums von König Wilhelm I. im Jahre 1841 errichtete Jubiläumssäule, die 1863 mit einer 5 m hohen Concordia-Allegorie bekrönt

Schlossplatz (Fortsetzung)

wurde. Die umlaufenden Sockelreliefs zeigen neben einer "Huldigung der Stände" Kronprinz Wilhelm in den Befreiungskriegen von 1814. Beiderseits der Jubiläumssäule sprudeln von Christoph Leins entworfene Springbrunnen. Die Putten und Figuren symbolisieren württembergische Flüsse.

Herzog-Christoph-Denkmal

An der Nordwestecke des Platzes steht das 1889 geschaffene Herzog-Christoph-Denkmal, eine Bronzearbeit, die König Karl anlässlich seines 25. Regierungsjubiläums zu Ehren des Begründers der württembergischen Kirchen- und Schulordnung stiftete.

Neue Galerie der Stadt Stuttgart

Am Kleinen Schlossplatz, einem 2002 abgerissenen städtebaulichen Irrtum der 1960er-Jahre, entsteht bis 2004 ein kubischer Glasbau als neues Domizil der städtischen Galerie. Von ihm führen Freitreppen zu einem dahinter liegenden Platz.

Plastiken

Den Ausgang zur oberen Königstraße ziert die zur Zeit ihrer Aufstellung (1980) viel diskutierte bunte Skulptur "Crinkly avec disque rouge", von Alexander Calder (1898 – 1979). Daneben wachen die Bronzeskulpturen "Sterbender", "Marsias I" und "Hommage à Sonny Liston" des 1928 in Wien geborenen und lange in Stuttgart lehrenden Künstlers Alfred Hrdlička.

Königsbau

Der Königsbau, der den Schlossplatz im Nordwesten begrenzt, ist ein Zeugnis spätklassizistischer Architektur und wurde 1856 bis 1860 von Johann M. Knapp und Christian F. Leins erbaut. Charakteristisch ist seine dem Schlossplatz zugewandte Front mit zwei korinthischen Portiken und 26 ionischen Säulen. Aus dem einstigen Gesellschaftshaus mit prächtigen Ball- und Konzertsälen sowie Stuttgarts erster Ladenpassage wurde ein nach dem Krieg leicht vereinfacht wieder aufgebautes Geschäftshaus, dessen Kolonnadenfront fliegenden Schmuckhändlern und Straßenmusikanten Unterschlupf gewährt. Der gusseiserne Musikpavillon von 1871 gegenüber wurde ursprünglich direkt vor dem Neuen Schloss errichtet und erst später an seinen heutigen Standort versetzt.

*Schloss Rosenstein (Naturkundemuseum) — J 32

Lage
Südostrand des Rosensteinparks

Stadtbahn
Mineralbäder (U 1, U 2, U 14)

Öffnungszeiten
Di., Mi., Do., Fr. 9⁰⁰ – 17⁰⁰,
Sa., So., Fei. 10⁰⁰ – 18⁰⁰

Auf dem "Kahlenstein" westlich über dem Cannstatter Neckarknie, ließ sich Wilhelm I. von Hofbaumeister Giovanni Salucci ein "königliches Landhaus" erbauen. Das eingeschossige Bauwerk mit 74 Räumen wurde 1829 fertig gestellt. Es brannte 1944 aus und beherbergt seit dem Wiederaufbau (1950) das Staatliche Museum für Naturkunde. Den lang gestreckten spätklassizistischen Bau zieren griechischen Tempeln nachempfundene Portiken, deren Dreiecksgiebel heroische Szenen zeigen, am zentralen Portikus wachen steinerne Löwen. Um das große Becken gegenüber vom Eingang stehen Nachempfindungen der Danneckerschen Nymphen von Doris Schmauder (1982) Den Festsaal ziert ein Fries, der das ländliche Jahr mit Allgorien der vier Jahreszeiten zeigt. Die Statuen "weiblicher Nuditäten" im Rosengarten an der Ostseite des Schlosses hinterließen schon bei Fürst Bismarck starken Eindruck.

Rosensteinpark

Vom Schloss bis zum ► Museum am Löwentor zieht sich der Rosensteinpark, eines der beliebtesten Wochenendziele der Stuttgarter.

Naturkundemuseum Schloss Rosenstein

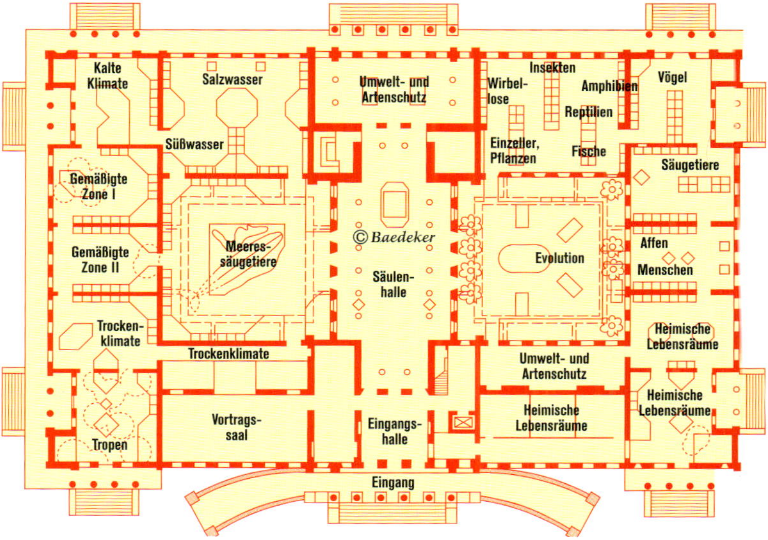

Rundgang durch das Naturkundemuseum

Evolution

Der überdachte Innenhof des Südflügels ist dem Thema "Evolution" gewidmet. Die Ausstellung zeigt mit präparierten Großtieren wie Giraffe, Breitmaulnashorn und Elefant, wie Erbanlagen weitergegeben werden, wie Arten entstehen und vergehen, wie Stammbäume rekonstruiert und Verwandschaftsverhältnisse entschlüsselt werden können.

Eine der Top-Attraktionen: der Meeressäuger-Saal

Kein Schloss, nur ein "Landsitz": Schloss Rosenstein

Bau und Leistungen der Lebewesen

Die anschließenden Säle geben einen anschaulichen Überblick über Bau und Leistungen der Lebewesen. In drei großen Räumen ist die Vielfalt der Pflanzen und der "niederen" Tiere, der Insekten, Fische, Amphibien, Reptilien, Vögel und Säugetiere zu sehen. Ein eigener Saal beschäftigt sich mit Primaten und der Entwicklung des Menschen.

Tiere und Pflanzen Baden-Württembergs

In drei Sälen kann man die heimische Tier- und Pflanzenwelt studieren. Natur- und Kulturlandschaften sind liebevoll gestaltet und enthalten sehr viele der in Südwestdeutschland lebenden Säugetiere, Vögel, Reptilien und Amphibien. Unter anderem steht hier der letzte im Land geschossene Wolf.

Umwelt- und Artenschutz

Beutelwolf und Kaplöwe, Dronte und Riesenalk – Präparate der ausgestorbenen heimischen Tierarten zeigen im Mittelgang des Gebäudes die Geschichte menschlicher Habgier und Unvernunft, die jedes Jahr unzählige Tier- und Pflanzenarten für immer von unserem Planeten verschwinden lässt.

Lebensräume der Erde

Im überdachten linken Innenhof sind Säugetiere des Meeres zu sehen, in der Mitte des Raumes hängt spektakulär ein 13 m langer Seiwal. Hier fand auch das große weiße Krokodil, das Generationen von Stuttgarter Kindern aus der Wilhelma kennen, seinen ehrenvollen Platz unter der Decke schwebend.
Fünf weitere Räume nehmen den Museumsbesucher mit auf eine weite Reise vom Pol über die Mittelmeergebiete, die Trockengebiete bis in die tropischen Regenwälder am Äquator, die in aufwändigen Dioramen dargestellt sind.

*Schloss Solitude

Lage
Solitude 1

Bus
Solitude (92)

Öffnungszeiten
April – Okt.:
Di. – So.
9^{00} – 12^{00},
13^{30} – 17^{00}
Nov. – März:
Di. – So.
10^{00} – 12^{00},
13^{30} – 16^{00}

Herzog Carl Eugen befahl 1763 den Bau des Jagd- und Lustschlosses Solitude (Einsamkeit) auf einer Höhe (497 m ü. d. M.) des Glemswaldes westlich der Stadt. Die Pläne dieser "Maison de Plaisance" zeichneten Philippe de la Guêpière (Inneres) und Johann Friedrich Weyhing (Äußeres) nach den ganz persönlichen Vorstellungen des Herzogs. Die Schlossanlage umfasst einen Ballsaal, Kavaliershäuschen, einen Marstall, Wohnungen für Bedienstete und natürlich eine Kapelle. Eine 12 km lange schnurgerade Straße, einst Grundlage der württembergischen Landvermessung, verband Schloss Solitude mit dem nordöstlich gelegenen Schloss ▶ Ludwigsburg und ist heute noch als Sichtachse zu erkennen.
Bereits wenige Jahre nach seiner Fertigstellung verlor Carl Eugen das Interesse an dem Schloss – Solitude war dem Verfall preisgegeben. Seither musste es mehrfach aufwändig renoviert werden, und heute ist nur noch ein Teil der ursprünglichen Anlage vorhanden. Die vorläufig letzten Restaurierungsarbeiten wurden 1990 abgeschlossen.
Das eigentliche Schloss umfasste nur die Repräsentationsräume. Die herzoglichen Privatappartements, Säle und die Schlosskapelle befanden sich im Kavaliersbau, dem südöstlichen Nebengebäude, wo sich heute die Schloss-Gastronomie befindet. Im gegenüber liegenden Offizienbau war u. a. das Hoftheater eingerichtet. Die anschließenden Kavaliershäuschen dienten Wohnzwecken.

Baedeker TIPP Beim Künstler zu Gast

In einem der Kavaliershäuschen hatte der Bildhauer – und Onkel von Richard von Weizsäcker – Fritz von Graevenitz (1892 – 1959) sein Atelier. Die Ausstellung mit Werken des Künstlers setzt sich in einem Skulpturengarten fort. Öffnungszeiten: So. 11^{00} – 17^{00} Uhr, Auskunft ☎ 07156 / 2 20 07.

Innenräume

Das Gebäude sowie die herrlich ausgestalteten Innenräume sind stilistisch dem Übergang von Rokoko zu Klassizismus zuzuordnen. Herzog Carl Eugen schaffte die Einrichtungsgegenstände (Möbel, Gemälde, Porzellan) um 1770 an. Meisterwerke sind die Deckengemälde von Nicolas Guibal und die erst kürzlich wiederentdeckten Fresken im Untergeschoss.

Schlosskapelle

Die frühklassizistische Kapelle, Abschluss des östlichen der beiden nach Süden ausgerichteten gebogenen Nebentrakte, wird von Doppelsäulen getragen. Vortreffliche Stuckarbeiten zieren die einst katholische Kapelle ebenso wie das wundervolle Deckengemälde "Christi Himmelfahrt" von Guibal. Auch der "Moses mit den Gesetzestafeln" in der Sakristei stammt von Guibal (evangelische Gottesdienste: April – Nov. So. 9^{00} Uhr).

Akademie Schloss Solitude

Seit 1990 ist ein Teil der Schlossanlage Sitz der Akademie Schloss Solitude, einer vom damaligen Ministerpräsident Lothar Späth gegründeten "schwäbischen Villa Massimo" für Kunststipendiaten aus aller Welt. Die Akademie ist in den beiden Offizien- und Kavaliersgebäuden untergebracht, die neben dem spätbarocken Lustschlösschen 1763 unter Herzog Carl Eugen erbaut wurden. Die Räumlichkeiten der Stipendiaten umfassen 45 Wohnungen – teil-

Das Schlösschen Solitude erinnert mit seinem kuppelgekrönten zentralen Oval, von dem zwei eingeschossige Flügel abzweigen, ein wenig an Sanssouci in Potsdam.

Schloss Solitude (Fortsetzung)

weise mit gut ausgestatteten Bildhauer- oder Malerateliers oder einem Musikstudio – zwei Vortragssäle, eine Cafeteria, einen Ausstellungsraum, eine Bibliothek, Seminarräume und Werkstätten.

Solitude-Friedhof

Auf dem Friedhof des Schlosses sind die Grabmäler des Bildhauers Fritz von Graevenitz und des Ballettmeisters John Cranko beachtenswert.

Ehem. Solitude-Rennstrecke

Vier Kilometer südlich vom Schloss verläuft die ehemalige Solitude-Rennstrecke (▶ Bärensee). Sie war von 1931 bis 1965 eine der berühmtesten Automobil- und Motorrad-Rennstrecken Deutschlands.

Schönbuch

Lage südwestlich von Stuttgart

Naherholungsraum

Der Schönbuch, dessen südlicher Teil als Naturpark ausgewiesen ist, hat besondere Bedeutung als Naherholungsgebiet für die Bewohner des dicht besiedelten Stuttgarter Raumes. In der Vergangenheit war der Schönbuch bevorzugtes Jagdgebiet der württembergischen Herzöge, woran u.a. die Jagdschlösser Bebenhausen, Einsiedel und Waldenbuch erinnern. Heute ist der Schönbuch durch ein engmaschiges Rad- und Wanderwegenetz erschlossen, zahlreiche Rast- und Spielplätze sind angelegt.

Wildgehege

Wildgehege findet man bei Herrenberg, Ammerbuch-Breitenholz und Ammerbuch-Entringen, zwischen Tübingen-Bebenhausen und Weil im Schönbuch.

Lohnende Wanderziele

Besonders reizvoll sind Wanderungen durch den Herrenberger Stadtwald, entlang des südwestlichen Schönbuchrandes zwischen Herrenberg-Kayh und Tübingen, im Goldersbachtal nordwestlich von Tübingen-Bebenhausen, am Kirnberg östlich von Bebenhausen (geologischer Lehrpfad mit Klopfplatz), rund um das Jagdschloss Einsiedel (geschichtlicher Lehrpfad mit keltischen und römischen Kulturdenkmälern), im Schaichtal zwischen Dettenhausen und Aichtal-Neuenhaus (Häfnermuseum) im Aichtal sowie im Siebenmühlental zwischen Musberg und der Burkhardsmühle östlich von Waldenbuch.

Waldenbuch

Das Städtchen Waldenbuch (8000 Einw.; u.a. Standort der "Ritter-Sport"-Schokoladenfabrik) liegt im östlichen Schönbuch. Ein hübsches Ensemble bilden das auf der Höhe gelegene Schloss, die Kirche St. Veit (hervorgegangen aus einer mittelalterlichen Burgkapelle), der Marktplatz mit einem Brunnen von 1728 und das Fachwerkrathaus von 1781.

Baedeker TIPP Für Leckermäuler ...

... gibt es im "SchokoLaden" von Ritter-Sport die süßen Quadrate ab Werk, dazu im Besucherzentrum eine Ausstellung zur Geschichte der Schokolade (Öffnungszeiten: Di. – Fr. 8⁰⁰ – 18⁰⁰, Sa. 8⁰⁰ – 12³⁰ Uhr).

Schloss Waldenbuch

*Museum für Volkskultur

Im Schloss Waldenbuch, dem ehemaligen Jagdschloss der württembergischen Herzöge, ist das Museum für Volkskultur in Württemberg eingerichtet worden. Hier wird Kultur- und Alltagsgeschichte dokumentiert, mit Einblicken in das Denken, Leben und Arbeiten

Das Kloster Bebenhausen ist ein überaus lohnendes Ausflugsziel – schön, wenn man es mit einem Konzertbesuch verbinden kann.

Schönbuch

Schloss Waldenbuch (Fortsetzung)

von Bauern, Handwerkern, Arbeitern, Stadtbewohnern u. a. vom 18. bis zum 20. Jahrhundert (Öffnungszeiten: Di. – Sa. 10^{00} – 17^{00}, So. 10^{00} bis 18^{00} Uhr).

** Bebenhausen im Schönbuch

Bebenhausen, der gänzlich unter Denkmalschutz gestellte Tübinger Stadtteil, liegt als geschlossenes und weitgehend intaktes Ensemble malerisch im Schönbuch und ist das äußerst sehenswerte Musterbeispiel einer bereits im 12. Jh. entstandenen und weitgehend intakten Klostersiedlung. 1807 ließ König Friedrich I. das Abtshaus zum Jagdschloss umbauen. Hierher zog sich nach seiner Abdankung 1918 der letzte württembergische König Wilhelm II. mit seiner Gemahlin zurück (Öffnungszeiten Kloster: Di. – Fr. 8^{30} – 12^{00} und 13^{30} – 17^{00}; Jagdschloss nur mit Führungen: Di. – So. 10^{00}, 11^{00}, 14^{00}, 15^{00} und 16^{00} Uhr.

Informationszentrum Schönbuch

Im ehemaligen Schreibturm des Klosters wurde das Informationszentrum Schönbuch eingerichtet. Hier gibt es Ausstellungen und Informationsmaterial zum Naturpark Schönbuch (Öffnungszeiten: April – Oktober Di. – Fr. 9^{00} – 17^{00}, Sa., So., Fei. 10^{00} – 17^{00} Uhr).

Schorndorf

Lage
27 km östlich von Stuttgart

S-Bahn
Schorndorf (S 2)

Die heutige Industriestadt Schorndorf (256 m ü. d. M.; 39 000 Einw.), am Nordrand des Schurwaldes im Remstal gelegen, kam im 13. Jh. zur Grafschaft Württemberg. Die mittelalterliche Stadt wurde im 16. Jh. befestigt. Im Jahre 1634 brannte die von den Schweden besetzte und von den kaiserlichen Truppen angegriffene Stadt fast vollständig ab. Bekanntester Sohn der Stadt ist Gottlieb Daimler (▶ Berühmte Persönlichkeiten), Erfinder des schnell laufenden leichten Benzinmotors und Pionier der Kraftfahrzeug-Entwicklung.

Schorndorf (Fts.) Marktplatz

Mittelpunkt der Stadt ist der von hübschen Fachwerkhäusern umrahmte Marktplatz mit dem barocken Marktbrunnen. Besonders schön ist das 1726 bis 1730 nach einem Entwurf des Kirchratbaumeisters Georg Friedrich Majer gebaute Rathaus, mit einem modernen Mosaik der "Weiber von Schorndorf". Diese wurden 1688 berühmt: Durch ihren entschlossenen Widerstand gegen die Obrigkeit erreichten sie, dass die Stadt nicht dem französischen General Mélac übergeben wurde. Unweit westlich steht die evangelische Stadtkirche, mit deren Bau Aberlin Jörg 1477 begonnen hat und die nach einem Brandschaden im 17. Jh. erneuert werden musste. Einmalig ist die Wurzel-Jesse-Darstellung im Chor.

Schloss

Am Rand der Altstadt befindet sich das herzogliche Burgschloss aus dem 16. Jh., erbaut unter Ulrich von Württemberg.

Stadtmuseum

Sehenswert sind das Stadtmuseum (Kirchplatz 7 – 9, Öffnungszeiten: Di., Mi., Fr. 14^{00} – 17^{00}, Do. bis 19^{00}, Sa., So., Fei. 10^{00} – 12^{00} und 14^{00} – 17^{00} Uhr) und das Geburtshaus Gottlieb Daimlers (Höllgasse 7, Öffnungszeiten: Di. 14^{00} – 16^{30} Uhr oder n. V. ☎ 07 11 / 172 - 63 82).

Sindelfingen

Lage
13 km südwestl. von Stuttgart
S-Bahn
Goldberg (S 1)

Die Stadt Sindelfingen (Landkreis Böblingen; 61000 Einw.) liegt am Nordrand des ► Schönbuchs und ist einer der bedeutendsten Industriestandorte im Verdichtungsraum Mittlerer Neckar.
In Sindelfingen unterhalten u. a. die Weltfirmen DaimlerChrysler (Merecedes-Benz) und IBM ausgedehnte Produktionsanlagen. Ferner beherbergt Sindelfingen eines der wichtigsten Zentren der Textilindustrie in Europa (Haus der Mode, Häuser der Konfektion, Damenmoden MVG).

Geschichte

Die Stadt Sindelfingen, auf deren Markung auch römische Siedlungsspuren gefunden wurden, ist dem Namen nach (-ingen) eine alamannische Gründung. Im 13. Jh. war Sindelfingen im Besitz der Pfalzgrafen von Tübingen und kam 1351 an Württemberg. Das seit dem Mittelalter bestehende Sindelfinger Chorherrenstift hat seine Bedeutung im Jahre 1477 verloren, als Graf Eberhard im Bart den größten Teil des Stifts zur Gründung der Universität nach Tübingen verlegte. Mit dem Anschluss an das württembergische Eisenbahnnetz im Jahre 1879 und vor allem mit der Ansiedlung der Firma Daimler-Benz in den Jahren 1915 / 1916 setzte ein stürmischer wirtschaftlicher Aufschwung ein, der durch die Bombardements in den Jahren 1943/1944 nur vorübergehend gebremst werden konnte.

Baedeker TIPP **Werksbesichtigung bei Mercedes**

Wer schon immer wissen wollte, wie die schwäbischen "Heilixblechle" gefertigt werden, begibt sich zum Kundencenter an Tor 8 (Käsbrünnlestraße – heißt tatsächlich so). Führungen beginnen Mo. – Fr. 8^{45}, 10^{45}, 13^{25}, 15^{00} Uhr. Für Gruppen ist Anmeldung unter werkbesichtigungen.wo50@dailerchrysler.com oder FAX 07031/ 90 - 26 79 unerlässlich.

Am Rathaus im restaurierten Stadtkern beginnt ein "Stadtgeschichtlicher Weg" mit 35 markierten Stationen. Beachtenswert ist die Martinskirche von 1083, eine romanische Pfeilerbasilika des ehemaligen Augustiner-Chorherrenstiftes und eine der ältesten Kirchen Baden-Württemberges. Zwischen einem Chorherrenhaus (1454) und der ehemaligen Stiftsscheune ist ein historischer Bauerngarten angelegt.

Alter Stadtkern Stiftsbezirk

Im 1478 gebauten Alten Rathaus ist das Stadtmuseum eingerichtet (Öffnungszeiten Di. – Sa. 15^{00} – 18^{00}, So. u. Fei. 10^{00} – 12^{00} u. 14^{00} – 17^{00} Uhr). Daneben befinden sich das in fränkischer Fachwerkmanier errichtete Salzhaus und das Storchenhaus. Hübsch sind der Marktplatz mit dem Freundschaftsbrunnen des Bildhauers Bonifatius Stirnberg (Wochenmarkt Di., Do., Sa.) und die Kurze Gasse.

Stadtmuseum

Baedeker TIPP Computer-Steinzeit

Im Haus zur Geschichte der IBM-Datenverarbeitung (Bahnhofstr. 43) gibt es ein ungewöhnliches Museum. Man kann hier einen interessanten Blick in die Anfänge der Kommunikationstechnologie werfen, als gemächliche Ungetüme das "Neueste vom Neuen" darstellten (Besichtigung n.V., ☎ 070 31 / 41 51 08).

Was heute die Auto- oder Computerindustrie, das war für die Stadt einst die Weberei-Branche. Alle rissen sich um den Trend-Stoff "Jackquard", auf dessen Herstellung sich die Sindelfinger Handweber spezialisiert hatten. Das Museum im Haus der Handweberei (ehemalige Webschule; Corbeil-Essonnes-Platz 4) zeigt den harten Alltag der manuellen Textilfabrikation (Öffnungszeiten: Di. – Sa. 15^{00} – 18^{00}, So. u. Fei. 14^{00} – 17^{00} Uhr).

Haus der Handweberei

Die Galerie beherbergt rund 1000 Exponate süddeutscher Kunst der letzten hundert Jahre, u. a. Arbeiten von Dix, Schlemmer und Grieshaber (Öffnungszeiten: Sa., So. 11^{00} – 16^{00} Uhr).

Galerie der Stadt

Nordöstlich des alten Stadtkerns erstreckt sich das Areal der Landesgartenschau 1990 mit dem Klostersee. Es zieht sich weit in das Sommerhofental hinein und lädt zum Spazierengehen ein.

Landesgartenschau 1990

Ein Anziehungspunkt sportlicher Art ist das Badezentrum an der Burghalde mit sieben Freibecken, 101-m-Wasserrutsche, 65 000 m^2 Liegewiese, vier Hallenbecken und mehreren Saunen.

Badezentrum Sindelfingen

**Staatsgalerie Stuttgart — B 4

Die Stuttgarter Staatsgalerie ist eine der bedeutendsten Kunstsammlungen der Bundesrepublik Deutschland. Besonders ihre exquisit bestückte Abteilung "Malerei des 20. Jahrhunderts" genießt Weltruf.

Lage
Konrad-Adenauer-Str. 30 – 32

Das Museum besteht aus drei Gebäuden veschiedener Bau-Epochen: Der klassizistische Altbau wurde 1843 nach Entwürfen von Gottlob Georg Barth als Museum der bildenden Künste eröffnet. Er war zunächst als Dreiflügelanlage ausgeführt und bereits knapp 50 Jahre später durch zwei rückwärtige Anbauten erweitert worden. Seinen Vorhof ziert ein Reiterstandbild König Wilhelms I. von Württemberg.

Stadtbahn
Staatsgalerie (U 1, U 2, U 4, U 9, U 11, U 14)

Öffnungszeiten
Di. – So.
10^{00} – 18^{00},
Do. bis 21^{00}; jeden 1. Sa. im Monat "Kunst-Nacht" von 18^{00} bis 24^{00}

1984 wurde der Baubestand um die Neue Staatsgalerie bereichert. Mit James Stirlings skulpturalem Museumsbau war ein Glanzstück postmoderner Architektur entstanden (s. Titelbild). Zahlreiche Zitate historischer Bauformen von der Antike bis zur Klassischen Moderne sowie Elemente der klassischen Museumsarchitektur reflektieren zuweilen ironisch Museumsgeschichte und -bedeutung. Eine Rotunde als offener Skulpturenhof (► Abb. S. 190/191) ist optischer Mittelpunkt des Gebäudes. Der hier kreuzende öffentliche Fußweg macht sie zum Brennpunkt der Begegnung von Museum und Öffentlichkeit. Farbenfrohe Handläufe, Fensterrahmungen, Vordächer stehen in lebendigem Kontrast zu den warmen Erdfarben des mit Weiler Sandstein und Cannstatter Travertin verkleideten Bauwerks. Der jüngste Gebäudeteil, der Erweiterungsbau der Alten Staatsgalerie, schließt sich als fünfgeschossiger linearer Baukörper an den Museumskomplex des 19. Jahrhunderts an. Über zwei Glasbrücken mit dem Museum verbunden, tritt er funktional und zugleich zurückhaltend in Erscheinung.

Sammlungen der Staatsgalerie

Altdeutsche Malerei 1300 – 1550

Die Altdeutsche Abteilung zeigt eine einzigartige Sammlung altschwäbischer Kunst. Der "Thron Salomonis" (1335) aus Bebenhausen gilt als das älteste erhaltene Tafelgemälde Schwabens. Höhepunkt der Sammlung ist Jerg Ratgebs Herrenberger Altar (1519). Ein "Stuttgarter Kunstwerk" ist der Prager Altar, der seinen Platz ursprünglich in der gotischen ► Veitskirche in Mühlhausen hatte.

Christian Gottlieb Schicks Porträt der Wilhelmine von Cotta ist ein Paradebeispiel für die Malerei des schwäbischen Klassizismus.

Staatsgalerie Stuttgart

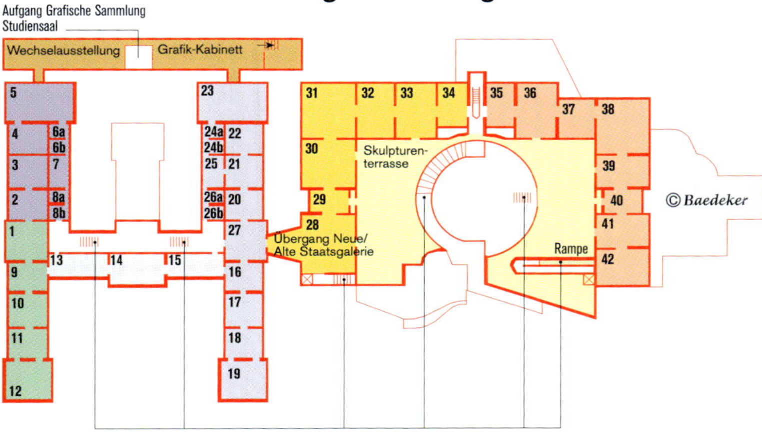

OBERGESCHOSS

Altdeutsche Malerei 1300 - 1500
Italienische Malerei 1300 - 1800
Niederländische Malerei 1500 - 1700
Kunst 1800 - 1900
Kunst 1900 - 1945
Kunst nach 1945

Urbanstraße

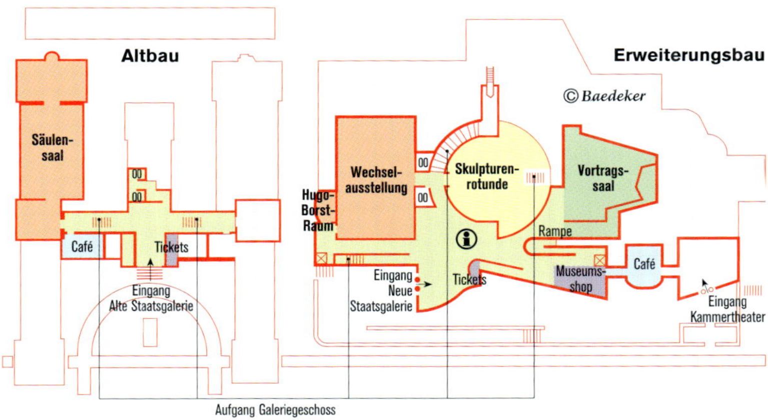

ERDGESCHOSS

Konrad- Adenauer- Straße

Italienische Malerei 1300 – 1800

Die "Erbach'schen Tafeln" eines neapolitanischen Meisters um 1340 eröffnen die Italienische Sammlung. Besondere Aufmerksamkeit verdienen auch die Gemälde Fra Bartolomeos und der Venezianer Giovanni Bellini und Carpaccio. Giambattista Tiepolos Werk "Ruhe auf der Flucht" ist ein besonderes Highlight unter den Werken des Manierismus und Barock.

Niederländische Malerei 1500 – 1700

Zum kostbarsten Besitz der Staatsgalerie gehören bereits seit Gründung der Sammlung die "Bathseba im Bade" von Hans Memling oder der "Einzug Christi in Jerusalem" von Jan van Amstel. Im 19. Jh. kam eines der bedeutendsten Werke Rembrandts, "Paulus im Gefängnis" dazu, und nach dem Zweiten Weltkrieg konnte die Sammlung mit einer Vielzahl von Werken der flämischen und holländischen Kunst erweitert werden.

Schwäbischer Klassizismus

Ein bevorzugtes Sammelgebiet der Staatsgalerie ist der aus der Hohen Carlsschule in Stuttgart hervorgegangene Schwäbische Klassizismus (1770 - 1794). Umfangreiche Werkgruppen des Bildhauers Dannecker und des Malers Schick zeigen den eigenständigen Umgang mit der an Frankreich und Italien orientierten Antikensehnsucht seit dem 18. Jahrhundert. Ein besonderes Beispiel hierfür ist Schicks Porträt der Wilhelmine von Cotta.

Europäische Malerei des 19. Jh.

Die deutsche Malerei des 19. Jh.s reicht von Caspar David Friedrich bis zu den Deutschrömern Anselm Feuerbach, Hans von Marées und Arnold Böcklin. Moderne Elemente vor der Jahrhundertwende lassen sich in den Gemälden von Leibl, Corinth, Liebermann und Slevogt erkennen. Noch deutlicher ist die Entwicklung vom Realismus zum Postimpressionismus in der Sammlung französischer Kunst nachzuvollziehen. Werke von Corot, Courbet, Manet, Monet, Pissarro, Renoir, Sisley sowie Cézanne, Gauguin, Signac und Rodin dienen hier als Beispiele. Das berühmte Bild "Felder im Frühling" (1887) von Claude Monet belegt auf höchst eindrückliche Weise die Auflösung von Farbe und Licht in der Malerei. Als Hauptwerk der englischen Präraffaeliten gilt der "Perseus-Zyklus" von Edward Burne-Jones.

Monets "Felder im Frühling", ein Hauptwerk des Impressionismus

Klassische Moderne

Seit Mitte des 20. Jh.s bildet die Klassische Moderne, die Kunst aus den Jahren 1900 bis 1945, den Sammlungsschwerpunkt. Wichtige Strömungen und Künstlergruppen werden hier anhand herausragender Werke vorgeführt. Zwischen Oskar Schlemmers "Figurinen zum Triadischen Ballett" aus den frühen 1920er-Jahren und der Gruppe der "Badenden" (1956) von Pablo Picasso finden sich Exponate der Pariser "Fauves", der Dresdner "Brücke", des Münchner "Blauen Reiters", der Wiener Expressionisten, zudem Beispiele Braques, Picassos, Gris' und Legers für die Entwicklung des Kubismus. Alle Schaffensphasen im Werk Picassos von der Blauen Periode bis in die 1960er-Jahre sind dokumentiert. Von seinem Œuvre ausgehend öffnet sich der Blick auf den Konstruktivismus der deutschen, niederländischen und sowjetischen Spielart, den italienischen Futurismus wie auch den sozialkritischen Expressionismus am Beispiel von Dix und Grosz, das Werk Beckmanns und internationale Beispiele des Dadaismus und Surrealismus.

Zeitgenössische Kunst

Parallel zum Ausbau der Klassischen Moderne hat das Museum sein sammlerisches Engagement auf die Kunst nach 1945 gelenkt. Mit bedeutenden Werken der amerikanischen Avantgarde der 1950er- und 1960er-Jahre, des Informel, der Pop- und Minimal-Art, der Arte Povera sowie Fluxus und Happening repräsentiert dieser Sammlungsbereich die wesentlichen Strömungen der modernen und zeitgenössischen westlichen Kunst. So zählt das Museum u. a. Hauptwerke von Alberto Giacometti, Jackson Pollock, Marc Rothko, Barnett Newman, Ad Reinhardt und Yves Klein zu seinen Beständen. Außerdem setzen größere Werkgruppen von Joseph Beuys, der italienischen Arte Povera sowie von den deutschen Künstlern A. R. Penck, Georg Baselitz und Anselm Kiefer unverwechselbare Akzente. Der stete Ausbau der Kollektion zeitgenössischer Kunst ermöglicht beispielsweise auch die Gegenüberstellung jüngerer Positionen, so in Werken von Rosemarie Trockel, Katharina Fritsch oder Jeff Koons, die im Rückgriff auf die Pop-Art einen eigenen Blick auf gesellschaftstypische Symbole und Fetische der Konsumwelt lenken.

Graphische Sammlung

Rund 450 000 Zeichnungen, Aquarelle, Collagen sowie Druckgrafik sind in der Graphischen Sammlung aufbewahrt. Ihrer ursprünglichen Funktion als "Königliches Kupferstichkabinett" zufolge ist der Anteil der Druckgrafik von allen bekannten Meistern seit dem 15. Jh. von großer Bedeutung. Durch gezielten Ankauf konnten im Bereich des deutschen Expressionismus, des französischen Kubismus und der Bauhaus-Kunst geschlossene Werkreihen erworben werden. In der Sammlung der Zeichnungen, Pastelle und Grafiken Pablo Picassos soll besonders auf seine Federzeichnung "Kubistischer Akt" von 1910 hingewiesen werden.
Hervorzuheben sind außerdem die italienischen und deutschen Handzeichnungen des Manierismus und Barock. Neben einem hohen Anteil Bolognas verfügt die Graphische Sammlung über einen einmaligen Zeichnungsbestand von Giambattista und Domenico Tiepolo.
Im Bereich der Buchkunst finden sich sowohl Inkunabeln (Frühdrucke vor 1500) wie auch moderne Buchobjekte. Ebenso gibt es eine interessante Sammlung zur Plakatkunst seit 1890 und zur Fotokunst.

Staatsgalerie (Fortsetzung) Archive

Vier Archive ermöglichen detaillierte Studien für Forschungszwecke. Das Oskar-Schlemmer-Archiv ergänzt das Werkensemble des Stuttgarter Künstlers um seinen schriftlichen Nachlass und eine ausführliche Dokumentation. Zudem beherbergt die Staatsgalerie das Archiv des Kunsthistorikers Will Grohmann und das Archiv Sohm, die weltgrößte Dokumentation von u.a. Happening und Fluxus. Ferner erwarb das Museum den kunsttheoretischen Nachlass des Stuttgarter Akademie-Professors Adolf Hölzel.

*Staatstheater — B 4

Lage Oberer Schlossgarten

S-Bahn Hauptbahnhof (S 1 – S 6)

Stadt-/Straßenbahn Hauptbahnhof (U 5, U 6, U 7, U 9, U 11, U 14, 15)

Im Staatstheater Stuttgart sind die drei Sparten Oper, Ballett und Schauspiel unter einem Dach vereint. Die Staatsoper verdankt ihren guten Ruf mutigen Inszenierungen, ausgezeichneten Sängern und einem hochklassigen Orchester. Nicht ohne Grund wurde Stuttgart seit 1994 fünf Mal zum Opernhaus des Jahres gewählt. Eine der besten Ballettkompanien der Welt stellt die Arbeit großer international renommierter Ballettmeister und junger Choreografen aus dem eigenen Haus vor (▶ Baedeker Special S. 40), und das innovative Schauspiel gibt im Schauspielhaus neben Repertoirestücken jedes Jahr bundesweit beachtete Uraufführungen und Neuinszenierungen. Das größte Dreispartentheater Deutschlands beschäftigt fast 1100 Menschen und ist eine fixe Größe im Kulturleben der Republik.

*** Opernhaus**

An Stelle des 1902 abgebrannten Hoftheaters entstand in den Jahren 1909 bis 1912 nach den Plänen Max Littmanns ein Doppeltheater mit Opern- und Schauspielhaus. Während das "Kleine Haus" im Zweiten Weltkrieg stark beschädigt wurde, blieb das "Große Haus" hingegen als neben der ▶ Markthalle einziges öffentliches Innenstadtgebäude so gut wie unversehrt.

Das Opernhaus – so seit 2001 die offizielle Bezeichnung – hat 1400 Plätze. In den Jahren 1956 und 1971 war es im Stil der Zeit modernisiert worden. 1984 wurde es aufwändig und in mehr als einjähriger Umbauzeit wieder in den originalen Zustand zurückversetzt. Das Besondere an Littmanns Entwürfen war der Kompromiss zwischen einem höfischen Rangtheater und einem "demokratisierenden" Amphitheater. Der in den Farben Grau und Gold gehaltene Zuschauerraum ist mit erlesenen Stuckarbeiten verziert, die kassettierte Decke mit prunkvollen Lüstern unterstreicht den festlichen Charakter. Die Kuppel wurde von Julius Mössel in Form eines Himmelsausschnittes mit den Sternkreiszeichen ausgemalt (1912). Die Marmorbüsten in der Wandelhalle des ersten Ranges stellen Dichter und Komponisten dar.

Das Opernhaus zählt mit seiner dem See des Oberen Schlossgartens zugewandten Kolossalsäulenfront zu den wichtigsten Bauten des späten Historismus und ist bereits seit 1924 Baudenkmal. Vor dem Haus steht ein marmornes Schiller-Denkmal von Adolf von Donndorf (1913).

Schauspielhaus

Volkart und Partner errichteten 1959 bis 1962 das "Kleine Haus" der Württembergischen Staatstheater als schlichte achteckige Konstruktion. Der sachliche Neubau ersetzte den im Zweiten Weltkrieg zerstörten, von Max Littmann geschaffenen Vorgängerbau.

Alljährlich im August gibt das Opernhaus die prachtvolle Kulisse für das Sommerfest der Stadt ab.

Staatstheater (Fortsetzung)

Zum Staatstheater gehören noch weitere kleinere Theater mit eigenen Spielstätten: Das Kammertheater hat seinen Sitz im Neubau der Staatsgalerie, hier kommen Kammerstücke, aber auch Kindertheater oder Neue Musik zur Aufführung. Das Theater im Depot befindet sich nahe des Ostendplatzes in einem ausgedienten Straßenbahndepot. Die Avantgarde hat einen besonderen Stellenwert in seinem Repertoire.

**Stiftskirche (Evangelische Stiftskirche Hl. Kreuz) — F 10

Lage
Stiftstr. 12

Stadt-/ Straßenbahn
Schlossplatz (U 5, U 6, U 7, 15)

Bus
Schlossplatz (42, 44)

Die Stiftskirche, im Zentrum des alten Stadtkerns gelegen, ist mit ihren beiden ungleichen Türmen ein Wahrzeichen der Landeshauptstadt und eines der wenigen mittelalterlichen Relikte in Stuttgart. Die Kirchengeschichte der ranghöchsten evangelischen Kirche in Baden-Württemberg ist eng verknüpft mit dem Beginn der Reformation in Stuttgart: Im Jahre 1534 wurde auf der später so genannten "goldenen Kanzel" die erste evangelische Predigt Württembergs gehalten.

Die Stiftskirche ruht auf den Fundamenten einer frühromanischen einschiffigen Dorfkirche aus dem 10./11. Jh., die erst 1999 bei archäologischen Grabungen im Rahmen von Sanierungsarbeiten entdeckt wurden. Um 1240 folgte der Umbau zu einer spätromanischen dreischiffigen Basilika. Von dieser Kirche ist der Südturm noch heute erhalten, ein damals begonnener Nordturm kam nie

über die Fundamente hinaus. 1320/1321 erfolgte die Verlegung des Beutelsbacher Stifts mit der Grablege der Grafen von Württemberg nach Stuttgart. Graf Eberhard der Erlauchte richtete damals das Stift zum Heiligen Kreuz ein, für das bis 1347 der frühgotische Chor errichtet wurde. Hänslin und Aberlin Jörg vollendeten bis 1495 das spätgotische Langhaus. Nach der Erhöhung des Südturms wurde bis 1531 am Westturm gebaut, der ohne den ursprünglich geplanten spitzen Turmhelm beendet wurde. Nach verschiedenen Umbauten und einer Gotisierung im 19. Jh. wurde die Kirche 1944 von Bomben schwer getroffen. Nur die Wände des Chors, die Türme und die Nordwand des Schiffs blieben erhalten.

Stiftskirche (Fortsetzung)

Wiederaufbau und jüngster Umbau

Der Wiederaufbau von 1950 bis 1958 entsprach dem Gedanken einer "Karfreitagskirche": Leitmotiv war die Buße für das Unheil des Zweiten Weltkriegs, der offene Kontrast zwischen erhaltenen Bauteilen und neu errichteten Ergänzungen war programmatisch gewollt. Mit der Notwendigkeit einer grundlegenden Sanierung von 1999 bis 2003 konnte der Wunsch, aus der "Karfreitagskirche" eine "Osterkirche" mit Froher Botschaft zu machen, baulich realisiert werden. Die Dreischiffigkeit der Anlage ist wieder erlebbar, eine moderne Dachkonstruktion mit eingehängten Glassegeln macht den Kirchenraum heller und freundlicher.

Äußeres

Markant ist der 61 m hohe Westturm mit achteckigem Doppelgeschoss und flachem Zeltdach. Der Südturm lässt mit Blendbogenfriesen und Deutschem Band der unteren Geschosse seine romanische Herkunft erkennen. An der nach dem Krieg neu errichteten Südseite des Kirchenschiffs ist das Aposteltor mit den spätgotischen Steinplastiken von Jesus und den zwölf Aposteln beachtenswert. Die Bronzetüren aus dem Jahr 1958 gestalten das Thema Mission. An der Südwand des Chors befindet sich eine Kreuzigungsgruppe aus dem 14. Jahrhundert.

Inneres

In der Stifterkapelle im Südturm ruhen in einer romanischen Doppeltumba der erste württembergische Graf Ulrich "der Stifter" und seine Frau Agnes von Liegnitz (um 1300).

Chor

An der Nordwand des Chors sind die Ende des 16. Jh.s von Sem Schlör geschaffenen Standbilder von elf württembergischen Grafen aufgestellt. Von der ehemaligen Goldenen Kanzel sind die um 1500 entstandenen vier Evangelistenreliefs an der jetzigen Kanzel erhalten. Am Fuß der Kanzel – auf der er predigte – ist der schwäbischen Reformator Johannes Brenz (1499–1570) begraben. Von ihm wird der markige Satz überliefert: "Sollte je ein Prediger das Evangelium verfälschen, so will ich mein Haupt aus dem Grabe heben und rufen: Du lügst!"
Besonders sehenswert ist der Schutzmantelchristus in der Taufkapelle. Er entstand Ende des 15. Jh.s und gehörte – wie auch die darunter angebrachte Predella mit den klugen und den törichten Jungfrauen – ursprünglich zu einem Seitenaltar. An der Westwand des Südturms sind die spätgotischen Figurengruppen des Lettners mit "Verkündigung", "Heimsuchung", "Geburt", "Anbetung" und "Beschneidung" zu sehen.

◂ Zwischen der Erbauung der beiden Türme der Stiftskirche liegen 300 Jahre Stadtgeschichte.

Stiftskirche (Fts.) Fenster

Die Chorfenster stammen aus den frühen 1950er-Jahren. In der Mitte befindet sich das Passionsfenster, die beiden seitlichen Fenster stellen Motive aus der Offenbarung dar. Das Westfenster über der Orgel ist ein Frühwerk von H. G. von Stockhausen.

Kunst der Gegenwart

Im Rahmen des großen Umbaus von 1999 bis 2003 wurden sämtliche vorhandenen Kunstwerke neu angeordnet und durch einen neuen Altar, Glasstelen und neu gestaltete Fenster am Aposteltor und in der Werktagskapelle ergänzt. Die große neue Orgel aus der Orgelwerkstatt Mühleisen in Leonberg (Fertigstellung 2004) ist mit rund 80 Registern und 5000 Pfeifen ein Meisterwerk modernen Orgelbaus.

Glocken

Die größte Glocke, die "Guldenglocke", wiegt 5200 kg und klingt auf den Ton A. Sie wurde 1520 in Biberach aus Kanonenmetall gegossen und erklang einst bei Begräbnissen. Ihr Geläut soll Friedrich Schiller zu seinem Lied von der Glocke inspiriert haben. Auch die 3500 kg schwere "Salveglocke" entstand im selben Jahr in der Biberacher Glockengießerei. Nach Aufzeichnungen des Astronomen Johannes Kepler soll sie im Mittelalter Hexenverbrennungen angekündigt haben. Die "Torglocke", die heute wegen eines Risses nicht mehr geläutet wird, ist die älteste der Stiftskirchenglocken. Sie wurde 1285 gegossen und diente als Alarmglocke. Das nur 30 kg schwere "Silberglöckle" wurde 1507 bei Pantlion Sidler in Esslingen gegossen. Es läutet um 9^{00} Uhr und um Mitternacht. Im Juni 1998 stürzte die Betglocke aus nicht bekanntem Grund ab. Das Geläute der Stiftskirche verstummte für einige Zeit. Im März 1999 erklang erstmals die neue Betglocke.

Tagblatt-Turm — C 3

Lage
Eberhardstr. 61

Stadtbahn
Rotebühlplatz
(U 2, U 4, U 11, U 14)

Der Architekt Ernst Otto Oßwald konstruierte in den Jahren 1927/1928 den 61 m hohen Tagblatt-Turm, mit 18 Stockwerken das erste in Sichtbeton-Bauweise erstellte Hochhaus Deutschlands. Er wurde Heimstatt des "Stuttgarter Neuen Tagblatts", das 1943 sein Erscheinen einstellte. Nach dem Ende des Zweiten Weltkriegs zog die "Stuttgarter Zeitung" ein, die bis 1976, als die Redaktion ins Möhringer Pressezentrum verlegt wurde, hier erschien. Bis heute ist der inzwischen unter Denkmalschutz gestellte Tagblatt-Turm das höchste Bauwerk der Stuttgarter Innenstadt. Nach einer Umgestaltung der Räume am Fuße des Turms entstanden hier unter dem Titel "Kultur unterm Turm" attraktive Spielstätten für das Stuttgarter Kinder- und Jugendtheater und das FITS-Figurentheater.

Theodor-Heuss-Haus — K 29

Lage
S-Killesberg, Feuerbacher Weg 46

Bus
Feuerbacher Weg (43)

Theodor Heuss (1884–1963), der erste Bundespräsident der Bundesrepublik Deutschland, hatte sich für die Zeit nach dem Ende seiner zweiten Amtsperiode auf dem Killesberg einen bescheidenen Bungalow bauen lassen. Dort wohnte er von 1959 bis zu seinem Tod 1963, empfing politischen und privaten Besuch und verfasste Teile seiner Memoiren.
Besucher können sich in den Wohnräumen mit Originalmöbeln einen Eindruck vom Lebensstil des Altbundespräsidenten veschaffen.

Im Gartengeschoss informiert eine Dauerausstellung über Leben und Werk des Staatsmannes (Öffnungszeiten: Di. – So. 10 00 – 18 00 Uhr, Führungen n. V., ☎ 95 59 85 - 0).

Theodor-Heuss-Haus (Fts.)

Uhlandshöhe

L 31

Straßenbahn Heidehofstraße (15)

Bus Heidehofstraße (40, 42)

Die Uhlandshöhe (355 m ü. d. M.), benannt nach dem Dichter und Juristen Ludwig Uhland (▶ Berühmte Persönlichkeiten), ist mit ihren verschiedenen Aussichtsplattformen ein reizvolles und ruhiges Ausflugsziel auf der Höhe zwischen dem Stadtzentrum und dem Stuttgarter Osten. Unterhalb der Parkanlage mit Spielplatz, Minigolf und dem Uhland-Denkmal – die Uhland-Büste wurde 1965 von Ernst Rau geschaffen – säumen vornehme Wohnbauten aus der ersten Hälfte des vergangenen Jahrhunderts die Straße.

Schwäbische Sternwarte

Von der Schwäbischen Sternwarte kann man nach Einbruch der Dunkelheit am Teleskop Himmelserscheinungen beobachten (Zur Uhlandshöhe 41, Führungen nur bei bei klarem Wetter: Mo., Mi., Do., Fr., Sa., im Frühjahr um 21 00, im Sommer um 22 00 und im Herbst / Winter um 20 00 Uhr, Auskunft ☎ 28 18 71).

Waldorfschule

Die anthroposophische Bewegung hat rings um die Uhlandshöhe eines ihrer Zentren, da Rudolf Steiner (▶ Berühmte Persönlichkeiten) hier 1919 die erste Waldorfschule gründete. Am Nordwesthang liegen u. a. das Rudolf-Steiner-Haus, das Eurythmeum und das Areal der Freien Waldorfschule. Zentrum der Schulanlage ist das Festsaalgebäude, an dem die Vorstellungen anthroposophischer Architektur besonders deutlich werden. Durch eine Vielzahl von Brechungen und Verschiebungen, die den rechten Winkel ausschließen, ähnelt das Gebäude einem "organischen" Fels.

Uhlbach

östl. M 33

Bus Uhlbach (62)

Weinbaulehrpfad

Der ländlich geprägte Stadtteil Uhlbach (4000 Einw.) liegt geschützt in einem Neckarseitentälchen nordöstlich oberhalb von Stuttgart-Obertürkheim. Bereits seit über 750 Jahren wird hier Weinbau betrieben. Der "Uhlbacher" genießt einen vorzüglichen Ruf. Ein Weinbaulehrpfad erschließt die Hänge von Württemberg, Rotenberg, Götzenberg und Esslinger Berg, an denen Trollinger, Burgunder, Riesling, Müller-Thurgau und Kerner gedeihen (Praktische Informatonen ▶ Wein).

> *Baedeker* TIPP **Und jetzt einen Trollinger ...**
>
> Im Café Gasthaus Löwen in der Trollingerstr. 1 gibt es in gemütlich-gediegener Atmosphäre eine umfangreiche Weinkarte und allerlei schwäbische Gerichte.

*** Weinbau-Museum Alte Kelter**

1979 wurde in der ehemaligen Uhlbacher Gemeindekelter das Stuttgarter Weinbaumuseum eröffnet. Es erzählt von Geschichte und Entwicklung des Weinbaus im Mittleren Neckarraum. Die Sammlung des Weinbaumuseums umfasst neben mächtigen Eichenholz-Kelterbäumen, so genannten Torkeln, die bis nach dem Ersten Weltkrieg als Weinpressen benutzt wurden, eine vollständig einge-

Uhlbach, Weinbau-museum (Fts.)

Weinlese mit der Bütte ist ein beschwerliches Geschäft.

richtete Küferwerkstatt mit Werkzeugen aus dem 18. und 19. Jh.; Trinkgefäße und Weinbehälter aus Ton, Steinzeug, Glas, Zinn ergänzen die Schau ebenso wie schön gearbeitete Holzfässer und ein kunstvoll geschnitzter Heiliger Urban aus dem 16. Jh, der Schutzpatron der Weingärtner. Nach dem Rundgang kann man einige der Stuttgarter Tropfen in der Weinprobierstube ausprobieren. Vor dem Museum steht die Plastik "Der Gast" (im Volksmund "Säuferle" genannt) von Guido Messer (Uhlbacher Platz 4, Öffnungszeiten: April – Okt. Sa. 14^{00} – 18^{00}, So./Fei. 10^{00} – 12^{00} und 14^{00} – 18^{00} Uhr; sonst n.V., ☎ 2 16 28 57).

Untertürkheim K/L 34 – 35

S-Bahn
Untertürkheim (S 1)

Stadtbahn
Untertürkheim (U 4, U13)

Bus
60, 61

Untertürkheim, bekannt durch seine Weinlagen "Mönchberg" und "Altenberg" und berühmt als Heimat des Automobilkonzerns Daimler-Benz, liegt am Neckar oberhalb von Bad Cannstatt. Der Siedlungsname stammt aus fränkischer Zeit, als Menschen aus dem mitteldeutschen Raum (Thüringen) hierher umgesiedelt wurden. Bereits im 8. Jh. wurde hier der Weinbau eingeführt, die Landeszentralgenossenschaft der Württembergischen Weingärtner hat hier eine große Kellerei. Die erste Eisenbahnstrecke des Landes Württemberg wurde 1845 von Cannstatt nach Untertürkheim eröffnet. 1905 wurde Untertürkheim nach Stuttgart eingemeindet.

*Veitskirche (Evangelische Veitskirche) nördl. F 32

Lage
S-Mühlhausen
Meierberg 16

Stadtbahn
Mühlhausen (U 14)

Gottesdienst
So. 9^{30} Uhr

Die Veitskirche in Stuttgart-Mühlhausen ist ein so herausragendes Beispiel für den gotischen Sakralbau, dass der Begriff "Gesamtkunstwerk" dafür nicht übertrieben scheint. Die Dorfkirche geht auf eine Stiftung des Prager Bürgers Reinhard von Mühlhausen zurück und gibt sich äußerlich unscheinbar. Der Innenraum aber überrascht durch leuchtende Farbigkeit und immensen Bilderreichtum. Durch einen seltenen Glücksfall der Geschichte konnte die komplette Innenausstattung mit Wandmalereien und gotischen Schnitzaltären bewahrt werden. Sehr markant sind der rechteckige Westturm und der dreiseitig geschlossene Chor.

Altäre

Das ursprüngliche kostbare Hauptaltarbild entstand 1385 in der Prager Werkstatt des Meisters Theoderich und befindet sich heute in der Stuttgarter ▶ Staatsgalerie. An seiner Stelle steht nun ein geschnitzter spätgotischer Flügel-Hochaltar von 1510 mit Szenen aus dem Leben des Heiligen Veit. Die unter den Ziborien im Schiff aufgestellten Seitenaltäre zeigen Darstellungen der Märtyrerinnen Barbara, Dorothea, Walpurga, Katharina und Agatha (rechts) sowie von Johannes dem Täufer und den Aposteln Petrus und Paulus (links).

**** Wandmalereien**

Überaus eindrucksvoll sind die zum großen Teil restaurierten Wandmalereien. Zusammen mit der bemalten Fassung von Decke und Empore vermitteln sie einen Eindruck von der Farbigkeit eines mittelalterlichen Kirchenbaus. Die ältesten, noch aus der Bauzeit stammenden Fresken befinden sich im Schiff am Triumphbogen und an den Langhauswänden. Leider sind die Darstellungen des Christus, der Propheten und der Apostel nur noch schwer zu erkennen. Besser erhalten sind die Wandmalereien im Chor, die aus der

Veitskirche
(Bauzeit: 1380 bis ca. 1385)

Evangelische Veitskirche
Stuttgart-Mühlhausen

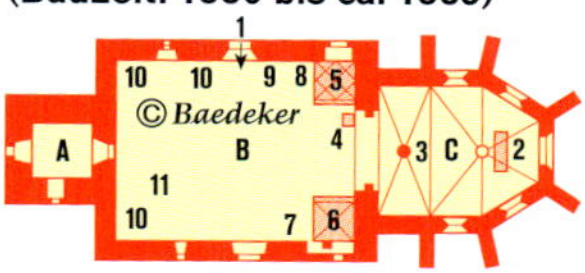

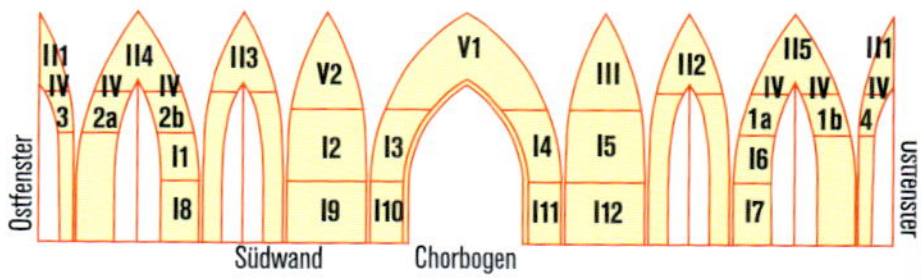

GRUNDRISS

A Glockenturm B Kirchenschiff C Chor

1 Eingang (außen Baubeginn-Inschrift)
2 Hochaltar: Flügelaltar von 1510 (der urspr. 1385 in Prag bemalte 'Mühlhausener Altar' seit 1902 in der Stuttgarter Staatsgalerie); im Schrein v.l.n.r. Modestus (Veits Erzieher), Kaiser Sigismund, Veit mit Kessel, König Wenzel, Hippolyt
3 Taufstein
4 Kanzel (1957)
5 Südlicher Seitenaltar (mit bemalten Flügeln; unter Steinbaldachin): im Schrein Johannes der Täufer, umgeben von den Aposteln Paulus (l.) und Petrus (r.)
6 Nördlicher Seitenaltar (ohne Flügel; unter Steinbaldachin): v.l.n.r. die Märtyrerinnen Katharina, Dorothea, Barbara, Walpurga und Agathe
7 Grabdenkmal für Jakob von Kaltental († 1555; Standbild von Jakob Woller)
8 Grabdenkmal für den letzten Herrn von Kaltental der Mühlhausener Linie († 1586; Epitaph von Sem Schlör)
9 Grabdenkmal für Engelbold von Kaltental († 1558; lokaler Steinmetz?)
10 Grabplatten (stark abgetreten)
11 Orgel (1950; auf der Empore)

WANDMALEREIEN IM CHOR

I Veitslegende

I1 Veit wird von seinem Vater Hilas geschlagen
I2 Veit vor Valerian
I3 Veit heilt seine Peiniger
I4 Veit soll tanzen (Mädchen)
I5 Mädchen (= Engel) blenden Hilas
I6 Flucht Veits mit seinen Erziehern über das Meer
I7 Veit heilt in Rom (Bild) einen Prinzen
I8 Veit soll in Pech oder Öl gesotten werden
I9 Veit verlässt den Kessel (Attribut) unbeschadet
I10 Veit wird einem Löwen vorgeworfen, der ihm aber nichts antut
I11 Veit wird mit seinen Erziehern erhängt
I12 Die Nonne Florenziana begräbt die Toten

II Marienleben

II1 Verkündigung
II2 Hochzeit der Maria mit Josef
II3 Maria und Elisabeth
II4 Anbetung der Weisen
II5 Mariä Tod

III Schutzmantelmadonna

Zahlreiche Menschen suchen unter dem weit ausgebreiteten Mantel der Maria Zuflucht

IV Weitere Bilder im Chorhaupt

IV1a Hl. Sigismund
IV1b Hl. Sigismund und seine Familie werden ertränkt
IV2a Hl. Wenzel
IV2b Hl. Wenzel wird auf Betreiben seines Bruders ermordet
IV3/4 Hl. Michael

V Jüngstes Gericht

V1 Christus (auf doppeltem Regenbogen) richtet die Welt; seitlich Maria und Johannes der Täufer
V2 Petrus am Himmelstor

In den anstoßenden Gewölbefeldern Engel mit Gerichtsposaunen und Marterwerkzeugen; im Chorhaupt Evangelisten und Kirchenväter

Veitskirche (Fortsetzung)

ersten Hälfte des 15. Jh.s stammen. Die zwölf Wandbilder aus dem Jahr 1428 zwischen Kapitellen und Gesims erzählen die Veitslegende nach dem Text der Legenda Aurea. Die Szenen zeichnen sich durch volksnahe bildliche Darstellungen und Erklärungen aus. So zum Beispiel versucht auf dem ersten Bild am Ostende der Südwand Veits Vater Hylas, seinen Sohn zum Götzendienst zu verführen und züchtigt ihn, als er sich weigert – die Bildunterschrift kommentiert anschaulich: "Hie slug Ylas Vitum in den ars."
Über den Fenstern sind fünf Szenen aus dem Leben Marias zu erkennen, an der Nordwand befindet sich eine wundervolle Schutzmantelmadonna. Weitere Bilder im Chorhaupt zeigen die Heiligen Sigismund, Wenzeslaus und Michael, über dem Chorbogen ist das Jüngste Gericht dargestellt.

Baedeker TIPP **Besichtigung ...**

... ist nur nach Voranmeldung im Pfarramt möglich (☎ 53 23 13). Interessierten sei empfohlen, die Nordroute der Stadtrundfahrt "Spezielles Stuttgart" der Stuttgart-Marketing GmbH (☎ 22 28 - 2 40) zu buchen, auf dieser wird durch die Kirche geführt.

Grabmäler

Neben einigen stark abgetretenen Grabplatten an der Westwand sind noch die drei Epitaphien (Gedenktafeln) der Herren zu Kaltental hervorzuheben. Eine Arbeit des Bildhauers Sem Schlör entstand zu Ehren des Engelbold von Kaltental, mit dessen Tod 1586 die Mühlhausener Linie des Geschlechts ausstarb.

Waiblingen

Lage
12 km nordöstl. von Stuttgart

S-Bahn
Waiblingen (S 2, S 3)

Waiblingen (50 000 Einw.) liegt am Westausgang des Remstales und ist gleichermaßen bekannt für seine sehr hübsche Altstadt wie für die ansässigen namhaften Industriebetriebe. Von hier aus bieten sich Ausflüge in die Naherholungsgebiete wie die Berglen, den Schurwald, den Welzheimer Wald und das Remstal an. Waiblingen wurde erstmals im Jahre 885 in einer Urkunde von Karl dem Dicken erwähnt. Der Ort war karolingische und salische Kaiserpfalz. Ende des 11. Jh.s kam Waiblingen in den Besitz der Staufer (Herzog Friedrich von Schwaben), die hier ein Zentrum ihrer Macht aufbauten. Zu Beginn des 13. Jh.s erhielt Waiblingen die Stadtrechte. Gemeinsam mit anderen staufischen Besitzungen im unteren Remstal kam die Stadt an das Haus Württemberg. Ihren fast vollständigen Untergang erlebte sie im Dreißigjährigen Krieg, als sie bis auf fünf Häuser zerstört wurde.

Sehenswertes in Waiblingen

Michaelskirche

Der von einer Mauer mit Schalenturm aus dem Jahr 1463 umgebene Kirchenbezirk schließt die spätgotische evangelische Michaelskirche ein, die in ihrer heutigen Form Ende des 15. Jh.s gebaut wurde, sowie das zweigeschossige so genannte "Nonnenkirchle" aus dem Jahr 1596. Dieses kleine Gotteshaus muss früher wohl mit einer Nonnen- bzw. Beginenunterkunft verbunden gewesen sein. Im Obergeschoss des Kirchleins gefallen das Netzrippengewölbe und das Maßwerk der Fenster. Das Untergeschoss diente als Beinhaus.

Nonnenkirchle

Das Städtische Museum (Weingärtner Vorstadt 20) mit seinen reichhaltigen Sammlungen (Vor- und Frühgeschichte, Stauferzeit, Stadtentwicklung, Kultur und Gewerbe im Lauf der Jahrhunderte) ist in einem restaurierten Fachwerkbau von 1634 in der Weingärtner Vorstadt untergebracht (Öffnungszeiten: Di. – So. 11^{00} – 13^{00} und 15^{00} bis 17^{00} Uhr).

Wablingen (Fts.) Städtisches Museum

Bemerkenswerte Zeugen der spätmittelalterlichen Stadtbefestigung sind der Hochwachtturm mit Grundmauern aus dem 11. Jh. und der Beinsteiner Torturm aus dem 13. Jahrhundert.

Befestigungsreste

Umgebung von Waiblingen

Etwa 2 km östlich von Waiblingen liegt das wegen seines Mineralwassers aus der Elisabethenquelle bekannte Dorf Beinstein in südlicher Hanglage über der Rems. Bemerkenswert die Sebastianskirche mit Fresken aus dem 15. Jh., das altwürttembergische Rathaus aus dem Jahre 1582 und der mittelalterliche Dorfbrunnen.

Beinstein

Südöstlich von Waiblingen erstreckt sich die im Zuge der Gemeindereform geschaffene Großgemeinde Weinstadt. Sie ist aus fünf traditionsreichen Weindörfern zusammengesetzt: Endersbach, Großheppach, Strümpfelbach, Beutelsbach – einst die Wiege der Grafen von Württemberg – und Schnait, Geburtsort des Volksliedkomponisten Friedrich Silcher (1789 – 1860).

Weinstadt

*Weil der Stadt

Lage
30 km westlich von Stuttgart

S-Bahn
Weil der Stadt (S 6)

Das 18 000 Einwohner zählende Weil der Stadt liegt inmitten des Heckengäus im Schwarzwaldvorland. Die ehemalige Freie Reichsstadt, Sitz einer lebendigen mittelständischen Industrie, besitzt noch beeindruckende mittelalterliche Stadtbefestigungsanlagen. Vor allem aber ist Weil der Stadt bekannt als Geburtsort des Astronomen und Mathematikers Johannes Kepler (1571 – 1630). Auch der Reformator Johannes Brenz (1499 – 1570) wurde hier geboren. Wahrscheinlich waren es die Alamannen, die den Ort "Weil" (abgeleitet von lat. "villa") gründeten. Die erste Erwähnung erfolgte in einer Urkunde des Klosters Hirsau im Jahr 1075. Friedrich II. erhob den Flecken zur Stadt, und unter Rudolf I. von Habsburg wurde Weil 1272 Freie Reichsstadt. Diesen Status konnte die Stadt bis 1803 bewahren; erst danach fiel sie an Württemberg. Im Jahr 1862 wurde per Ratsbeschluss der Name Weil der Stadt festgelegt.

Johannes Kepler

Sehenswertes in Weil der Stadt

Der historische Kern Weil der Stadts ist der Marktplatz, in dessen Mitte ein 1870 errichtetes Denkmal für Johannes Kepler steht. Die Reliefs an den Seiten stellen Szenen aus dem Leben des Astronomen dar. Der Marktplatz ist von stattlichen

Weil der Stadt (Fortsetzung)

Häusern eingefasst, darunter das mit Arkadengängen versehene Rathaus von 1582 und das Alte Rathaus (Marktplatz Nr. 14) mit dem daneben liegenden Stadtmuseum (Öffnungszeiten: So. 14⁰⁰–17⁰⁰ Uhr). Den Oberen Marktbrunnen ziert ein Standbild Kaiser Karls V. aus dem Jahre 1669.

***Keplermuseum**

Das Geburtshaus Johannes Keplers ist heute als Museum eingerichtet und zeigt persönliche Gegenstände und Dokumente. Kepler wurde 1571 geboren und gilt als einer der Begründer der modernen Naturwissenschaften. Als Lehrer für Moral und Mathematik machte er bald Furore mit seinen "Prognostica". In Prag wurde er Assistent von Tycho Brahe sowie dessen Nachfolger als kaiserlicher Mathematiker Rudolfs II. Grundlegend waren seine Berechnungen der Planetenbahnen, die Keplerschen Gesetze. In Linz entstanden seine "Rudolfinischen Tafeln", die 200 Jahre lang die Grundlage der Astronomie bildeten. 1628 trat Kepler als Astrologe in Albrecht von Wallensteins Dienste. Er starb in Regensburg (Keplergasse 2, Öffnungszeiten: Di.–Fr. 10^{00}–12^{00} und 14^{00}–16^{00}; Sa. 11^{00}–12^{00} und 14^{00}–16^{00}; So. und Fei. 11^{00}–12^{00} und 14^{00}–17^{00} Uhr, Okt–Mai nur jeden 1. und 3. So.).

Stadtkirche St. Peter und Paul

Unweit des Marktplatzes liegt die Stadtkirche St. Peter und Paul. Sie geht auf ein romanisches Kirchlein aus dem Jahr 1000 zurück, ihre heutige äußere Gestalt stammt jedoch im Wesentlichen aus dem 14. und 15. Jh., die Osttürme datieren bereits um 1200. Im Inneren ist das Sakramentshaus des Stuttgarter Steinmetzen und Bildhauers Georg Miler aus dem Jahr 1611 beachtenswert.

Stadtbefestigung

Im Süden, Osten und Norden der Stadt ist die vom 12. bis 16. Jh. errichtete Stadtbefestigung mit imposanten Türmen besonders gut erhalten.

Narrenmuseum

Weil der Stadt ist einer der am nördlichsten gelegenen Orte der schwäbisch-alemannischen Fastnacht. Die örtliche Narrenzunft hat im Gebäude Stuttgarter Straße Nr. 60 ein Narrenmuseum eingerichtet, in dem auch die Weil der Städter Narrenfiguren – u. a. "Zigeuner", "Hexe", "Schlehengeist", "Steckentäler", "Bären" und "Schellenteufel" – zu sehen sind (Öffnungszeiten: jeden ersten So. im Monat 11^{00}–16^{00} Uhr).

Etwa 200 m in Richtung Marktplatz vom Museum entfernt befindet sich der Narrenbrunnen, auf dem Figuren der "Weiler Fasnet" dargestellt sind.

*Weißenburgpark — N 30

Lage

Stadtbahn
Bopser (U 5, U 6, U 7)

Bus
78, 826

Der Weißenburgpark im Süden Stuttgarts zwischen der Neuen Weinsteige und der Bopserwaldstraße ist – obwohl etwas abseits und sehr steil gelegen – Stuttgarts schönster Aussichtspark. Er wurde 1843 zusammen mit der Villa Weißenburg, einem Gästehaus für Luft- und Molkenkuren geplant. Später kaufte der Seifenhersteller und Ägyptenkenner Dr. Ernst von Sieglin (1848–1927) Villa und Park und errichtete das Teehaus (▶ Baedeker-Tipp) und den Marmorsaal. Der Name Weißenburg geht zurück auf eine einstmals hier thronende, bereits 1312 zerstörte Burganlage.

Wunderbarer Platz für Sommerabende – das Teehaus im Weißenburgpark

Gartenschau '61

Der Park wurde anlässlich der Bundesgartenschau von 1961 neu hergerichtet und bekam hübsche gärtnerische Anlagen sowie Spieleinrichtungen für Kinder. Die Fabrikanten-Villa wurde, obwohl sie den Krieg intakt überstanden hatte, für die Neugestaltung der Anlage abgerissen.

Baedeker TIPP Teehaus

Romantischer Gastronomie-Treffpunkt für laue Sommerabende ist das Sieglinsche Teehaus oben im Park. Man sitzt, fern vom Stadtlärm, im Park neben Seerosenbassins und genießt den Blick auf spektakuläre Abendhimmel. Lohnend ist ein Blick ins Innere des Teehauses mit schönen Deckenmalereien und exquisiter Ausstattung.

Marmorsaal

Am Aufgang zum Park wurde der Marmorsaal, dessen prunkvoll ausgestatteter Innenraum an ein antikes Nymphäum erinnert, in den Hang gebaut. Wände und Decken sind im Rokoko-Stil bemalt, leise plätschert Wasser in in die Wand eingelassene Becken. Seit 1995 ist der Saal restauriert und für Konzerte oder Empfänge zugänglich.

Spazierwege

Der Weißenburgpark gehört zu einer Grünzone, die etwas unterhalb mit der Bopseranlage beginnt. Hinter dem Park führt der steile Bopserweg hinauf in den Wald. Er passiert die Schillereiche mit schöner Aussicht – wo, so will es die Überlieferung, angeblich Friedrich Schiller 1778 seinen Freunden die "Räuber" erstmals vorlas. Von hier kann man zum Fernsehturm und noch weiter nach Sillenbuch oder Hohenheim wandern.

**Weißenhofsiedlung

Lage
Am Weißenhof

Bus
Kunstakademie (43)

Wie sich die führenden Architekten der 1920er-Jahre modernes Wohnen vorgestellt haben, kann man in der Weißenhofsiedlung, die östlich des Höhenparks ▶ Killesberg liegt, nachvollziehen. Die 1927 erbaute Mustersiedlung war wichtigster Teil der Ausstellung "Die Wohnung" des Deutschen Werkbundes, in der die 1907 von ihm erhobenen Forderungen für Wohnen in die Praxis umgesetzt werden sollten. Moderne Wohnungen sollten "unter Vermeidung alles Salonhaften und Überflüssigen" hell und hygienisch gestaltet werden; die Form des Hauses sollte sich nach seinen inneren Funktionen richten.

Beispielhaftes Bauen

Der Bebauungsplan stammt von Ludwig Mies van der Rohe. Der Berliner Architekt und spätere Bauhausdirektor wählte gemeinsam mit dem Deutschen Werkbund und den Gremien der Stadt Stuttgart die mit der Planung betrauten Architekten aus, alles namhafte Vertreter der jungen europäischen Avantgarde: Walter Gropius aus Dessau, Hans Scharoun und Adolf Rading aus Breslau, Richard Döcker und Adolf G. Schneck aus Stuttgart, Peter Behrens, Hans Poelzig, Ludwig Hilbersheimer sowie die Brüder Max und Bruno Taut aus Berlin, Le Corbusier aus Paris, J. J. P. Oud und Mart Stam aus Rotterdam, Josef Frank aus Wien und Victor Bougeois aus Brüssel. Die viel beachtete und von konservativen Architekten als "Schandfleck Stuttgarts" scharf kritisierte Siedlung (▶ Baedeker Special S. 182) wurde 1938 von der Stadt Stuttgart an das Deutsche Reich verkauft. Doch dem geplanten Totalabbruch kam der Krieg zuvor. Fünf von 21 Musterhäusern wurden durch Bomben zerstört,

Noch nach mehr als 70 Jahren modern: Die Häuser von J. J. P. Oud.

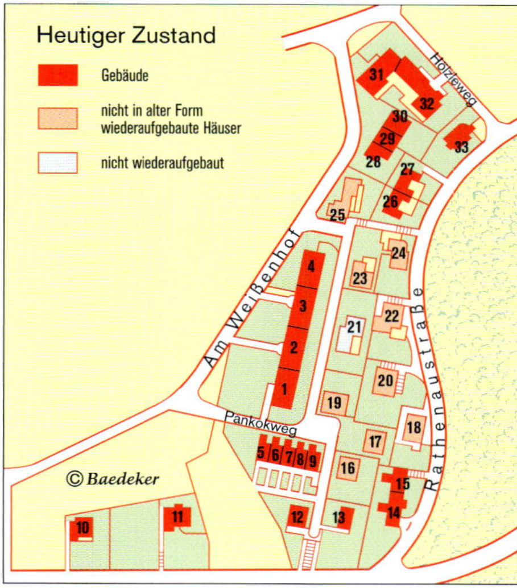

Weißenhofsiedlung

(Zustand im Baujahr 1927)

HÄUSER	ARCHITEKTEN
1, 2, 3, 4	L. Mies van der Rohe
5, 6, 7, 8, 9	J. J. P. Oud
10	Victor Bourgeois
11, 12	Adolf G. Schneck
13, 14, 15	Le Corbusier mit Pierre Jeanneret
16, 17	Walter Gropius
18	Ludwig Hilberseimer
19	Bruno Taut
20	Hans Poelzig
21, 22	Richard Döcker
23, 24	Max Taut
25	Adolf Rading
26, 27	Josef Frank
28, 29, 30	Mart Stam
31, 32	Peter Behrens
33	Hans Scharoun

50 m

Beispielhaftes Bauen (Fts.)

weitere fünf Gebäude in den 1950er-Jahren abgerissen. Als 1956 die Häuser von Le Corbusier abgebrochen werden sollten, gab es Proteste. Daraufhin wurden die elf erhaltenen Originalbauten 1958 unter Denkmalschutz gestellt, für ihren Erhalt jedoch nichts unternommen. Erst 1977, also 50 Jahre nach der Fertigstellung der Siedlung, wurde die Öffentlichkeit durch einen Aufruf zur Erhaltung des Ensembles wachgerüttelt und der Verein “Freunde der Weißenhofsiedlung e.V.” gegründet. Bei der Restaurierung der Siedlung, die schließlich zwischen 1981 und 1987 erfolgte, wurden die zerstörten Gebäude nicht wieder original aufgebaut, d.h. auf ihren Grundstücken entstanden Ersatzbauten. Die Bewohner der Anlage sind zum größten Teil Staatsbedienstete. Rund 30 000 Besucher besichtigen jährlich die Weißenhofsiedlung.

Modernes Wohnen

Die Weißenhofsiedlung ist ein Manifest der modernen Architektur und ihrer Forderung nach Rationalisierung des Bauens und Wohnens. In der Siedlung wurden Lösungen für unterschiedliche Typen von Wohngebäuden entwickelt und realisiert – vom Einfamilien-, Doppel- und Reihenhaus bis zum großen, viergeschossigen Mehrfamilienhaus, das Mies van der Rohe entworfen hatte. Alle Häuser haben Flachdächer, einige davon, z.B. die von Le Corbusier, auch Dachgärten auf dem obersten Geschoss. Der Skelettbau ermöglicht sowohl eine flexible Innenaufteilung der Wohnun-

***Baedeker* TIPP Führungen durch die Siedlung**

Der Verein der Freunde der Weißenhofsiedlung e.V. (☎ 56 23 17) und die Stuttgarter Gesellschaft für Kunst und Denkmalpflege (☎ 85 46 41) veranstalten fachkundige Führungen.

"Vorstadt Jerusalems"

Architekturinteressierte Stuttgart-Besucher pilgern als erstes auf den Killesberg, um die berühmte Weißenhofsiedlung zu besichtigen. Doch die hochmodernen Entwürfe, die heute als zukunftsweisende Architekturimpulse unumstritten sind, fanden im geistigen Umfeld der frühen 1930er-Jahre wenig Anklang.

Paul Bonatz, der angesehene Stuttgarter Architekt und Erbauer des Hauptbahnhofs, polemisierte bereits 1926, als lediglich der Bebauungsplan feststand, gegen die Weißenhof-Siedlung. Die Konzeption mit den weißen Hauskuben und vielfältigen Terrassierungen sei für Wohnhäuser in einer deutschen Stadt wie Stuttgart nicht geeignet und erinnere vielmehr an eine Vorstadt Jerusalems. Im Hintergrund seiner harschen Kritik stand sicherlich auch die Tatsache, dass Bonatz selbst für die Mustersiedlung beim Deutschen Werkbund Pläne eingereicht hatte. Sein Bebauungsvorschlag mit traditionellen Satteldächern wurde zu Gunsten des weitaus kühneren Plans von Ludwig Mies van der Rohe aus Berlin abgelehnt. Diese Niederlage kennzeichnete den Beginn der erbitterten Rivalität zwischen dem Neuen Bauen und der eher konservativer eingestellten Stuttgarter Schule um Paul Bonatz und Paul Schmitthenner. Die 1932/1933 errichtete Kochenhofsiedlung gab den beiden Gelegenheit, ihre Vorstellungen von Architektur zu verwirklichen.

Entartetes Bauen?

Nach der Machtergreifung verstärkte sich die Kritik am Weißenhof weiter, den Nationalsozialisten war das avantgardistische Wohnhaus-Ensemble naturgemäß ein undeutsch entarteter Pfahl im Fleisch. "Kultur-Bolschewisten" und "Theater-Architekten", so schimpfte man, hatten diese "Phantasie-Pfusch-Bauten" erstellt. Schließlich wurde ein kompletter Abriss des "Schandflecks" auf dem Killesberg geplant. An seiner Stelle sollte das Generalkommando der Wehrmacht errichtet werden. Diesen Plänen kam dann der Krieg zuvor. Während der feindlichen Bombenangriffe wurde ein großer Teil der Häuser zerstört. Erst in den 1950er-Jahren wurde die Bedeutung der Siedlung erkannt und die noch vorhandenen Häuser unter Denkmalschutz gestellt.

1934 erschien die Collage "Araberdorf" als Polemik gegen die "undeutsche" Siedlung.

gen als auch eine freiere Außengestaltung, z. B. durch breite Fensterbänder über die gesamte Fassadenbreite. Von außen nicht sichtbar ist ein weiteres Charakteristikum der neuen Planung: die Minimierung der Verkehrsflächen zugunsten von Wohn- und Aufenthaltsräumen.

Weißenhofsiedlung (Fts.)

Der Rundgang beginnt an der "Weißenhof-Information" im Mies-van-der-Rohe-Bau. Hier gibt es ein Informationszentrum mit einem Modell der Anlage, einer Ausstellung über alle Bauten und Architekten der Siedlung und einem Buch-Shop (Öffnungszeiten: Di. – Sa. 10^{00} – 14^{00}, So. 10^{00} – 15^{00} Uhr). Von dort gelangt man zu den Reihenhäusern von Mart Stam, zum Terassenhaus von Peter Behrens und zu den Einfamilienhäusern von Hans Scharoun und Josef Frank. Entlang der Rathenaustraße befinden sich einige Ersatzbauten, bis man auf das Doppelhaus von Le Corbusier und Pierre Jeanneret trifft. Anschließend erreicht man die Friedrich-Ebert-Straße mit den Bauten von Bourgeois und Schneck. Zurück über die Treppe des Bruckmann-Wegs findet man das Einfamilienhaus von Le Corbusier und Pierre Jeanneret, das Haus Schneck und schließlich die Reihenhäuser von Oud, direkt gegenüber des Mies-van-der-Rohe-Blocks. Da es nicht immer einfach ist, "echte" Weißenhof-Häuser von "unechten" zu unterscheiden, wurden sie mit Tafeln versehen, auf denen der Name des jeweiligen Architekten zu lesen ist.

Rundgang

Unweit der Weißenhofsiedlung befindet sich die Kunstakademie, hervorgegangen aus der 1761 gegründeten Académie des Arts des Herzogs Carl Eugen. Das Gebäude (Am Weißenhof 1) wurde 1912 konzipiert; der Erweiterungsbau entstand in den 1960er-Jahren. Die Akademie genießt einen sehr guten Ruf – hier lehrten Künstler wie Hoelzel, Baumeister und Hrdlička.

Akademie der Bildenden Künste

**Wilhelma (Zoologisch-botanischer Garten)

H / J 31 / 32

Die Wilhelma ist eine der meistbesuchten Sehenswürdigkeiten in Südwestdeutschland, Erholungsort für die Einheimischen und ein "Muss" für jeden Stadtfremden. Deutschlands einziger kombiniert zoologisch-botanischer Garten kann mit über 6000 verschiedenen Pflanzenarten und rund 10 000 Tieren aus aller Herren Länder aufwarten. Insbesondere der historische Teil der Anlage mit dem Maurischen Garten gehört zu den malerischsten Orten in Stuttgart (▶ Abb. S. 12 / 13).

Urzelle der "schönsten Grünanlage Europas" ist das Wilhelmatheater, das auf Befehl König Wilhelms I. an der Ecke Prag- / Neckartalstraße nach Entwürfen seines Hofbaumeisters L. W. von Zanth errichtet worden ist. Nach dessen Fertigstellung 1840 erhielt von Zahnt den Auftrag, ein "Gartenhaus mit Wohngebäude und Ziergewächshäusern in maurischen Formen" zu realisieren. Bis 1853 folgten das Festsaalgebäude, das Belvedere, der Bildersaal, weitere Gewächshäuser und die Vollendung der Gartenanlagen. Magnolien, Ananas, Kamelien, Rhododendren, Azaleen, Orchideen und nicht zuletzt die berühmte Seerose Victoria regia gedeihen dort bis heute. Nach großen Zerstörungen im Zweiten Weltkrieg begann mit der Wiedereröffnung 1949 eine neue Ära. Der damalige Direktor Albert Schöchle war weitsichtig genug, um abzuschätzen, dass

Lage
Bad Cannstatt, Neckartalstraße

Stadtbahn
Wilhelma (U 14), Rosensteinbrücke (U13)

Hauptkasse
März u. Okt. tgl. $8.^{15}$ – 17^{00}, April u. Sept. tgl. $8.^{15}$ – 17^{30}, Mai – Aug. tgl. $8.^{15}$ – 18^{00}, Nov.–Febr. tgl. $8.^{15}$ – 16^{00}

Mit Sack und Pack auf Entdeckungstour durch die Wilhelma

Wilhelma (Fortsetzung)

die Wilhelma als rein botanischer Garten keine wirtschaftliche Zukunft habe und verwandelte sie nach und nach auch in eine Heimstatt für Tiere. Aus vielen Provisorien in der Anfangszeit entwickelte sich die Wilhelma im Laufe der letzten Jahre zu einem der größten und attraktivsten Zoos in Deutschland.

Rundgang durch die Wilhelma

Pflanzenhäuser

Im Rhythmus der Jahreszeiten verändert sich das Erscheinungsbild der Parks und auch der Pflanzenhäuser. Als erste im Jahr beginnen die Orchideen zu blühen, die dann von den Kamelien und Azaleen abgelöst werden. Jede dieser Pflanzenarten kann in einem gesonderten Gewächshaus am Eingang der Anlage bewundert werden.

**** Maurischer Garten**

Der Maurische Garten, das Herz der alten Wilhelma, ist mit seinen Pavillons und Lauben heute fast so prächtig wie zur Zeit seiner Entstehung. Einmalig ist im April die Magnolienblüte in Europas größtem Magnolienhain, wenn die Bäume in Weiß, Rosa und Rot blühen. Zentrum des Gartens ist der große Seerosenteich, der im Sommer mit seiner Fülle von Seerosen und Lotusblüten eines der beliebtesten Fotomotive darstellt.

Farnhaus, Kakteenhaus

Das oberhalb des Maurischen Gartens gelegene, 2002 komplett sanierte historische Gewächshaus mit filigraner Eisenkonstruktion beherbergt Farne, Baumfarne, Kakteen und Nachttiere.

Subtropen-Terrassen

Die dahinter liegenden Subtropen-Terrassen stellen die Verbindung zwischen historischem und neuem Teil der Wilhelma dar.

*** Menschenaffen**

Weltruhm erlangte die Wilhelma durch ihre Menschenaffen (Gorillas, Bonobos Orang-Utans, Schimpansen), die hier in Familienverbänden leben. Das Jungtieraufzuchthaus dient inzwischen europaweit als Menschenaffenkinderstube, wenn ausnahmsweise eine Handaufzucht notwendig wird.

Obere Anlagen

Einen Schwerpunkt im Bereich der oberen, im Laufe der vergangenen vier Jahrzehnte entstandenen Anlagen bilden die Gehege der afrikanischen Huftiere mit Giraffen, Okapis, Zebras, Somali-Wildeseln, Straußen, Antilopen und vielen mehr. Großkatzen, Elefanten, Nashörner und Flusspferde gehören natürlich auch zum Tierbestand der Wilhelma.

Obere Anlagen (Fortsetzung)

Schaubauernhof

Auf dem Schaubauernhof am entferntesten Ende des Zoogeländes werden alte, vielfach in Vergessenheit geratene Haustierrassen neben ihren wilden Vorfahren gezeigt. Und kleine Kinder genießen im Streichelgehege die hautnahe Begegnung mit Ziegen und Schafen.

Bären und Klettertiere

Südöstlich, in Richtung Schloss Rosenstein befinden sich die Anlagen für Bären und Klettertiere. Die Tierarten sind voneinander nicht durch Zäune, sondern durch Gräben getrennt, wodurch das Gehege als durchgehende Felslandschaft erscheint. Die Eisbärenanlage ist ein weiteres Highlight des Zoos. Sowohl die Eisbären wie auch die Biber und Otter in den folgenden Abschnitten sind zusätzlich auch durch Unterwasserfenster zu beobachten.

Baedeker TIPP Fütterungszeiten

Das Füttern aller Tiere ist den Besuchern natürlich streng verboten (Ausnahme: Streichelgehege im Schaubauernhof). Doch bei der Fütterung zuzusehen ist wiederum eine besondere Attraktion. See-Elefanten und Seelöwen: 11^{00} und 15^{00} Uhr (außer Do.), Pinguine: 14^{30} Uhr, Großkatzen: 11^{30} (außer Fr.), Krokodile: 14^{00} Uhr (nur Mo.), Menschenaffenbabys: 11^{30} Uhr. Elefantenbad: 15^{00} – 17^{00} Uhr.

Greifvögel

Unterhalb dieser Anlage und des Koniferentals passiert man die Greifvogelvolieren mit Adlern und Geiern.

***Aquarium**

Wieder zurück in den unteren Parkanlagen sollte man auf keinen Fall einen Besuch im Aquarium versäumen. Aufgrund seiner ausgewogenen Architektur, den Schaubecken und Pflanzungen, der modernen technischen Ausstattung und nicht zuletzt seines erlesenen Tierbestands genießt es Weltruf. Ökotope vom Schwarzwaldbach

Frühaufstehern unter den Wilhelma-Besuchern kann sich dieser Anblick bieten.

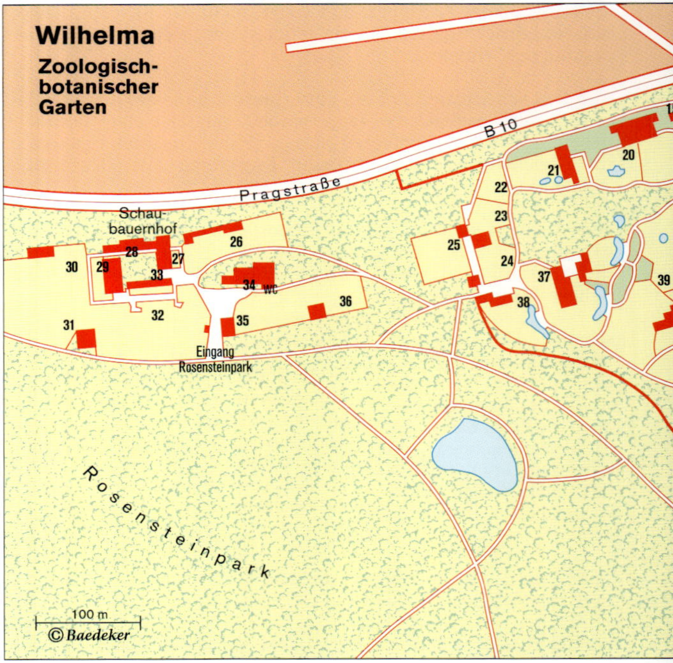

1 Unteres Kakteenhaus
2 Tropische Vögel
3 Tropenhaus/Orchideen
4 Wintergarten/Palmenhaus
5 Kleinsäugerhaus und Vogelhaus
6 Azaleenhaus
7 Tropische Kleinvögel
8 Kamelienhaus
9 Maurischer Garten
10 Tropische Seerosen
11 Jungtier-aufzuchthaus
12 Menschenaffen
13 Klammeraffen
14 Niedere Affen
15 Nebeneingang Pragstraße
16 Subtropenterrassen
17 Felsanlagen
18 Raubtierhaus
19 Waldhunde
20 Elefanten, Nashörner
21 Flusspferde, Tapire
22 Takine
23 Anoa
24 Onager
25 Bison
26 Nufflon, Bezoarziege, Wildschwein
27 Hausschwein
28 Ausstellungsraum
29 Hausrinder
30 Przewalski-Urwildpferd
31 Wisent
32 Reitbahn, Streichelgehege
33 Geflügel

Aquarium (Fortsetzung)

bis zum tropischen Gewässer sind hier kunstvoll nachempfunden. Wasserlebewesen der verschiedensten Art, neben Fischen auch Seesterne, Pinguine, Schildkröten, und viele andere Tiere kann man hier beobachten.

Terrarium, Krokodilhalle

Ein Teil des Hauses beherbergt das Terrarium mit Leguanen, Echsen, Waranen, Schlangen, Fröschen und Lurchen. In der Krokodilhalle führen Stege über die Bassins, in denen Krokodile und riesige Schildkröten vor sich hindösen. Nicht nur kleinen Kindern bereitet diese Nähe zu den eindrucksvollen Tieren ein ganz klein wenig Nervenkitzel.

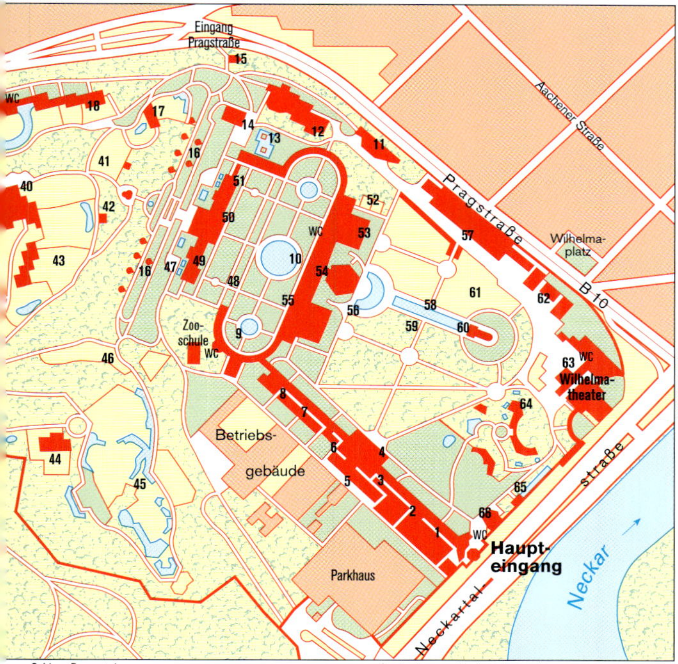

Schloss Rosenstein Stadtmitte Neckaranlegestelle

34 Restaurant
35 Kamel
36 Hirsche
37 Somaliwildesel, Addax, Wasserböcke
38 Grevy-Zebras
39 Blessböcke, Grantzebras, Strauße
40 Giraffen, Okapis
41 Geparden
42 Terrassencafé 'Belvedere', Kiosk
43 Bongos
44 Südamerika-Gehege
45 Anlage für Bären und Klettertiere
46 Greifvögel
47 Wassergarten
48 Oberes Parterre
49 Farnhäuser
50 Tropenvögel und Nachttiere
51 Tropische Nutzpflanzen, Oberes Kakteenhaus
52 Freilandterrarien
53 Aquarien der gemäßigten Zone
54 Terrarium, Krokodilhalle
55 Tropisches Süßwasser, Korallenfische
56 Seelöwen
57 Amazonienhaus
58 Langer See
59 Stelzvogelwiesen
60 Damaszenerhalle
61 Spielplatz
62 Insektarium, Schmetterlingshaus
63 Neues Restaurant
64 Vogelfreifluganlage
65 Brillenpinguine
66 Kiosk

Nachttierhäuser

Wenn das Auge sich an die Dunkelheit gewöhnt hat kann man im Nachttierbereich im hinteren Teil des Farn- und Kakteenhauses Lebewesen beobachten, die normalerweise nur in der Nacht aktiv sind. Dazu gehören u. a. Fledermäuse, Flughunde, Mausmakis, Laternenfische, blinde Fische, urtümliche Riesensalamander, Kiwis und auch Schnabeligel.

*** Amazonienhaus**

Zu den besonderen Attraktionen der Wilhelma gehört seit dem Jahr 1999 das gläserne Amazonienhaus, das die Besucher in das besondere Klima und die autentische Atmosphäre des südamerikanischen Bergregenwaldes entführt. Die Anlage erlaubt einen Gang

Dickhäuterliebe im Elefantenhaus

Amazonienhaus (Fortsetzung)

durch alle Vegetationsebenen des Regenwaldes, vom Bodenbereich steigt der Weg bis in die Kronenzone der künstlich modellierten Baumriesen an. Im üppig wuchernden Grün haben Kleinaffen ihre Gehege, frei fliegende Vögel tummeln sich in den Kronen oder picken im Unterholz. Im Wasserbecken unterhalb des tosenden Wasserfalls leben Kaimane, Schildkröten und Amazonasfischarten, die man durch eine Glasscheibe auch unter Wasser beobachten kann.

Insektarium

Im 2002 neu geschaffenen Insektarium findet man Spinnen, Krebse und Insekten. Ein Bienenvolk und die pilzzüchtenden Blattschneideameisen können in allen Phasen ihrer "intelligenten" Tätigkeiten beobachtet werden.

Schmetterlingshaus

Die beiden Insektariumsgebäude verbindet das neue Schmetterlingshaus. Hier tummeln sich – frei die Besucher umfliegend – zahllose tropische Schmetterlinge.

*** Damaszenerhalle**

Die Damaszenerhalle hat als einziges historisches Bauwerk den Krieg unbeschädigt überstanden und kann nach Restaurierungsarbeiten nun auch wieder besichtigt werden. Mit ihren kostbaren Deckenmalerien, dem Stuckmarmor und den Kronleuchtern gibt sie einen Eindruck von der maurischen Pracht der alten Vorkriegs-Wilhelma.

Vogelfreifluganlage

Zu den neueren Abteilungen der Wilhelma gehört die Vogelfreifluganlage im untersten Parkbereich. In den begehbaren Volieren begegnet man Vögeln des Wattenmeers neben ihren Verwandten aus der afrikanischen Savanne.

* Wilhelma-Theater

Eigentlich hatte sich Cannstatt zur "Hebung des Badeverkehrs" eine Spielbank gewünscht. Stattdessen beauftragte 1837 König Wilhelm I. den Architekten Ludwig Wilhelm von Zanth mit der Planung für das Wilhelma-Theater. Vor einigen Jahren ist das klassizistische Kleinod renoviert worden und dient der Hochschule für Musik und Bildende Kunst als Spielstätte. Sein farbenfroher Zuschauerraum – mit prächtiger Deckenausmalung, Königsloge und obligatorischem Kronleuchter – bietet 325 Besuchern Platz.

Lage
Ecke Pragstraße/ Neckartalstraße

Wilhelmspalais (Stadtbücherei) — C 4

König Wilhelm I. gab seinem Baumeister Giovanni Salucci, der bereits die ▶ Grabkapelle auf dem Württemberg und Schloss Rosenstein erbaut hatte, den Auftrag für ein Palais. Es war gedacht als Wohnung für seine Töchter, die Prinzessinen Marie und Sofie (spätere Königin der Niederlande) und wurde 1840 fertig gestellt. Später war es Wohnsitz König Wilhelms II., der dort 1918 als Monarch abdankte. Die Bronzestatue des bescheidenen Herrn mit Zylinder und Hündchen vor dem Palais zeigt seine Majestät persönlich.
Das im Zweiten Weltkrieg schwer beschädigte Palais wurde wieder aufgebaut. Es beherbergt die Zentralbücherei, die Kinderbücherei und die Grafothek der Stuttgarter Stadtbücherei. Im zweiten Stock befinden sich der "futuristische Lesesalon" sowie die Ausstellungen "Stuttgarter Literaturszene" sowie "Mörike und seine Freunde".

Lage
Konrad-Adenauer-Straße

Stadt- / Straßenbahn
Charlottenplatz (U 2, U 4, U 5, U 6, U 7, U 9, U 14, 15)

Südlich, spitz zum Charlottenplatz zeigend schließt ein Neubau der Allianz Versicherungs-AG an. Dieser Blickfang am Beginn der Kulturmeile beherbergt die umfangreiche Stuttgarter Musikbibliothek.

Allianz-Bau, Musikbibliothek

Praktische Informationen

Praktische Informationen von A bis Z

Anreise

Mit dem Auto

Von Norden: via Frankfurt (E 40 / A 5 und E 50 / A 6) bzw. Nürnberg (E 51 / A 9 und E 50 / A 6) bzw. Würzburg – Heilbronn – Stuttgart (E 41 / A 81).
Von Osten: Regensburg (E 56 / A 3) – Nürnberg (E 50 / A 6) – Heilbronn – Stuttgart (E 41 / A 81).
Von Südosten: München – Augsburg – Ulm – Stuttgart (E 52 / A 8)
Von Süden: Schweiz /Bodensee – Stuttgart E 41 / A 81 bzw. A 831).
Von Westen: Straßburg (E 35 / A 5) bzw. Kaiserslautern (E 50 / A 6) – Mannheim – Karlsruhe – Pforzheim – Stuttgart (E 52 / A 8)

Mit der Bahn

Schnell und bequem sind die ICE-, InterCity-, EuroCity- und InterRegio-Züge, die Stuttgart mit allen Großstädten der Bundesrepublik Deutschland und des benachbarten Auslandes verbinden. Auch von Hamburg, Berlin, Dresden, Wien, Mailand, Zürich und Paris aus ist Stuttgart in wenigen Stunden per Bahn erreichbar.

Mit dem Flugzeug

Der Flughafen Stuttgart-Echterdingen ist nach seinem Verkehrsaufkommen einer der wichtigsten in der Bundesrepublik Deutschland und wird von international operierenden Linien- und Charterfluggesellschaften bedient.

Auskunft

i-Punkt Stuttgart

Der gegenüber dem Bahnhof gelegene i-Punkt Stuttgart – das Informationsbüro der Stuttgart-Marketing GmbH – ist die erste Anlaufstelle für Stuttgart-Besucher. Hier gibt es Auskünfte, Beratung, Informationsmaterial, Vermittlung von Unterkünften, Stadtrundfahrten, Führungen und Ausflügen ins Umland, Vorverkauf von Eintrittskarten für kulturelle und sportliche Veranstaltungen, Verkauf von Stadtplänen und Stuttgart-Literatur.

Stuttgart Stadt

i-Punkt Stuttgart
Königstr. 1 A
☎ 22 28 - 2 40 oder - 2 41
FAX 22 28 - 2 53
www.stuttgart-tourist.de

Öffnungszeiten:
Mo. – Fr. 9 30 – 20 30
Sa. 9 30 – 18 00
So. / Fei. 10 30 – 18 00
(Nov. – April 13 00 – 18 00 Uhr)
Kartenvorverkauf: Mo. – Fr. 9 30 – 19 00, Sa. 9 30 – 16 00 Uhr.

◂ **Romantische Rotunde in postmoderner Umgebung: der Skulpturenhof der Staatsgalerie**

Stuttgart Region

Regio Stuttgart Marketing- und Tourismus GmbH
Lautenschlagerstr. 3
☎ 22 28 - 0
www.stuttgart-marketing.de

Stadtverwaltung Besigheim
Rathaus, 74354 Besigheim
☎ 0 71 43 / 80 78 - 0
www.besigheim.de

Stadtinformation Bietigheim
Marktplatz, 74321 Bietigheim
☎ 0 71 42 / 742 27
www.bietigheim-bissingen.de

Stadtinformation im Congress Centrum Böblingen
Tübinger Str. 14
71032 Böblingen
☎ 0 70 31 / 6 61 - 111
www.boeblingen.de

Esslinger Stadtmarketing- und Tourismus GmbH
Rathausplatz 2
73728 Esslingen
☎ 07 11 / 39 69 39 69
www.esslingen.de

Pressereferat der Stadt Fellbach
Am Marktplatz 3
70734 Fellbach
☎ 07 11 / 58 51 - 16
www.fellbach.de

Verkehrsverein Leonberg e.V.
Postfach 1830
71208 Leonberg
☎ 0 71 52 / 9 90 22 10
www.leonberg.de

Tourist Information Ludwigsburg
Wilhelmstr. 10
71638 Ludwigsburg
☎ 0 71 41 / 9 10 22 52
www.ludwigsburg.de

Tourist-Information Marbach
Marktstr. 23
71672 Marbach a. N.
Tel. 0 71 44 / 10 20
www.marbach-info.de

Stadtverwaltung Markgröningen
Rathaus, Marktplatz
71706 Markgröningen
☎ 0 71 45 / 13 - 0
www.markgroeningen.de

Stadtverwaltung Schorndorf
Rathaus, Marktplatz 1
73614 Schorndorf
☎ 0 71 81 / 60 21 69
www.schorndorf.de

i-Punkt der Stadt Sindelfingen
Marktplatz 1
71063 Sindelfingen
☎ 0 70 31 / 9 43 25 oder 9 47 77
www.sindelfingen.de

Verkehrsamt Stadt Waiblingen
Marktgasse 1
71332 Waiblingen
☎ 0 71 51 / 50 01 - 4 23
www.waiblingen.de

Verkehrsamt Weil der Stadt
Marktplatz 4
71261 Weil der Stadt
☎ 0 70 33 / 5 21 - 140
www.weil-der-stadt.de

Autohilfe

ADAC-Pannendienst
☎ 0 18 02 / 22 22 22

ADAC Württemberg
Am Neckartor 2
☎ 28 00 - 0

AvD-Pannendienst
☎ 9 02 29 95

AvD Landesgruppe Württemberg
Mörikestr. 30
☎ 60 83 41

Behindertenhilfe

Hinweis

Im i-Punkt am Bahnhof ist ein Stadtführer für Behinderte erhältlich. Darin sind öffentliche Einrichtungen nach dem Kriterium “rollstuhlgerecht” bewertet. Außerdem liegt ein Innenstadtplan bei, auf dem behindertengerechte Parkplätze, Gehwege, Telefonzellen und Toiletten eingezeichnet sind. Darüber hinaus kann die dortige Mobilitätsberatung konkrete Hinweise geben.

Auskunftstellen

AMSEL Landesverband
Regerstr. 18, ☎ 6 97 86 - 0

Behindertenzentrum Stgt. e.V.
Heigelinstr. 13, ☎ 7 15 45 - 0

Caritas, Stadtverband Stuttgart
Wagnerstr. 35, ☎ 2 10 69 - 0

Deutsches Rotes Kreuz (DRK)
Kreisverein Stuttgart e. V.
Kreisgeschäftsstelle
Nikolausstr. 6 A, ☎ 28 08 - 0

Gehörlosenzentrum
Hohenheimer Str. 5
☎ 24 08 03

Körperbehinderten-Beratungsstelle
Alexanderstr. 2, ☎ 24 08 98

Sehbehinderten-Verband Baden-Württemberg
Sonnenbergstr. 92, ☎ 24 14 15

Selbsthilfegruppe für Anfallskranke e.V.
Schönbergstr. 11, ☎ 47 89 37

Besenwirtschaften

Allgemeines

Die Tradition geht zurück auf eine besondere Ausschankerlaubnis unter Karl den Großen: Zum Jahresende und im Frühjahr, wenn im “Wengert” (Weinberg) nicht allzuviel zu tun ist und Fässer für den neuen Jahrgang bereit gestellt werden müssen, beginnt die Saison der Besenwirtschaften. Dann öffnen einige Weingärtner für ein paar Wochen ihre mit einem Reisig- oder Strohbesen vor der Tür gekennzeichneten Weinstuben bzw. “Besenwirtschaften”.

S-Bad Cannstatt

Beim Boskoop
Auf der Steig 33, ☎ 54 58 55
Mitte Nov. – Anf. Dez., Mitte Jan. – Anf. Febr. u. Ende Febr. – Ende März, tgl. 11^{00} – 24^{00}, So. bis 23^{00} Uhr, Mo. Ruhetag.

S-Degerloch

Besenwirtschaft Gauder
Meistersingerstr. 23
☎ 765 72 58
Nov. – Dez. und Jan. – März tgl. 11^{00} – 23^{00} Uhr, Mo. Ruhetag.

S-Feuerbach

Besenwirtschaft Birabom
Schenkensteinstr. 38
☎ 81 42 06
Im Februar und März für 3 – 4 Wochen tgl. 11^{00} – 23^{00} Uhr.

dr’ Emil
Schenkensteinstr. 20
☎ 81 56 50
Anfang November und Anfang März jeweils für 5 Wochen tgl. 16^{00} – 23^{00} Uhr, an Sonn- und Feiertagen geschlossen.

S-Hofen

Stefan Nerz
Schlierseestr. 46
☎ 53 17 20
Anfang Nov. – Mitte Dezember und Anfang Januar – Ende März, tgl. 11⁰⁰ – 24⁰⁰ Uhr, Sa. ab 14⁰⁰ Uhr, Mo. Ruhetag.

S-Mühlhausen

Mühlhauser Stallbesen
Eybgasse 13, ☎ 53 45 13
Im Nov. zwei Wochen, Mitte Januar – Mitte Februar und Mitte – Ende März, tgl. 11⁰⁰ – 23⁰⁰ Uhr, Di. Ruhetag.

S-Obertürkheim

Gerhard Rauscher
Im Mäder 8, ☎ 32 58 85
November / Dezember und Januar / Februar jeweils für 4 – 5 Wochen tgl. 11⁰⁰ – 24⁰⁰ Uhr, Di. Ruhetag.

Karl und Erika Wöhrwag
Klingenbachstr. 13
☎ 32 88 91
Anfang September – Anfang Oktober und Anf. Januar – Anfang März tgl. 11⁰⁰ – 24⁰⁰ Uhr, Mo. Ruhetag.

S-Uhlbach

Zum Dreimädelhaus
Tiroler Str. 17, ☎ 32 24 51
Ab Ende Oktober für 5 Wochen, ab Anfang März für 6 Wochen tgl. 11⁰⁰ – 24⁰⁰ Uhr, Mo. Ruhetag.

S-Untertürkheim

Günter und Alfred Kitzele
Hindelanger Str. 9
☎ 33 36 39
Anfang November – Anfang Dez. und Anf. Januar – Anfang März, tgl. 11⁰⁰ – 24⁰⁰, Sa. ab 15⁰⁰ Uhr, Di. Ruhetag.

d'Besa am Kelterplätzle
Strümpfelbacher Str. 40
☎ 33 11 49
Mitte Oktober – Anfang Dezember, Mitte Januar – März und zwei bis drei Wochen im April, tgl. 11⁰⁰ – 24⁰⁰ Uhr, So. und Mo. Ruhetage.

S-Zuffenhausen

Sass-Schwämmle
Hördtstr. 35
☎ 87 67 33
Oktober und Januar, tgl. 16⁰⁰ – 23³⁰ Uhr, So. / Fei. bis 22⁰⁰ Uhr.

Ulmers Besenwirtschaft
Langobardenstr. 30
☎ 87 40 25
Mitte Oktober bis Anfang Dezember und Mitte Januar – Anfang März tgl. 16³⁰ – 24⁰⁰ Uhr, So. und Fei. Ruhetage.

Esslingen-Mettingen

Paul Fr. Böhmler
Obertürkheimer Str. 2
☎ 32 41 17
Ende Okt. – Mitte Dezember und Januar – Ende Februar/Anfang März tgl. ab 11³⁰ Uhr, Sa., So. ab 14⁰⁰ Uhr, Mo. Ruhetag.

Cafés und Bistros

Academie der schönsten Künste
Charlottenstr. 5, S-Mitte
☎ 24 24 36
Apartes Café / Bistro, von seinem Besitzer liebevoll dekoriert mit Kunst und Nippes bis an die Decke. Im Sommer sitzt man auch im Hof und am Wochenende ist es oft randvoll.

Bistro Brenner
Brennerstr. 5, S-Mitte
Bohnenviertel, ☎ 23 27 08
Treff mit Frühstück und Mittagstisch. Samstags: Weißwurstfrühstück.

Brasserie Café Flo
Breuninger Karlspassage
S-Mitte, ☎ 2 11 - 16 61
Treffpunkt unter Glas in der Karlspassage des Kaufhauses Breuninger zum Frühstück, Mittagssnack, zur Teatime oder zum Abendessen, ab und zu Pianomusik.

Café am Schlossgarten
Schillerstr. 23, S-Mitte
im Hotel am Schlossgarten
☎ 20 26 - 0
Gemütliches Café mit Terrasse, direkt am Schlossgarten gelegen.

Café am See
Cannstatter Str. 26, S-Mitte
☎ 2 26 33 22
Wunderschöne Terrasse auf dem See im Mittleren Schlossgarten.

Café Fleck und Schneck
Torstr. 27, S-Mitte
☎ 2 34 89 61
Gemütliche kleine Caffè-Bar für den originalen Espresso zwischendurch, gleich beim Tagblatt-Turm.

Forum Café
Gymnasiumstr. 21, S-Mitte
☎ 29 12 11
Café im Kulturzentrum "Forum 3" mit Speise- und Getränkeangebot vorwiegend aus biologisch-dynamischem Anbau, im Sommer auch mit idyllischem Innenhof. Ab 18[00] Uhr geöffnet außer Mo.

Fresko
in der Neuen Staatsgalerie
Konrad-Adenauer-Str. 28
S-Mitte, ☎ 23 36 13
Postmodernes Ambiente, im Sommer auf der Palmenterrasse.

Grand Café Planie
Charlottenplatz 17, S-Mitte
☎ 29 25 53
Großes Kaffeehaus am Karlsplatz, im Sommer sitzt man fast südländisch draußen zwischen Palmenkübeln.

Herbertz Espresso-Bar
Immenhoferstr.13
S-Süd (Heusteigviertel)
☎ 60 43 94

Legendäre belegte Croissants und ausgezeichneter Kaffee – alles im Stehen.

Café Königx
Esslinger Str. 22
S-Mitte (Bohnenviertel)
☎ 23 23 64

Kaffeehaus und Intellektuellentreffpunkt mit Wintergarten und biologischen Backwaren. Das Frühstück und die Kuchen sind berühmt!

Café Künstlerbund
Am Schlossplatz 2, S-Mitte
☎ 2 27 00 36
Künstlertreff im Kunstgebäude mit dem goldenen Hirsch, im Sommer auf dem Schlossplatz; die Bilder an den Wänden kann man kaufen.

Café Merlin
Augustenstr. 72, S-West
☎ 61 85 41
Alternatives Café mit Kinderspielecke und kleinem Garten. Abends Konzerte und Kleinkunst.

Café Nast
Esslinger Str. 40, S-Mitte,
☎ 23 89 70
Seit 100 Jahren gibt es hier Brezeln, Torten und Pralinen, alles noch aus eigener Herstellung. Unter Nachkriegskronleuchtern trifft man sich hier zum Damenkränzchen.

Café Stella
Hauptstätter Str. 57, S-Mitte
☎ 6 40 25 83
Szeniges Frühstückscafé und abends angesagte Kneipe für late-night-Kundschaft.

Camping

Campingplatz Cannstatter Wasen
S-Bad Cannstatt
☎ 55 66 96
Einrichtungen: Be- und Entsorgung für Wohnmobile, Waschgelegenheit, warme Dusche, Stromanschluss, Waschmaschine und Trockner, Kochgelegenheit, Flaschengasstation, Einkaufsmöglichkeit, Kinderspielplatz und überdachte Terrasse.

Das Camp
S-Feuerbach, Wiener Str. 317
☎ 8 17 74 76
Übernachtungsmöglichkeit für Rucksacktouristen von Ende Juni – Anfang September. Check-in: 17^{00} – 23^{00}
Check-out: 7^{00} – 10^{00} Uhr.
Einrichtungen: Waschgelegenheit, Dusche, WC, Cafeteria, Kochstelle. “Tramper Point” für Alleinreisende.

Einkäufe und Souvenirs

Eine Vielzahl von Geschäften – von exklusiv über traditionell bis originell – beleben die baden-württembergische Landeshauptstadt. Die wichtigsten Geschäftsstraßen und -plätze sind: Königstraße, Calwer Straße (mit Calwer Passage), Marienstraße, Kronprinzstraße, Hirschstraße, Schulstraße, Kirchstraße, Stiftsstraße, Marktplatz, Karlspassage, Zeppelin-Carré und Arnulf-Klett-Platz (mit der unterirdischen Klett-Passage; geöffnet zwischen 6^{00} und 8^{00} bis zwischen 21^{00} und 22^{00} Uhr).

Antiquitäten

Handelskontor Stuttgart
Charlottenstr. 29 / 31
Mit über 1000 m² Verkaufsfläche eher ein “Supermarkt” für Kunst und Antiquitäten. Vor sehr Erlesenem bis zu dennoch Erschwinglichem: Hier gibt es alles.

Trödelladen
Wagnerstr. 38

In dem idyllischen Hinterhofladen im Bohnenviertel lässt es sich gemütlich stöbern und verweilen. Schränke, Stühle, Lampen, Krimskrams, Kruscht und Nippes sind abenteuerlich gestapelt und vermischt.

Bücher und Antiquariate

Buch Julius
Charlottenstr. 12
Klein, gemütlich und zudem gelegentlich Schauplatz erlesener Jazzkonzerte.

Müller & Gräff
Calwer Str. 54
Antiquariat mit Schwerpunkt Baden-Württemberg und original alter Einrichtung: Stuttgarts schönster Bücherladen!

Wittwer
Königstr. 30
Stuttgarts Bücherkaufhaus, wer hier nicht fündig wird, ist selber schuld.

Under-Cover
Nesenbachstr. 50
Ein ganzer Laden voller Krimis und Hörbücher.

Damen- und Herrenmode

Beate Mössinger
Calwer Passage
Exklusiv-elegante Damenmode für den etwas größeren Geldbeutel.

Fischer
Königstr. 19 B
Das Traditionshaus für Marken wie Versace, Armani, Miu Miu und Boss.

Hennes & Mauritz
Königstr. 14 und 38
Das preiswert-pfiffige Schweden-Label kommt auch bei jungen Schwaben gut an.

Jil Sander
Stiftstraße
Für die Dame, die "Persönlichkeit trägt", anstatt sich zu verkleiden.

Kookaï
Calwer Straße 34
Edles für die modebewusste Dame und Kookaï-Living – für ein schönes Zuhause.

Natur & Co
Kronprinzstr. 6
Kleidung vollkommen ökologisch korrekt – aus ungefärbten und ungebleichten Naturfasern.

Anastasia Catwalk Shoes
Kronprinzstraße
Atemberaubende Schuhkreationen ab ca. 10 cm Absatzhöhe aufwärts.

Kosmetik

The Body Shop
Kanzleibogen, Schillerplatz
Naturkosmetik für Haut und Haar mit politisch korrekter Firmenphilosophie.

Die Karlspassage unter der gläsernen Breuninger-Kuppel ist über einer historischen Stadtachse gebaut und deshalb öffentlicher Straßenraum. ▸

Kaufhaus

Breuninger
Marktstr. 1 –3
Das "Schwäbische Harrod's" besteht seit 1881, war in den 1950er-Jahren das erste Kaufhaus mit Rolltreppen und ist immer noch eine der ersten Adressen unter Deutschlands Kaufhäusern.

Kurioses

Chapeau Claque
Olgastr. 47
Die ultimative Adresse für Zauber- und Zirkuszubehör, Scherzartikel und herrlich nutzlosen Schmunzelkram.

CDs

Einklang
Christophstr. 7
Führt fast alles aus Klassik und Jazz. An etlichen Hörplätzen kann man jede CD vor dem Kauf anhören.

Nahrungs- und Genussmittel

Alte Tabakstube
Kanzleibogen, Schillerplatz
Pfeifen, Tabak, Zigarren, Accessoires. Dazu gibt es den passende Tropfen, z.B. 300 Single-Malt-Whiskys.

Delikatessen, Bistro, Vinothek di genaro
Kronprinzstr. 11
Ein Laden, der allen Sinnen schmeichelt: italienische Spezialitäten, Vorspeisen, Obst, Gemüse, Käse, Weine. Mit Gourmet-Restaurant.

Weinhaus Stetter
Rosenstr. 3
In der Weinstube treffen sich echte Weinzähne, die Weinhandlung hat über 500 Weinsorten am Lager, man kann verkosten, kaufen, ordern ...

Wohnen

Kokon
Esslinger Str. 14
Eine fürstliche Oase des besonders guten Wohn-Geschmacks im Ethno-Stil.

Magazin / Manufactum
Lautenschlagerstr. 16
Die ausgezeichnete, wenn auch etwas teurere Adresse für Design-Möbel, gleichzeitig Außenstelle des Edelversenders Manufactum.

Objet trouvé
Wagnerstr. 43, Bohnenviertel
Dekorative Unikate als Augenweide und Schmuckobjekte.

Steinmann Ambiente
Hindenburgbau am Bahnhof
Hübsche Kleinigkeiten neben extravaganten Großobjekten – alles was den Lifestyle aktualisiert.

Living
Nadlerstr. 12
Trendy Wohn-Accessoires für die heimischen vier Wände.

Schmuck

Artani
Eberhardstr. 31
Schmuck, Kunst, Geschenke: originell und einfallsreich.

Look
Calwer Passage
Eleganter Silberschmuck mit Charakter.

Jacobi Atelier Design
Karlspassage
Außergewöhnliche Stücke für den, der's besonders edel mag.

Goldschmiede
Wagnerstr. 28, Bohnenviertel
Künstlerisch-originelle Eigenkreationen.

Die traditionelle schwäbische Küche sieht fast genauso aus, wie sie sich Nichtschwaben vorstellen:

Spätzle

Spätzle sind das schwäbische Grundnahrungsmittel Nummer eins. Mehl, Eier, Wasser und Salz sind die Zutaten für die weltberühmten Würmchen. Eine gute schwäbische Hausfrau schabt sie mit dem Messer vom "Spätzlesbrett" ins kochende, leicht gesalzene Wasser. Der Schabekunst unkundige Köchinnen und Köche drücken sie durch ein im Handel als "Spätzlesschwob" bekanntes Geräteungetüm.

Kässpätzle

Kässpätzle sind keinesfalls Spätzle, die lediglich mit Käse überbacken wurden (auch wenn manche Lokale diesem Irrtum aufzusitzen scheinen). Sie werden vielmehr abwechselnd mit Käse und gebräunten Zwiebeln in eine Form geschichtet, wobei die Wärme der Spätzle den Käse sanft das ganze Gericht durchdringen lässt. Und

Leberspatzen

Leberspatzen sind Spätzle, deren Teig aus Paniermehl, pürierter Leber, Zwiebel, Ei und Butter besteht. Man bekommt sie in Brühe schwimmend oder gebraten, dann mit Kartoffelsalat.

Schupfnudeln

Schupfnudeln sind eine von Schwaben bevorzugte Art, Kartoffeln zu essen. Selbst pietistische Hausfrauen kennen sie als "Bubaspitzle", in Wahrheit sind es liebevoll von Hand geformte Röllchen aus Kartoffelteig. In Butterschmalz ausgebacken, geben sie eine köstliche Beilage zu Sauerkraut ab.

Maultaschen

Das schwäbische Nationalgericht sind natürlich die berühmten Maultaschen. Sie ähneln riesigen Ravioli, in denen sich eine Mischung aus Bratwurstbrät, Spinat, Eiern, Zwiebeln und Gewürzen verbirgt. Gekocht werden sie in Fleischbrühe und oft auch in selbiger serviert. Oder aber "geschmälzt" mit Semmelbrösel-Butter-Gemisch bzw. mit gerösteten Zwiebeln und Kartoffelsalat angerichtet, oder mit Ei gebraten ("geröstet" bzw. "gebrägelt"), dann jedoch stets mit gemischtem Salat aufgetragen.

Kartoffelsalat

Kartoffelsalat ist, da überaus nahrhaft, des Schwaben liebster Salat: Er ist lediglich mit einer kräftigen Fleischbrühe, Essig, Öl, Salz und allenfalls Zwiebeln angemacht. Das im Kartoffelsalatzusammenhang oft fallende Wort "schmatzend" beschreibt seine einzig richtige Konsistenz.

Rostbraten

Unter echt schwäbischem Rostbraten versteht man scharf angebratene Rinderlendenscheiben mit Bergen gerösteter Zwiebeln, einer Riesenportion Spätzle und einem guten Bratensaft serviert. Beilage: Filderkraut!

Linsen, Spätzle und Saiten

Linsen, Spätzle und Saiten sind das nahrhafte Lieblingsgericht aller hungrigen Schwabenkinder. Die Linsen sind mit einer Mehlschwitze zubereitet, und Saiten sind nördlich des Mains besser als "Frankfurter" bekannt.

Saure Kutteln

Kutteln sind anatomisch gesehen in Streifen geschnittene Rindervormagenteile und kulinarisch betrachtet eine meist sauer zubereitete Leibspeise schwäbischer Familienväter.

Flädlesupp'	Wird im Schwabenland eine Vorspeise serviert, handelt es sich zwangsläufig um eine Suppe. Und die berühmteste dieser Gattung ist die Flädlesupp', eine klare Brühe, an deren Oberfläche feine Pfannkuchenstreifen schwimmen.
Gaisburger Marsch	Der Gaisburger Marsch ist auch als "Kartoffelschnitz und Spatza" bekannt. In einer kräftigen Brühe tummeln sich Kartoffelstückchen und Spätzle, die zusammen mit Suppengemüse, Zwiebeln und etwas Fleisch den beliebtesten Freitagseintopf schwäbischer Hausfrauen bilden. Denn auch im Stuttgarter Stadtteil Gaisburg galt es, vor dem Wochenendbraten die Reste der Woche an den Mann zu bringen – wobei es da auch noch die Geschichte der Soldaten gibt, die sich zum Marsch in ihr bevorzugtes Lokal versammelten, oder die der Hausfrauen, die ihren in einem weit zurückliegenden Krieg gefangenen genommenen Männern einen Topf Essen bringen durften und darin alles versammelten, was die Herren Gatten so besonders gerne mochten ...
Brezeln	Brezeln und Laugenweckle sind des Schwaben liebstes Gebäck. Die mit dünner Natronlauge bestrichene Brezel hat einen gravierenden Schönheitsfehler: Sie lässt sich maschinell nicht perfekt formen. Und da so viel echte Handarbeit echter Stuttgarter Bäcker kaum noch zu bezahlen ist, werden 90 % aller schwäbischen Brezeln im Ausland geformt. Gebacken werden sie dann wieder in Stuttgart, gegessen auch und zwar mit oder ohne Butter. Die praktischen "Ärmle" machen sie auch für Kleinstkinder griffig, und so gehört bereits der schwäbische Nachwuchs ab einem Zahn aufwärts zu ihren begeisterten Konsumenten.
Nonnafürzle	"Nonnafürzle" (für Nichtschwaben: "heilige Blähungen") ist ein duftiges Gebäck aus in Fett ausgebackenem Hefeteig. Der Korrektheit halber muss angefügt werden, dass der deftige Name von dem mittelhochdeutschen "nunnekenfurt" abstammt, und so viel bedeutet wie: "von Nonnen am besten zubereitet".
Kuchen und Gebäck	Träubleskuchen ist schwäbisches Synonym für eine über einem Kuchenboden schwebende duftige Wolke aus Eischnee, Zucker, geriebenen Haselnüssen und roten Johannisbeeren. Das Stuttgarter Rössle ziert werbewirksam die – sogar patentrechtlich geschützte – "Stuttgarter Torte". Und "Rossbolla" sind keinesfalls Hinterlassenschaften der berittenen Garde, sondern eine in Anlehnung ans Stuttgarter Rössle hergestellte Spezialität wohl mundender Nougat-Pralinés mit Krokantstückchen. Und Wibele schließlich sind schon seit den Kindheitstagen unserer Großeltern aufwändig hergestellte Bonsaikekse in Doppelklecksform – in der charakteristischen spitzen Tüte ein seit Generationen bewährtes Mitbringsel für Nichten, Neffen und Enkel.

Stuttgarter "Rossbolla"

Most ist ein vergorener Apfelsaft, löscht den Durst nach dem "schaffe" und gehört auf dem Land noch immer zum "Vesper". **Most**

Neuer Wein und Zwiebelkuchen werden zur Zeit der Weinlese auch beim Bäcker und auf dem Wochenmarkt angeboten. **Neuer Wein und Zwiebelkuchen**

Wein wird aus behenkelten Viertelesgläsern "geschlotzt". Bevorzugte Rebsorte ist der nur in Württemberg angebaute Trollinger (nach Tirolinger, aus Tirol stammend). **Wein**

Der Bierkonsum der Schwaben kann sich sehen lassen und sorgt für das Fortbestehen solch namhafter Brauereien wie Stuttgarter Hofbräu und Dinkelacker-Schwabenbräu. **Bier**

Fahrradfahren

Stuttgart ist auf Grund seiner extremen Topografie keine klassische Fahrradstadt. Dennoch wurde das Netz von Fahrradwegen in jüngerer Zeit erheblich erweitert. Die Innenstadt ist weitgehend frei von Steigungen und durchaus zum Rad fahren geeignet. **Fahrradwege**

Die Fahrradmitnahmepolitik in Stuttgart ist wechselhaft. Aktuelle Infos unter www.vvs.de, oder bei den VVS-Verkaufsstellen. **Fahrrad in Stadt- und S-Bahn**

Fahrradvermietung

Touristikinformation i-Punkt
☎ 22 28 - 2 40
Hier gibt es moderne Falträder. Sie sind mit fünf Handgriffen leicht zusammenklappbar und können in öffentlichen Verkehrsmitteln kostenfrei als Gepäck mitgenommen werden.

rent a bike
☎ 7 28 83 30
Cityräder und auf Bestellung Mountainbikes, Tandems oder gar eine Rikscha. Service: Tourenplanung, Begleitung u. ä.

Flugverkehr

Der Flughafen Stuttgart-Echterdingen liegt 13 km südlich des Stadtzentrums und verbindet die baden-württembergische Landeshauptstadt mit zahlreichen europäischen und überseeischen Metropolen. **Lage**

Die S-Bahnlinien 2 und 3 (► Verkehrsmittel) fahren direkt zum Flughafen Stuttgart-Echterdingen. Die Fahrzeit beträgt ab Hauptbahnhof 27 Minuten. **S-Bahn-Anbindung**

Abfahrtszeiten ab Hauptbahnhof
werktags ab 4^{55} – 0^{25} Uhr (im Wechsel alle 10 bzw. 20 Min.), samstags und sonntags von 5^{25} – 0^{25} Uhr (alle 20 /40 Min.).

Abfahrtszeiten ab Flughafen
werktags von 5^{08} – 0^{08} Uhr (alle 10 / 20 Min.), samstags und sonntags von 5^{48} – 0^{08} Uhr (alle 20 / 40 Min.).

Flugverkehr (Fortsetzung)

Information

Info-Schalter im Terminal 1
Abflug-Ebene
tgl. 5^{00} – 23^{00} Uhr
☎ 9 48 27 90

Flugplanauskunft
tgl. 6^{00} – 23^{00} Uhr
☎ 9 48 33 88

Videotext SWR 3
Tafel 570 – 579

Internet
www.flughafen-stuttgart.de

Lufthansa
S-Mitte
Lautenschlagerstr. 2
☎ 01 80 / 3 80 38 03

Fundbüros

Stadtverwaltung
Eberhardstr. 61 A, ☎ 2 16 20 16

Deutsche Bahn AG
Wolframstr. 19
☎ 20 92 - 24 47

Deutsche Post AG
Hauptfiliale Bolzstraße
☎ 2 25 43 22

Stuttgarter Straßenbahnen AG
Filderstr. 47, ☎ 78 85 33 60

Hafenrundfahrten

▶ Neckar-Personenschifffahrt

Hotels und Pensionen

Hinweis zur Kategorisierung

Die nachfolgende Kategorisierung kann lediglich als Anhaltspunkt für den Preis eines Doppelzimmers mit Frühstück) dienen und ist nicht zu verwechseln mit offiziellen Qualitätsstandards. Bei allen Hotels lohnt sich die Nachfrage nach besonderen Gruppen- und Wochenend-Arrangements.

A 200 € – 300 €
B 140 € – 280 €
C 100 € – 140 €
D 60 € – 100 €

Hotelreservierungen

Zimmerreservierung der Stuttgart-Marketing GmbH
FAX 07 11 / 22 28 - 2 51
Telefonische Rückfragen:
☎ 22 28 - 2 33 oder - 2 46

Bed & Breakfast

Privatzimmervermittlung
Agenturniederlassung für Stuttgart und Ludwigsburg
☎ / FAX 0 71 41 / 56 52 96
www.bed-and-breakfast.de

Hotels in der Innenstadt

Hotel am Schlossgarten
Schillerstr. 23, 70173 Stuttgart
☎ 20 26 - 0, FAX 2 02 68 88
Ideale Lage mitten in der Stadt zwischen Hauptbahnhof und Staatstheatern, 116 stilvolle Zimmer, anspruchsvolle Gastronomie (A).

Inter-Continental
Willy-Brandt-Str. 30
70173 Stuttgart
☎ 2 02 00, FAX 20 20 20 20
Zentral gelegenes Hotel – nicht nur für Tagungen und Veranstaltungen – mit Fitness-Center, Swimming Pool, Sauna, Solarium und Dampfbad; 285 Zimmer (A).

Steigenberger Graf Zeppelin
Arnulf-Klett-Platz 7
70173 Stuttgart
☎ 20 48 - 0, FAX 20 48 - 5 42
First-Class-Hotel mit außergewöhnlichem gastronomischen Angebot, besonders zentrale Lage gegenüber vom Bahnhof; 180 Zimmer (A).

Maritim
Forststr. 2, 70174 Stuttgart
☎ 9 42 - 0, FAX 9 42 - 10 00

Direkt beim Kultur- und Kongresszentrum Liederhalle, elegant ausgestattete Räume, Platz für festliche Veranstaltungen in der Alten Reithalle; 555 Zimmer (B).

Best Western Hotel Ketterer
Marienstr. 3, 70178 Stuttgart
☎ 20 39 - 0, FAX 20 39 - 6 00
Zentrale Lage, 104 komfortable Zimmer, Gastronomie mit regionaler Küche (B).

Flair-Hotel Wörtz zur Weinsteige
Hohenheimer Str. 30
70184 Stuttgart
☎ 2 36 70 00, FAX 2 36 70 07

Komfortable und exquisite Ausstattung, beliebtes und bekanntes Gourmet-Restaurant, 23 Zimmer (C).

Kronen-Hotel (garni)
Kronenstr. 48, 70174 Stuttgart
☎ 2 25 10, FAX 2 25 14 04
Citynahe Lage, komfortable Zimmer teilweise mit Balkon; Sauna, Dampfbad und Whirlpool sind vorhanden; 83 Zimmer (B).

REMA Hotel Astoria
Hospitalstr. 29, 70174 Stuttgart
☎ 29 93 01, FAX 29 93 07
Nahe der Königstraße gelegen, moderner Komfort, ausgedehntes Frühstücksbuffet; 56 Zimmer (B).

Royal
Sophienstr. 35, 70178 Stuttgart
☎ 62 50 50, FAX 62 88 09
Ausstattung für gehobene Ansprüche, dazu modern eingerichtete Konferenzräume, erstklassige heimische und internationale Küche; 100 Zimmer (B).

Parkhotel am Rundfunk
Villastr. 21, 70190 Stuttgart
☎ 2 80 10, FAX 2 86 43 53
Beim Südwestdeutschen Rundfunk und dem Park der Villa Berg gelegen ist das Hotel seit mehr als vier Jahrzehnten Treffpunkt für Gäste aus Kultur, Wirtschaft und Politik. Elegantes Restaurant "Villa Berg" und Weinstube "Radio-Stüble"; 72 Zimmer (C).

City Hotel Stuttgart
Uhlandstr. 18, 70182 Stuttgart
☎ 21 08 10, FAX 2 36 97 72
Kleine Hotelanlage, angenehme Atmosphäre für private und geschäftliche Aufenthalte; 32 Zimmer (C).

REGA Hotel Stuttgart-Mitte
Ludwigstr. 18 – 20
70176 Stuttgart
☎ 61 93 40
FAX 6 19 34 77

Kleines, aber komfortables Hotel in verkehrsberuhigter Lage in Citynähe, gemütliches Restaurant-Bistro, schwäbische Küche; 60 Zimmer. (Kat.C)

Hansa-Hotel
Silberburgstr. 114 – 116
70176 Stuttgart
☎ 62 50 83, FAX 61 73 49
Zentrale Lage und gemütliches Ambiente, zwei Restaurants mit heimischer und internationaler Küche; 80 Zimmer (D).

Bellevue
Schurwaldstr. 45
70186 Stuttgart (Ost-Gaisburg)
☎ 48 07 60, FAX 4 80 76 31
Traditionsreiches Hotel seit 1913, schwäbische Küche mit marktfrischen Produkten; 12 Zimmer (D).

Hotel am Friedensplatz (garni)
Friedensplatz 2 – 4
70190 Stuttgart
☎ 2 86 50 42, FAX 2 86 43 96
Ruhiges und ideales Domizil für Geschäfts- und Privatreisende, zentrale Lage, reichhaltiges Frühstücksbuffet; 27 Zimmer (D).

Hotel Rotenwald (garni)
Rotenwaldstr. 68
70197 Stuttgart
☎ 63 60 60, FAX 6 36 06 78
Recht preiswerte Unterkunft im Stuttgarter Westen; 30 gemütliche Zimmer (D).

Theaterpension
Pfitzerstr. 12
☎ 24 07 22, FAX 2 36 13 48
70184 Stuttgart

Zwölf schlichte, helle Zimmer in einer Gründerzeitvilla mit verwildertem Garten. Stammgäste sind Opernsänger, Tänzer, Kunststudenten (D).

Killesberg / S-Feuerbach

Kongresshotel Europe
Siemensstr. 26
70469 Stuttgart
☎ 8 10 04 0, FAX 8 10 04 14 44
Nahe beim Messegelände Killesberg gelegen, modernster Hotelkomfort, Fitness-Center mit Sauna und Dampfbad, Restaurant "Granada"; 145 Zimmer (C).

Alter Fritz
Feuerbacher Weg 101
70192 Stuttgart
☎ 13 56 50, FAX 135 65 65
Kleines Hotel mit außergewöhnlicher Küche, nahe zur Messe und zum Höhenpark Killesberg; 10 Zimmer (D).

S-Bad Cannstatt

Mercure
Teinacher Str. 20
70372 Stuttgart
☎ 9 54 00, Fax 9 54 06 30
Modernes Hotel mit Freizeiteinrichtungen, ideale Lage am MineralBad Cannstatt, beim Kurpark und Kursaal; 156 Zimmer (B).

Sporthotel am Gottlieb-Daimler-Stadion
Mercedesstr. 83
70372 Stuttgart
☎ 56 52 38, FAX 55 88 85
In der Nähe der Hanns-Martin-Schleyer-Halle und dem Gottlieb-Daimler-Stadion gelegen, direkte Verkehrsanbindung, reichhaltiges Frühstücksangebot; 22 Zimmer (D).

Glemswald (Büsnau)

Relexa Waldhotel Schatten
Magstadter Straße
70569 Stuttgart
☎ 6 86 70, FAX 6 86 79 99
Inmitten eines Landschaftsschutzgebiets westlich von Stuttgart gelegen, komfortabel eingerichtete Zimmer, euro-asiatisches Gourmet-Restaurant, Entspannungs- und Fitnesseinrichtungen; 138 Zimmer (B).

S-Möhringen

Millennium Hotel and Resort Stuttgart
Plieninger Str. 100
70567 Stuttgart
☎ 72 10, FAX 7 21 29 50
Außerhalb im Möhringer Musical-Hall/SI-Erlebniszentrum gelegen, mit sehr umfassendem Unterhaltungsangebot, 455 ausgesprochen komfortable Zimmer (B).

Gloria
Sigmaringer Str. 59
70567 Stuttgart
☎ 71 85-0, FAX 71 85-121
Verkehrsgünstig gelegenes Konferenzhotel in Flughafennähe, 91 großzügig eingerichtete Zimmer, Sauna, schwäbische und internationale Küche im "Möhringer Hexle". (C/D)

S-Vaihingen

Dorint Hotel Fontana
Vollmoellerstr. 5
70563 Stuttgart
☎ 73 00, FAX 7 30 25 25
Modern ausgestattete Räumlichkeiten in einem großen Haus direkt am Vaihinger Bahnhof, Bankett- und Tagungsräume, Fitness-Center, anspruchsvolle Gastronomie; 224 Zimmer (B).

Flughafen

Mövenpick Airport
Randstr. 7, 70629 Stuttgart
☎ 7 90 70, FAX 79 35 85
Idealer Treffpunkt für Tagungen und Konferenzen, komfortable Zimmer, vorzügliche Gastronomie, Fitness-Center; 229 Zimmer (B).

S-Degerloch

Waldhotel Degerloch
Guts-Muths-Weg 18
70597 Stuttgart
☎ 76 50 17, FAX 76 50 19 99
Elegant behagliche Atmosphäre, äußerst ruhig im Wald gelegen, Fitness- und Freizeitbereich, ausgesuchte Gastronomie; 50 Zimmer (C).

Filderstadt-Bonlanden

Hotel am Schinderbuckel-Stuttgart Airport
Bonländer Hauptstr. 145
70794 Filderstadt-Bonlanden
☎ 07 11 / 7 78 30, FAX 7 78 33 87
In Flughafennähe gelegen, moderner Komfort, Konferenzräume, zwei Restaurants, Hallenschwimmbad, Sauna, Solarium, Kegelbahn; 117 Zimmer (B/C)

Ludwigsburg

Nestor
Stuttgarter Str. 35 / 2
71638 Ludwigsburg
☎ 0 71 41 / 96 70, FAX 96 71 13
Großzügiges neues Hotel in einer ehemaligen Kaserne in unmittelbarer Nähe zu Forum, Innenstadt und Blühendem Barock; Tagungsräume, 150 Zimmer (B).

Ostfildern-Ruit

Hirsch Hotel Gehrung
Stuttgarter Str. 7
73760 Ostfildern-Ruit
☎ 07 11 / 44 13 00
FAX 44 13 04 44
Modernes Ambiente im Inneren eines historischen Gebäudes mitten in Ruit, sehr gute Küche in den "Hirschstuben"; 60 Zimmer (C).

Sindelfingen

Stuttgart Marriott Hotel Sindelfingen
Mahdentalstr. 68
71065 Sindelfingen
☎ 0 70 31 / 69 60, FAX 69 68 80
Etwas südliche Atmosphäre durch Atriumbauweise, zwei Gourmet-Restaurants, etliche Tagungsräume, Fitness-Center, 255 komfortable Zimmer (B/C)

Jugendunterkünfte

Günstige Unterkünfte

Jugendherberge Stuttgart
Haussmannstr. 27
70188 Stuttgart, ☎ 24 15 83
www.jugendherberge-stuttgart.de

Jugendherberge Esslingen
Neuffenstr. 65
73734 Esslingen, ☎ 38 18 48

Jugendherberge Ludwigsburg
Gemsenbergstr. 21
71640 Ludwigsburg
☎ 0 71 41 / 5 15 64

Jugendgästehaus des Jugendsozialwerks e.V.
Richard-Wagner-Str. 2
70184 Stuttgart, ☎ 24 11 32
JGH.Stuttgart@internationaler-Bund.de

Jugendgästehaus
Am Schnarrenberg 10
70376 Stuttgart, ☎ 23 72 60

Tramper Point Stuttgart
Wiener Str. 317
70469 Stuttgart, ☎ 8 17 74 76
Camp für "Rucksacktouristen" im Alter von 16 bis 27 Jahren, bei Gruppen Reservierung unbedingt erforderlich. Geöffnet von Ende Juni bis Anfang September.

Kulturcafé Cassiopeia
Waldebene Ost
70186 Stuttgart, ☎ 24 01 34
Aufenthalt auch über mehrere Monate möglich, während der Dauer der Sommerferien geschlossen, besondere Arrangements für Behinderte.

Jugendinformation

Tips'n Trips
Lautenschlger Str. 22
☎ 2 22 27 30, FAX 2 22 27 30
www.tips-n-trips.de
Öffnungszeiten: Mo. – Fr. 12^{00} – 19^{00}, Sa. 10^{00} – 14^{00} Uhr.
Die Anlaufstelle für Jugendliche mit Infos zu Themen wie Bildung, Freizeit, aber auch Jugendaustausch und -unterkünften. Jugendherbergsausweise und -verzeichnisse sind hier erhältlich.

Jugendkombiangebot

"young and fun"
Das günstige Kombi-Angebot der Stuttgart-Marketing GmbH für junge Leute zwischen 16 und 26 Jahren beinhaltet Übernachtung in ausgewählten Hotels, die STUTTCARD plus inklusive 3-Tage-VVS-Ticket (▶ Touristenkarten), das aktuelle Stadtmagazin LIFT und andere Vergünstigungen. Auskunft unter ☎ 22 28 - 2 48.

Internet

Nützliche www-Adressen

www.stuttgart.de
Die offiziellen Seiten der Stadt mit umfassenden Infos und Adressen aus den Bereichen Politik und Verwaltung, Wirtschaft, Stuttgart erleben sowie einem Stadtporträt.

www.stuttgart-tourist.de
Die Seiten der Stadtinformation richten sich an Besucher der Stadt. Einträge und Links zu fast jedem Stichwort.

www.stgt.com
Super Informationsseiten der Stadt- und Regio-Marketing.

www.petermangold.de
Pfiffige Schwabenseiten eines privaten "Kenners der Materie". Mit Lexikon Schwäbisch - Deutsch und Schwäbisch-Test!

www.stuttgarter-zeitung.de
Praktisch vor allem für die gezielte Abfrage von Veranstaltungen unter dem Link "Was Wann Wo"

Internet Café

Internet Café das Bistro
Olgastr. 70 B
☎ 4 70 49 48
Surfen, downloaden, drucken, E-mail checken ...

Kinder

Stuttgart und Umgebung machen es leicht, das Besichtigungsprogramm so zu organisieren, dass auch Kinder verschiedenster Altersstufen zu ihrem Recht kommen, und zwar ohne nennenswerte Abstriche bei den Interessen der Erwachsenen. Highlights sind ein Besuch in der Wilhelma oder ein Aufenthalt im Ludwigsburger Märchengarten. Für Auslauf und Toben eignen sich die zahlreichen Parks, viele von ihnen sind mit aufregenden Spielplätzen ausgestattet. Und für Regentage gibt es tolle Museen und Schwimmbäder. Nachfolgend einige Vorschläge kindgemäßer Attraktionen:

Museen mit Kinderprogramm

Linden-Museum (Völkerkunde)
Auskunft: ☎ 20 22 - 4 56
Kinderführungen Mi. 15^{00} Uhr u. n. V., auch Sonderprogramme, Kindernachmittage und spannende Ferienprogramme.

Naturkundemuseen
Schloss Rosenstein und Museum am Löwentor
Auskunft: Museumspädagogischer Dienst, ☎ 89 36 - 0
Führungen für Kinder ab dem 8. Lebensjahr Mi. 15^{00} Uhr, praktische Anleitungen, Sonderführungen n. V.

Württembergisches Landesmuseum im Alten Schloss
Auskunft: ☎ 2 79 - 34 00
Jahreszeitlich orientierte Führungen (z. B. Ostern und Weihnachten); Sommerferienprogramme (Reisen in die Vergangenheit); Vorführungen alter Handwerke; für die Kleineren: Museumskasperle (jeden letzten So. im Monat).

Staatsgalerie
Auskunft: ☎ 2 12 - 40 50

Führungen für Kinder ab dem 6. Lebensjahr Mi. 15^{00} Uhr; für Jugendliche ab dem 14. Lebensjahr Do. 15^{00} Uhr, Sonderführungen n. V.

Alle anderen Museen ▶ Museen und Ausstellungen.

Schlösser / Schlossparks

▶ Schloss Solitude
Auskunft: ☎ 69 66 99
Kinderführungen in den Schulferien und n. V.

Bärenschlössle ▶ Bärensee

In ▶ Ludwigsburg
Residenzschloss
Kinderführungen in den Schulferien und n. V., Auskunft: ☎ 0 71 41 / 18 64 40.

Märchengarten im Blühenden Barock
Top-Sommerziel für Kinder.

Favorite-Park
Dam-, Muffelwild.

See vor Schloss Monrepos
Ruderbootverleih.

▶ Hohenheim
Botanischer Garten, Landwirtschaftsmuseum.

Sonstige Attraktionen

Flughafen
Aussichtsterrasse mit Flugzeug-Oldtimern, tgl. 9^{00} – 18^{00} Uhr, (Eintrittsgebühr); Flughafenführungen für Kinder (n. V. ab sechs Teilnehmern), ☎ 9 48 23 26; Rundflüge.

Haus des Waldes
Königsträßle 74, S-Degerloch
☎ 9 76 72 12, geöffnet: Di. – Fr. 9^{00} – 17^{00}, jeden 1. / 3. So. 10^{00} – 17^{00} Uhr. Eintritt frei.
Interaktive Ausstellung zum Thema Wald und seine Bewohner.

Spielwaren Kurz
Für kleine Kinder ist bereits das Schaufenster des stadtgrößten Spielwarengeschäfts am Marktplatz eine Attraktion. Von der Fülle innen ganz zu schweigen ...

► **Max-Eyth-See**
Tret-, Ruder-, Elektroboote.

► Neckarpersonenschifffahrt
► Fernsehturm
► Planetarium
► Uhlandshöhe, Sternwarte

Nostalgische Verkehrsmittel

Stuttgarter Historische Straßenbahnen e.V.
Die Ausstellung von Straßenbahn-Oldtimern erfreut Klein und Groß. In S-Zuffenhausen, Ecke Stammheimer / Strohgäustraße, ☎ 82 22 10 (Öffnungszeiten: jeden zweiten So. 13 00 – 17 00, jeden letzten Sa. im Monat 13 00 – 18 00 Uhr)

Oldtimer Straßenbahn Linie 23
Am jeweils letzten Sa. eines Monats fährt die Oldtimerlinie als Zubringer zwischen Innenstadt und dem Straßenbahnmuseum Zuffenhausen.

Standseilbahn
Eine Fahrt mit der Standseilbahn von 1929 ist eine nostalgische Stuttgarter Spezialität. (► Baedeker Special S. 95)

Parks mit Großspielplätzen

► **Killesberg**
Spielplätze, Höhenfreibad, Kleinbahn, Streichelzoo.

Rosensteinpark
"Milka"-Spielplatz, Nähe Museum am Löwentor.

Kindertheater

► Theater

Kinos

Programmansage

☎ 0190 / 11 57 11
(0,62 € / Min.)

Programmkinos

Kommunales Kino im Filmhaus
Friedrichstr. 23 A, ☎ 22 13 20

Atelier am Bollwerk
Hohe Straße 26, ☎ 6 69 56 69

Atelier
Kronprinzstr. 6, ☎ 2 26 14 45

Lupe
Kriegsbergstr. 11, ☎ 2 26 14 96

Kinothek
S-Obertürkheim
Asangstr. 15, ☎ 9 18 96 40
Das letzte Kino "aus alten Zeiten" mit Lämpchen und Getränketischchen!

Corso
S-Vaihingen, Hauptstr. 6
☎ 73 49 16
Die beste Stuttgarter "OmU"-Adresse.

Caligari Ludwigsburg
Seestr. 25, ☎ 0 71 41 / 90 50 11
Das Kino der Filmakademie Baden Württemberg mit Filmklassikern, OmUs und anspruchsvollen Erstaufführungen.

Filmpaläste

CinemaxX
Breitscheidstr. 4
Bosch-Areal, ☎ 22 00 79 79
6 Kinos, 1500 Plätze.

MaxX Filmpalast
Plieninger Str. 100
S-Möhringen, ☎ 7 27 82 78
6 Kinos, 1500 Plätze.

Kino (Fortsetzung)	**UFA-Palast** Rosensteinstr. 2 S-Nord, ☎ 2 56 00 88 13 Kinosäle, 4300 Plätze, gut mit der Stadtbahn zu erreichen.	**MovieDick** Kollwitzstr. 1, Esslingen ☎ 39 64 39 64 Multiplexkino mit acht Sälen in denkmalgeschütztem Fabrikgebäude.

Literaturempfehlungen

Allgemeines

Markus. T. Mall: Was Sie schon immer über Stuttgart wissen wollten (Tübingen 2002)
Geschichte, Landschaft, Eigenheiten, Stärken, Schwächen, Menschen, Bauten, Kunst und Stäffele – kaum eine Facette der Stadt Stuttgart fehlt. Unterhaltungs- und Informationsgehalt übertreffen sich gegenseitig!

Uli Kreh: Stuttgart und seine Stäffele (Stuttgart 1998)
Opulenter Bildband über Stuttgarts steile "Fußgängerparadiese" mit Anekdoten, Geschichten und Gedichten.

Freizeit

B. Meinhold, G. Burger: Der Rädelsführer Stuttgart (Ludwigsb. 2000)
Die Autoren beschreiben 22 familienfreundliche Radtouren für Stuttgart und Umgebung.

Architektur

M. Wörner, G. Lupfer: Stuttgart – ein Architekturführer (Berlin 1997)
302 Einzelgebäude werden in Wort und Bild beschrieben.

Geschichte

Harald Schukraft: Wie Stuttgart wurde, was es ist (Tübingen 1999)
Ein gar nicht trockener Gang durch die verschiedenen Kapitel der Stadtgeschichte mit vielen historischen Abbildungen.

Jürgen Hagel: Saurier, Pest und Brotkrawall (Tübingen 1999)
Allerlei Geschichten, Episoden und Anekdoten aus Stuttgarts Vergangenheit.

Romane und Erzählungen

Manfred Esser: Ostend-Roman (Frankfurt 1978)
Realistische, schonungslose Alltagsschilderung aus dem Arbeitermilieu im Stuttgarter Osten der Siebzigerjahre.

Felix Huby: Bienzle und der Klinkenmörder (Hamburg 2001)
Einer von vielen Stuttgart-Krimis des Fernsehautors Huby.

Eduard Mörike: Das Stuttgarter Hutzelmännlein (u. a. bei Reclam, Stuttgart und Leipzig)
Das berühmte Märchen mit dem Kobold, der dem Schusterjungen Seppe nach Belieben Glück oder Pech bringt.

Schwäbisches

Häberle und Pfleiderer: So, so – ja, ja
Die Audio-CD vereint die besten Sketche des unsterblichen Schwabenduos Häberle & Pfleiderer (Silberburg-Verlag Tübingen).

Thaddäus Troll: Deutschland, deine Schwaben (Hamburg 1996)
Der Klassiker der Schwabenliteratur.

Das große Josef Eberle / Sebastian Blau Lesebuch (Stuttgart 2001)
Die verschiedenen Facetten des Journalisten und Schwabendichters vereint dieser vergnügliche Schmökerband.

Literatur-empfehlungen (Fortsetzung)

Helmut Pfisterer: Schwäbisch (Tübingen 2002)
Der Autor weist die Verwandtschaft des Schwäbischen mit vielen Weltsprachen nach.

Märkte

Markthalle

Der attraktivste Lebensmittelmarkt Stuttgarts ist die ▶ Markthalle im Stadtzentrum neben dem Alten Schloss. Mit ihrem großen Angebot von Spezialitäten aus aller Herren Länder ist sie ein stimmungsvoller, wenn auch nicht ganz preiswerter Ort für Einkäufe.

Flohmarkt

Von April bis September wird jeden Samstag (8^{00} – 15^{00} Uhr) auf dem Karlsplatz ein Flohmarkt abgehalten. Im Mai bzw. September gibt es jeweils an einem Sonntag einen Großen Flohmarkt, der sich über Karlsplatz, Schillerplatz bis zum Marktplatz erstreckt.

Stuttgarter Weihnachtsmarkt

Der Stuttgarter Weihnachtsmarkt zählt zu den größten und schönsten in Europa. Vom 1. Adventwochenende bis zum 23. Dezember säumen über 200 weihnachtlich dekorierte Verkaufsstände den Schloss-, Markt- und Schillerplatz (tgl. 10^{00} – 20^{30}, So. 11^{00} – 20^{30} Uhr). Auf dem Schlossplatz ist das "Märchenland" für kleine Besucher aufgebaut, vor dem Rathaus und im Innenhof des Alten Schlosses erklingt Weihnachtsmusik, im Foyer des Rathauses gibt es eine Krippenausstellung.

Barock-Weihnachtsmarkt in Ludwigsburg

Märkte (Fts.)
Esslingen

Im Oktober ist die Esslinger Altstadt Schauplatz des Hafenmarktes; es gibt Kunst und Kunsthandwerk und jede Menge "Häfen" (schwäbisch Hafa = Topf oder Gefäß).
Vom ersten Advent bis zum 20. Dezember findet in der historischen Altstadt der bei Kindern besonders beliebte Mittelalter- und Weihnachtsmarkt statt. Auf dem oberen Rathausplatz kämpfen dann Ritter, Händler und Krämer bieten ihre Ware feil und Märchenerzähler fesseln mit ihren Geschichten (tgl. 11⁰⁰ – 22⁰⁰ Uhr).

Ludwigsburg

Im September veranstaltet Ludwigsburg alle zwei Jahre die Venezianische Messe mit Kostümzauber, Performances und venezianischen Waren wie Masken, Stoffe, Murano-Glas, Schmuck usw. (nächste Termine: 2003, 2005 etc.; wegen des Stadtjubiläums ausnahmsweise auch 2004).
Vom ersten Advent bis zum 23. Dezember ist der von Arkaden gesäumte Ludwigsburger Marktplatz Kulisse für den romantischen Barock-Weihnachtsmarkt (tgl. 11⁰⁰ – 22⁰⁰ Uhr).

Messen

Informationen

Informationen über alle in Stuttgart stattfindenden Messen und Ausstellungen erteilt die Stuttgarter Messe- und Kongressgesellschaft mbH, Am Kochenhof 16, 70192 Stuttgart, ☎ 2 58 90 oder der i-Punkt Stuttgart (▶ Auskunft).

Mietwagen

Avis ☎ 0 18 05 / 55 77 55
Europcar ☎ 0 18 05 / 80 00
Hertz ☎ 0 18 05 / 93 88 14
Sixt ☎ 0 18 05 / 25 25 25

Mineral- und Wellnessbäder

Mineralbad Leuze

an der König-Karl-Brücke
☎ 2 16 42 10

Schwimmbad
Öffnungszeiten:
tgl. 6⁰⁰ – 21⁰⁰ Uhr
Sechs Schwimm- und Badebecken mit stark kohlensäurehaltigem Heil- und Mineralwasser von 20 °C bis 34 °C, Attraktionen und Spielgeräte im Wasser, Kneippanlage, Saunen, Solarien, Café-Restaurant; Freibad mit Grünanlagen und Spielplätzen.

Kurbetrieb
Für Heilbehandlungsmaßnahmen, die auf ärztliche Verordnung im Rahmen der Stuttgarter Kur oder an Selbstzahler durchgeführt werden, steht ein Kurmittelhaus mit Bewegungstherapiezentrum und Badearztpraxis zur Verfügung.

Mineralbad Berg

Am Schwanenplatz 9
☎ 26 10 60
Öffnungszeiten:
Mo. – Fr. 6⁰⁰ – 19³⁰, Sa. 6⁰⁰ bis

19⁰⁰, So. 6⁰⁰ – 13⁰⁰, im Sommer 6⁰⁰ – 19⁰⁰ Uhr, Badehaubenpflicht!
Das Kultbad für Badepuristen. Mineralhallen- und -freibad mit kohlensäurehaltigem Heilwasser. Kurbad, Thermalbewegungsbad (34 °C), Solarium, Restaurant, Café, je zwei Damen- und Herrensaunas.

MineralBad Cannstatt

Sulzerrainstr. 4
☎ 216924-0
Öffnungszeiten:
Mo.–Fr. 9⁰⁰ – 21³⁰, Sa. 9⁰⁰ – 21⁰⁰, So. 9⁰⁰ – 17⁰⁰ Uhr
Vier Schwimm- und Badebecken mit Sole 30 °C, 36 °C und 18 °C, Wasserattraktionen, Kneippanlage, Außenanlage, Dachterrassen, Solarien, Café-Restaurant.
Russisch-römisches Dampfbad, Sauna, Kurmittelhaus mit Sole-Bewegungsbad 36 °C, Gymnastikraum, Heilbäder, Stangerbad, Lymphdrainage, Massagen, Inhalation, Teillichtbad, Naturfango.

Gesundheits-Checkup
Die Stuttgarter Marketing bietet zusammen mit dem MineralBad Cannstatt den "balneum Gesundheits-Checkup" an, eine dreitägige Kur- und Wellnessbehandlung. Informationen unter ☎ 2228-0

Schwaben Quellen

SI-Center
Plieninger Str. 100/1
☎ 7252834
Öffnungszeiten:
Mo., Di., Do. 10⁰⁰ – 23⁰⁰, Mi./Fr. 10⁰⁰ – 24⁰⁰, So. 9⁰⁰ – 23⁰⁰ Uhr
Wellnesstempel, jedoch kein Mineralbad, ganz ohne Badekleidung genießt man die Oase mit Sauna- und Vitalbad, Dampfbädern, Kräuterhöhlen, Whirlpools, Solarien, türkischem Hamam.

Böblinger Therme

Friedrich-Gerstlacher-Straße
☎ 07031/669571
Öffnungszeiten:
9⁰⁰ – 21⁰⁰ Uhr
Thermalhallen- und -freibad mit 3 Innenbecken, Therapiebecken, Außenbecken; fluoridhaltiges Natrium-Chlorid-Thermalwasser, Temperaturen zwischen 30 °C und 36 °C.

Mineralbäder (Fortsetzung)

Mitfahrzentralen

Mitfahrzentrale Stuttgart
Hauptstätter Str. 154
☎ 19440

Mitfahrcenter Eurostop
Lerchenstr. 65, ☎ 6368036

Internet Mitfahrzentrale
www.drive2day.de
Kostenloses Online-Angebot mit der Möglichkeit direkt zu recherchieren oder die Suche einzutragen.

Museen und Ausstellungen

Wechselausstellungen

Hinweise zu aktuellen Ausstellungen gibt es im i-Punkt am Hauptbahnhof, in der Tagespresse oder im Internet auf den Seiten www.stuttgart-tourist.de.

Geschichte / Kulturgeschichte

Altes Haus
► Hedelfingen

Ausgrabungsmuseum St. Dionys
► Esslingen, Stadtkirche

Bauernhausmuseum Gebersheim
► Leonberg

Bauernkriegsmuseum
► Böblingen

Deutsches Spielkartenmuseum
► Filder, Leinfelden-Echterdingen

Heimatmuseum Bonlanden
► Filder

Heimatmuseum Denkendorf
► Filder

Heimatmuseum Höfingen
► Leonberg

Heimatmuseum Leinfelden-Echterdingen
► Leinfelden-Echterdingen

Heimatmuseum Möhringen
► Möhringen

Heimatmuseum Neuhausen
► Filder

Heimatmuseum Plieningen
► Filder

► **Haus der Geschichte**

Museum der Geschichte Hohenheims
► Hohenheim

Keltenmuseum Hochdorf
► Markgröningen

Keplermuseum
► Weil der Stadt

► **Linden-Museum**

Museum der Stadt Waiblingen
► Waiblingen

Musikinstrumenten-Sammlung
► Schillerplatz

Narrenmuseum
► Weil der Stadt

Römisches Lapidarium
► Neues Schloss

Spielzeugmuseum
► Bohnenviertel

Städt. Museum Ludwigsburg
► Ludwigsburg

Stadtmuseum Bad Cannstatt
► Bad Cannstatt

Stadtmuseum Bietigheim
► Bietigheim

Stadtmuseum Esslingen
► Esslingen

Stadtmuseum Fellbach
► Fellbach

Stadtmuseum Leonberg
► Leonberg

Stadtmuseum Sindelfingen
► Sindelfingen

Städtisches Lapidarium
► Karlshöhe

Strafvollzugsmuseum
► Ludwigsburg

Theatermuseum
► Ludwigsburg

Weinbaumuseum Alte Kelter
► Uhlbach

Württemberg. Landesmuseum
► Altes Schloss

Kunst / Design / Architektur

Architektur-Galerie
▶ Weißenhofsiedlung

Design Center
▶ Haus der Wirtschaft

Galerie der Stadt Esslingen
▶ Esslingen

Galerie der Stadt Stuttgart
▶ Kunstgebäude

ifa-Galerie
▶ Karlsplatz

▶ **Staatsgalerie**

Städtische Galerie Böblingen
▶ Böblingen

Villa Merkel
▶ Esslingen

Württembergischer Kunstverein
▶ Kunstgebäude

Literatur / Politik

Christian Wagner-Haus
▶ Leonberg, Warmbronn

▶ **Bibelmuseum**

Deutsches Literaturarchiv
▶ Marbach

▶ **Hegel-Haus**

Schiller-Nationalmuseum
▶ Marbach

Schillers Geburtshaus
▶ Marbach

▶ **Theodor-Heuss-Haus**

Technik / Handwerk / Motor

Deutsches Fleischermuseum
▶ Böblingen

Dt. Landwirtschaftsmuseum
▶ Hohenheim

Gottlieb-Daimler-Gedenkstätte
▶ Bad Cannstatt

Haus der Handweberei
▶ Sindelfingen

Haus zur Geschichte der IBM Datenverarbeitung
▶ Sindelfingen

Neoplan-Auwärter-Museum
▶ Möhringen

▶ **Mercedes-Benz-Museum**

▶ **Porsche Museum**

Stuttgarter Historische Straßenbahnen e.V.
▶ Kinder

Tobias-Mayer-Museum
▶ Marbach

Naturkunde

Staatliches Museum für Naturkunde
▶ Schloss Rosenstein
▶ Museum am Löwentor

Zool. und tiermed. Museum
▶ Hohenheim

Schlösser

▶ **Altes Schloss**

▶ **Neues Schloss**

Residenzschloss Ludwigsburg
▶ Ludwigsburg

Schloss Favorite
▶ Ludwigsburg

Schloss Monrepos
▶ Ludwigsburg

Schloss Scharnhausen
▶ Filder, Ostfildern

Solitude
▶ Schloss Solitude

Klassische Musik

Oper/Staatstheater
Oberer Schlossgarten
☎ 20 20 90

Kultur- und Kongresszentrum Liederhalle KKL
Berliner Platz 1 – 3
☎ 20 27 - 7 10

Gustav-Siegle-Haus
Leonhardsplatz 28
☎ 2 16 71 10

Treffpunkt Rotebühlplatz
Rotebühlplatz 28
☎ 6 60 71 20

Forum am Schlosspark in Ludwigsburg
Stuttgarter Str. 33
71638 Ludwigsburg
☎ 0 71 41 / 9 17 41

Musical

Musical Hall Stuttgart
Plieninger Str. 102
S-Möhringen, ☎ 5 44 44

Kartenvorverkauf:
▶ Vorverkaufsstellen

Rock / Pop

Hanns-Martin-Schleyer-Halle
Mercedesstr. 68
S-Bad Cannstatt
☎ 9 55 44 52

Laboratorium
Wagenburgstr. 147
☎ 6 49 39 26

Longhorn / LKA
Heiligenwiesen 6
☎ 4 09 82 90

Röhre
Wagenburgtunnel
Willy-Brandt-Str. 2 / 1
☎ 2 99 14 99

Jazz

Merlin
Augustenstr. 71
☎ 61 85 94

Rogers Kiste
Hauptstätter Str. 35
☎ 23 32 48

Theaterhaus
Rheinstahlstr. am Pragsattel
☎ 4 02 07 20

Nachtleben

Führung

Die Stuttgart-Marketing GmbH bietet zur Erkundung des Stuttgarter Nachtlebens die organisierte Gruppenfahrt "Abendfüllendes Stuttgart" an (▶ Stadtführungen).

Nachtclus und Revue

Moulin Rouge
Königstr. 58, ☎ 29 47 07
"Red-light-Adresse" für spät am Abend.

Champain
Hirschstr. 16, ☎ 22 59 67
Nackte Tatsachen und (sehr) persönliche Gesellschaft.

Four Roses
Leonhardsplatz 24
☎ 24 27 37
Striptease und Varieté.

Diskotheken

boa
Tübinger Str. 12 – 16
www.disco-boa.de
Kellerdisco, Do. After-Work-Party, manchmal Frauendisco.

Caribe, S-Vaihingen
Am Wallgraben 142
☎ 7 80 01 20
In vier Clubs Techno, Hip-Hop, Latino und House.

Club Prag
Heilbronner Str. 261
☎ 81 76 02
Angesagter Techno- und House Club am Pragsattel.

Palais
Königstr. 22
☎ 2 26 32 52
Mit Gratis Barbecue oder Pastabuffet, House- und Discomusik.

Perkins Park
Stresemannstr. 39
Killesberg
☎ 2 56 00 62
Nobeldisco mit zwei Clubs und Musik von House, Black, Pop bis Ethno.

M 1 – The Club
Seidenstr. 20, Bosch-Areal
☎ 2 84 79 40
In den Katakomben Stuttgarts mit drei Dancefloors, gilt als eine der besten Tanz-Adressen in Deutschland.

ZAP
Hauptstätter Str. 40
☎ 23 52 27
Location im Schwabenzentrum mit überwiegend Black Music und Hip-hop.

Zapata
Pragstr. 120, S-Feuerbach
☎ 9 56 15 44
Die altbekannte Kultadresse für Latinfans.

Live-Musik

Altes Schützenhaus
Burgstallstr. 99, ☎ 6 49 81 57
Theater, Konzert, Kabarett.

Classic Rock Café
Eberhardstr. 22, ☎ 2 34 88 58
Rock im Stil der 1970er- und 1980er-Jahre.

Café Merlin
Augustenstr. 72, ☎ 61 85 41
Alternativkultur.

Forum 3
Gymnasiumstr. 21, ☎ 29 11 78
Anthroposophisches Kulturzentrum.

Laboratorium
Wagenburgstr. 147
☎ 6 49 39 26
Älteste Kulturkneipe der Stadt im Stuttgarter Osten.

Litfass
Eberhardstr. 37
Schwabenzentrum
☎ 24 30 31
Türkisches Restaurant mit gemischtem Musikprogramm.

Longhorn / LKA
Heiligenwiesen 6, S-Wangen
☎ 4 09 82 90
Die feste Adresse für guten alten Rock aus den 1970ern.

Universum
Pfaffenwaldring 45
☎ 6 78 77 62
Rock und Pop auf dem Unigelände.

Rogers Kiste
Hauptstätter Str. 35
☎ 23 31 48
Institution für Jazz.

Rosenau
Rotebühlstr. 109, ☎ 6 61 90 10
Kneipe, Konzerte und Kabarett. Erster Sonntag im Monat: Poetry-Slam.

Röhre
Wagenburgtunnel
Willy-Brandt-Str. 2/1
☎ 2 99 14 99
Konzerte in der ganzen Bandbreite von Rock bis Free-jazz.

Zapata
Pragstr. 120, ☎ 9 54 76 47
Salsatempel für Süchtige.

Bistros, Kneipen

Ampulle
Augustenstr. 31, ☎ 61 35 53
Hier sitzt man gemütlich auf ein Bier.

Kafé Klatsch
Marktstr. 60, S-Bad Cannstatt
☎ 56 22 77
Zum Frühstück ebenso angesagt wie für den late-night-Drink.

Locanda No. 1
Rotebühlplatz 33, ☎ 61 71 85
Italienischer Treffpunkt mit netten Leuten.

Palast der Republik
Friedrichstr. 27, ☎ 2 26 48 87
Der Palast ist ein Palästchen, laue Sommerabende erhöhen die Kapazität des Szenetreffs um das Zehnfache.

Rat Rat
Rotenwaldstr. 114 – 116
☎ 65 94 97
Beliebter Großraum-Treff in der Nähe des ehemaligen Westbahnhofs.

Essen nach Mitternacht

Absolut
Wilhelmsplatz 11
☎ 2 36 98 51, bis 1^{00} Uhr
Für den kleinen Hunger ...

Ali's Brasserie
Eberhardstr. 49
☎ 24 55 45, bis 5 Uhr
Türkisch lecker.

Amadeus
Charlottenplatz 17
☎ 29 26 78, bis 3^{00} Uhr
Biergarten mit schwäbischer Küche.

Cafe Weis
Geißstr. 16
☎ 24 41 21, bis 2^{45} Uhr
Kultkneipe im Rustikal-Look.

Charisma
Eberhardstr. 65, ☎ 24 24 53
bis 4^{00}, Sa./So. bis 6^{00} Uhr
Mittelmeerküche mit Live-Musik.

Cortijo
Ecke Nadler-/Töpferstraße
☎ 24 32 21, bis 2^{00} Uhr
Spanische Spezialitäten.

Hacienda
Tübinger Str. 5
☎ 29 59 49, bis 2^{00} Uhr
Mexikanisch mit viel Platz.

La Notte
Hauptstätter Str. 40
☎ 24 39 74, bis 5^{00} Uhr
Italienische Küche.

Neckar-Personen-Schifffahrt

Schiffsausflüge erlauben einen ganz anderen Blick auf die Landschaft. Die bewirtschafteten Ausflugsschiffe des Neckar-Käpt'n verkehren von Ostern bis Ende Oktober. Die Linienfahrten bedienen den Neckar zwischen Stuttgart-Bad Cannstatt und Besigheim. Unterwegs kann man an beliebten Wein- und Ausflugsorten aus- und zusteigen. Daneben gibt es Kurz-, Hafen- und Schleusenrundfahrten, Bildungs-, Naturkunde- oder Musik- und Literaturfahrten.

Neckar-Personen-Schifffahrt (Fortsetzung)

Infos & Reservierungen

Neckar-Käpt'n
Neckar-Personen-Schifffahrt
Berta Epple GmbH & Co. KG
Abfahrt:
Anlegestelle Wilhelma
☎ 54 99 70 60
FAX 54 99 70 80
www.neckar-kaeptn.de
info@neckar.kaeptn.de

Abfahrtszeiten

Strecke Benningen (Linienfahrt)
Mai – Oktober: 11⁰⁰ Uhr
tgl. außer Mo.

Hafenrundfahrt
Mai – Oktober: 10³⁰ Uhr
tgl. außer Sa., So., Mo.

Schleusenrundfahrt
Mai – Oktober: 14⁰⁰
tgl. außer Mo., Di.

Kurzrundfahrt
Mai – Oktober:
16⁰⁰ Uhr Mi., Do., Fr., Sa., So.
13⁰⁰ Uhr Di.
17¹⁵ Uhr So.

Baedeker TIPP Spartag

Freitags ist auf den Linienfahrten die Rückfahrt im Preis für die Hinfahrt mit inbegrifffen.

Musik und Wein an Bord
Mai – Oktober: 18³⁰ Uhr, Mi.

Senioren an Bord
Mai – Oktober: 15⁰⁰ Uhr, Di.

Weitere Fahrten sowie Sondertermine kann man der übersichtlichen Homepage entnehmen. Der Montag ist für geschlossene Gesellschaften reserviert.

Notdienste

Polizei Notruf
☎ 110

Feuerwehr
☎ 112

Rettungsdienst/Krankentransport
☎ 192 22

Ärztlicher Notfalldienst
☎ 2 62 80 12

ADAC-Notruf
☎ 0 89 / 22 22 22

Zahnärztlicher Notdienst
☎ 9 97 82 68

Post

Wichtige Filialen

Hauptpost Bolzstraße
Mo. – Fr. 9⁰⁰ – 20⁰⁰
Sa. 9⁰⁰ – 14⁰⁰ Uhr.

Post im Hauptbahnhof
Mo. – Fr. 8⁰⁰ – 20⁰⁰
Sa. 8⁰⁰ – 14⁰⁰
So. / Fei. 10⁰⁰ – 14⁰⁰ Uhr
(keine Paketannahme)

Postagentur Flughafen
Frachthof
Mo. – Fr. 8³⁰ – 18⁰⁰ Uhr

Post-Kundentelefon
☎ 0 18 02 / 33 33

Mindestpreise für ein Hauptgericht

Obere Preiskategorie: 18 € und mehr (K 1)
Mittlere Preiskategorie: 12 – 18 € (K 2)
Untere Preiskategorie: 8 – 12 € (K 3)

Spitzenrestaurants (K 1)

Speisemeisterei
am Schloss, S-Hohenheim
☎ 4 56 00 37

Stuttgarts Top-Adresse: Martin Öxle bewirtet seine Gäste fürstlich mit Zwei-Sterne-Gerichten im Barockambiente.

Wielandshöhe
Alte Weinsteige 71
S-Degerloch
☎ 6 40 88 48
Vincent Klink, der bekannteste Koch der schwäbischen Metropole, kann nicht nur mit erlesenen Köstlichkeiten aus Küche und Keller aufwarten, sondern bietet seinen Gästen auch einen tollen Blick in den Stuttgarter Talkessel.

Weber's Gourmet im Turm
Fernsehturm, S-Degerloch
☎ 24 89 96 10
Willi Weber, dem Manager Michael Schumachers, scheint ein Coup gelungen: Für sein Restaurant auf dem Stuttgarter Fernsehturm konnte er Spitzenkoch Armin Karrer gewinnen. Französisch-mediterrane Genüsse hoch im schwäbischen Himmel – was will man mehr?

Top Air
S-Flughafen, ☎ 9 48 21 37
Bei Spitzenkoch Rainer Sigg fühlen sich Feinschmecker und Weinzähne wohl.

Zirbelstube (im Hotel am Schlossgarten)
Schillerstr. 23, S-Mitte
☎ 2 02 60
Chef Andreas Goldbach hat die Zirbelstube zu einer der besten Adressen gemacht.

Graf Zeppelin
im Hotel Graf Zeppelin am Arnulf-Klett-Platz 7, S-Mitte
☎ 2 04 80
Andreas Wunsch, vielfach ausgezeichneter Küchenmeister, kocht saisonal gefärbte französisch-mediterane Küche.

Feinschmecker-Restaurants

Délice Vinothek & Gastro
Hauptstätter Str. 61
S-Mitte
☎ 6 40 32 22
Zentral gelegenes Kellerlokal der kulinarischen Extraklasse für Gourmets und Freunde guter Weine (K 1).

Krehl's Linde
Obere Waiblinger Str. 113
S-Bad Cannstatt
☎ 52 75 67
Ausgesprochen gemütlich ist es im derzeit wohl besten Restaurant von Bad Cannstatt. Im Sommer gibt's hier ein nettes Gartenlokal (K 1 / 2).

Kern's Pastetchen
Hohenheimer Str. 64
S-Mitte
☎ 48 48 55
Von Küchenchef Jäschke fein zubereitete Köstlichkeiten der österreichischen Küche und überaus kundige (und sympatische) Weinberatung (K 1).

Zur Weinsteige
Hohenheimer Str. 30, S-Mitte
im Hotel Wörtz, ☎ 2 36 70 00
Kreative Küche, leckere Desserts, romantische weinumrankte Terrasse (K 2).

Fässle
Löwenstr. 51, S-Degerloch
☎ 76 01 00

Beliebter Treffpunkt von Leuten, die eine raffinierte schwäbische und gelegentlich auch mediterran angehauchte Küche mögen (K 1 / 2).

Der kleine Fritz
Feuerbacher Weg 101, S-Nord
☎ 13 56 50
Nettes Abendrestaurant mit frischer, außergewöhnlicher Küche; Gartenlokal (K 2).

Pfund
Waiblinger Str. 61 A
S-Bad Cannstatt
☎ 56 63 63
Altbekanntes Weinlokal, dessen Chef Seifert für eine in diesem Rahmen überraschend kreative Küche steht (K 2).

Schloss-Gastronomie Solitude
Kavaliersbau Nr. 2
☎ 69 20 25
Französisch angehauchte Küche in barockem Ambiente, mit Bistro und hübschem Wintergarten (K 2).

Afrikanisch

Ebony
Herzogstr. 11, S-Mitte
☎ 62 58 34
Bekanntestes afrikanisches Lokal – es darf mit den Fingern gegessen werden! (K 3)

Chinesisch

China Haus
Esslinger Str. 12, S-Mitte
☎ 2 36 89 88
Küche mit Originalrezepten aus Shi-chuan, Shanghai und Canton (K 3).

Fortuna
Rosenbergstr. 89, S-West
☎ 6 33 28 61
Hier zaubert Chefkoch Siuwan Yau aus frischesten Zutaten, die mit dem Hackmesser gekonnt bearbeitet und im Wok zubereitet werden, asiatische Spezialitäten (K 3).

Französisch

La Petite France de Renoir
Neckarstr. 119, S-Mitte
☎ 26 16 31
Gehobene Küche (K 2).

Italienisch

Amici
Lautenschlagerstr. 2, S-Mitte
☎ 2 27 02 92
Ausgezeichnete italienische Küche im Zeppelin-Carré.

Grüne Idylle mit rotem Hintergrund

Waldheime in Stuttgart sind Orte, die nicht nur von frischen Lüftchen, sondern auch vom Geist der Geschichte umweht sind. Es ist die Geschichte der Arbeiterbewegung, und in Stuttgart wurde dazu ein ganz eigenes Kapitel geschrieben.

Es begann mit dem Jahr 1908, als im Stadtteil Heslach das erste Waldheim eingeweiht wurde. Vorausgegangen waren tief greifende Veränderungen in der Lebens- und Arbeitswelt der Menschen. Industrialisierung und die damit einhergehende stürmische Einwohnerentwicklung hatten in der Tat in weniger als einer Generation zu einer radikal veränderten Situation der arbeitenden Bevölkerung geführt. In den Großbetrieben war ein neuer Typ des Arbeiters entstanden, den nach einem 10- bis 12-stündigen Fabrikarbeitstag in aller Regel ein ärmliches und drangvoll enges Zuhause erwartete. Etwa ein Viertel aller Arbeiterfamilien in Stuttgarter Mietwohnungen teilte den ohnehin kärglichen Raum mit so genannten "Schlafgängern", an die ein bis zwei Schlafstellen vermietet waren. Im ganzen Deutschen Reich griffen die Arbeiter zur Selbsthilfe – so entstand eine Vielzahl von Sport- und Kulturvereinen und als besonderer Beitrag zur Freizeitkultur der organisierten Arbeiterschaft die Waldheimkultur. Als "Familienheim in freier Natur" war das erste Waldheim gedacht, das auf Initiative der Sozialdemokraten vom Arbeiter-Waldheim-Verein Stuttgart Karlsvorstadt e.V. im Dachswald von Heslach gegründet wurde. Schnell folgten weitere in anderen Stuttgarter Vororten und Randgebieten: 1909 in Sillenbuch, 1910 in Gaisburg, 1911 in Zuffenhausen, 1912 in Wangen und Hedelfingen. Der Boom lässt sich leicht erklären. Mit ihrer Idee, die kinderreichen Familien in ihrer kärglichen Freizeit aus der muffigen Enge ihrer Wohnquartiere herauszuführen und im Grünen einen Platz zu schaffen, wo sie sich zuhause fühlen konnten, trafen die Waldheimvereine genau die Bedürfnisse der Menschen. Jedenfalls waren die Gründer mit Begeisterung und Phantasie bei der Sache. Für den Ankauf der Wald- und Grünflächen fehlten natürlich die Mittel, auch hier fand man eine kreative Lösung: Es wurden Anteilscheine ausgegeben. In Eigenarbeit wurde am Feierabend und an Sonntagen gerodet, wurden Hütten gebaut,

Erholung im Sonntagsanzug: die Anfänge des Waldheims Heslach

Spiel- und Sportplätze gestaltet. Die Hütten waren bewirtschaftet, aber von Anfang an war klar, dass man ein Gegenmodell schaffen wollte zu den bürgerlichen Gartenwirtschaften. Dort sahen es die Besitzer überhaupt nicht gern, "dass kinderreiche Familien diese Wirtschaften besuchen, wenn nur der Vater etwas verzehren könne", wie es in einem Protokoll der Gründungszeit heißt. In den Waldheimen hingegen konnten die Besucher ganz zwanglos ihr von zu Hause mitgebrachtes Vesper verzehren.

Forum für Politik

Unter dem Ansturm der Familien, die die Waldheime im Sommer allsonntäglich aufsuchten, wichen die einfachen Hütten bald größeren, festen Bauten. Hier tafen sich auch die Arbeitervereine, die in wilhelminischer Zeit oft Schwierigkeiten hatten, einen Saal für Veranstaltungen zu mieten, und die Arbeiterbewegung fand Raum für ihre politischen Aktivitäten. Der Name Clara Zetkin (▶ Berühmte Persönlichkeiten) ist untrennbar verbunden mit der Geschichte der Waldheime. Die große Sozialistin ging in ihrer Stuttgarter Zeit im von ihr mitbegründeten Waldheim Sillenbuch ein und aus. (Seit 1972 heißt es Clara-Zetkin-Haus). Im "roten" Waldheim Gaisburg, wie es heute noch von den Einheimischen genannt wird, hielt sie die Eröffnungsrede.

Kinder ins Grüne

Mit dem Ersten Weltkrieg kommen auch auf die Stuttgarter schwere Zeiten und auf die Waldheime neue Aufgaben zu. 1920 werden in den Waldheimen Heslach, Sillenbuch und Gaisburg die ersten Ferienkolonien für Schulkinder durchgeführt. In einer Zeit, in der Urlaub für viele ein Fremdwort war, können sich hier 850 Kinder vier Wochen lang erholen. In der Folgezeit übernimmt die 1919 gegründete Arbeiterwohlfahrt die Trägerschaft für Kindererholungsmaßnahmen. "Waldheim" wird zu einem Synonym für Kinderstadtranderholung, und als in den Jahren nach dem Ersten Weltkrieg kirchliche Institutionen die ersten Waldheime zur Stadtranderholung gründen, übernehmen sie nach und nach diesen Namen für die neuen Aktivitäten. Für die Waldheime der Arbeiterbewegung kommt 1933 das Aus. Sie werden beschlagnahmt, viele ihrer Mitarbeiter verschwinden in Konzentrationslagern. Nach Kriegsende sind die Waldheime zerstört, aber die überlebenden Mitglieder finden sich wieder im Verein zusammen und machen sich an die Aufbauarbeit. In den Hungerjahren nach dem Krieg ist der Begriff "Waldheim", gleich ob er für die Maßnahmen der Arbeiterwohlfahrt oder der kirchlichen Einrichtungen steht, für Tausende von unterernährten Kindern gleichbedeutend mit Sattessen.

Heute stehen in und um Stuttgart so viele Waldheime, dass es selbst für Einheimische schwierig geworden ist, sich in der verwirrenden Vielfalt zurechtzufinden. Da gibt es die evangelischen und die katholischen, die Heime der Arbeiterwohlfahrt, solche, die sich ganz der Stadtranderholung für Schulkinder verschrieben haben, andere, die auch als Schul- und Tagungsstätten dienen; da sind die Vereinsheime der Parteigenossen, die Gartenwirtschaften, die Veranstalter von Kabarett und Tangofesten – ja, und die Waldheime der ersten Stunde, die gibt es natürlich auch noch.

Soziales Engagement

Die Tradition lebt weiter, und das nicht nur am 1. Mai, wenn es nach der Kundgebung ins Waldheim geht. In Sillenbuch sind Seminare und Veranstaltungen gewerkschaftlicher und anderer befreundeter Organisationen an der Tagesordnung. Dass "Frieden und Völkerverständigung" nicht nur Schlagworte in der Vereinssatzung sind, zeigt sich vor allem in den Aktivitäten mit Ausländern und für Ausländer. Als Hommage an die sozialdemokratische Tradition, die im Waldheim Heslach ihr Domizil hat, sind die Besuche von so berühmten Persönlichkeiten wie Willy Brandt und Bruno Kreisky zu verstehen.

Abends sitzt man im Innenhof auf der von unten beleuchteten Glasterrasse (K 2).

Da Franco
Calwer Str. 23, S-Mitte
☎ 29 15 81
Küchenchefin Matilde Annunziata bietet ausgezeichnete italienische Fischgerichte in modernem Ambiente (K 2).

La Fenice
Rotebühlplatz 29, S-Mitte
☎ 6 15 11 44
Rosa Gorgoglione zieht mit "Nuova Cucina Italiana" Feinschmecker aus Nah und Fern in ihr edles Ristorante (K 2).

Primafila
am Fernsehturm, S-Degerloch
☎ 2 36 31 55
Das neue Lokal von Luigi Aracri am Fuße des Stuttgarter Fernsehturms bietet nicht nur vorzügliche mediterrane Küche, sondern auch die erste Zigarren-Lounge der Schwabenmetropole (K 2).

Japanisch

Fai Sushi
Rotebühlplatz 18, S-Mitte
☎ 3 00 06 99
Sushi-Bar mit dem berühmten "laufenden Band" (K 3).

Spanisch

Cortijo
Eberhardstr. 10, S-Mitte
☎ 24 32 21
Gute spanische Gerichte in angenehmem Ambiente. Hier gibt es auch zu später Stunde noch zu essen (K 3).

Thailändisch

Baan-Thai
Rotebühlstr. 155, S-West
☎ 61 33 24
Vorzügliche Küche, viele vegetarische Gerichte und Cocktails; Kan-Fook-Zimmer (K 2).

Thai Palast
Haussmannstr. 5, S-Ost
☎ 2 36 40 42
Fürstliche Adresse für einen genussreichen Abend (K 2).

Türkisch

Restoran Perle
Ludwigstr. 4, S-West
☎ 6 15 10 67
Türkische Küche auf ausgesprochen hohem Niveau. Reservierung empfohlen! (K 2)

Yol
Spittastr. 2, S-West
☎ 6 36 32 56
Einfache und gute Gerichte, dazu Bauchtanz, Wasserpfeife und orientalische Sitzgelegenheiten (K 3).

Vietnamesisch

Mekong
Friedrichstr. 43, S-Mitte
☎ 29 30 79
Leichte asiatische Küche, vegetarische Gerichte und eine Sommerterrasse (K 3).

Wein und Schwäbisches

Weinstube beim Hans im Trotzkopf
Kanalstr. 10, S-Mitte
☎ 24 27 94
Im Sommer auch auf der Terrasse (K 3).

Bohnenviertele
Esslinger Str. 18, S-Mitte
☎ 23 37 78
Gemütliche Weinstube mit schwäbischer Küche (K 3).

Hasen
Gablenberger Hauptstr. 91
S-Gablenberg, ☎ 46 47 00
Gemütliches Wein- und Bierlokal (K 3).

Weinstube Heeb
Ulmenstr. 8, S-Heslach
☎ 60 35 16
Besonders begehrt sind die hausgemachten Maultaschen (K 3).

Alt-Sillenbucher Weinstube zum Schwanen
Tuttlinger Str. 96
S-Sillenbuch, ☎ 47 29 87

Schwäbisch-rustikales Essen, große Auswahl an Edelbränden und Spezialitäten aus der eigenen Obstbrennerei, frisch gepresster Apfelsaft aus der hauseigenen Mosterei (K 3).

Weinstube Zur Kiste
Kanalstr. 2, S-Mitte
☎ 24 40 02
Stuttgarts bekannteste und seit Generationen beliebte Weinstube (K 3).

Weinstube Klösterle
Marktstr. 71, S-Bad Cannstatt
☎ 56 89 62
Gemütliches Lokal im ältesten Wohnhaus auf dem Gebiet Stuttgarts. Im Sommer ist die Terrasse geöffnet (K 3).

Weinstube Kochenbas
Immenhofer Str. 33, S-Mitte
☎ 60 27 04
Besonders beliebtes Lokal mit urschwäbischer Küche (K 3).

Murrhardter Hof
Wilhelmsplatz 6, S-Mitte
☎ 24 18 45
Gutbürgerliches Lokal mit schmackhafter schwäbischer Küche; Weine aus eigenem Weingut (K 3).

Ochsen
Markgräflerstr. 6, S-Uhlbach
☎ 32 92 03
Schwäbische Leckereien im fast legendären Gasthaus, im Sommer auch mit Gartenwirtschaft unter Kastanienbäumen (K 3).

Weinstube Schellenturm
Weberstr. 72, S-Mitte
☎ 2 36 48 88
Gemütliche Weinstube im historischen, liebevoll restaurierten Schellenturm (K 3).

Weinhaus Stetter
Rosenstr. 32, Bohnenviertel
☎ 24 01 63
Urschwäbisches, bei den Stuttgartern sehr beliebtes Weinlokal. Im Sommer kann man auch draußen sitzen (K 3).

Weinstube Stuttgarter Stäffele
Buschlestr. 2, S-West
☎ 61 72 76
Gehobene schwäbisch-bürgerliche Küche. Die besondere Attraktion ist ein kleines Korkenziehermuseum (K 3).

Träuble
Gablenberger Hauptstr. 66
S-Gablenberg
☎ 46 54 28
Romantische, fast 200 Jahre alte Weinstube (K 3).

Urbanstuben
Eugenstr. 12, S-Mitte
☎ 24 51 08
Schwäbische und Vollwert-Gerichte, Weine aus eigenem Weingut, beliebter Treffpunkt von Mitgliedern des Stuttgarter Balletts (K 3).

Weinstube Vetter
Bopserstr. 5, S-Mitte
☎ 24 19 16
Schwäbisch-international gibt sich die Küche ebenso wie die Weinkarte im leicht szenigen "Vetter" (K 3).

Auf die Schnelle

Iden
Eberhardstr. 1
Schwabenzentrum, S-Mitte
☎ 23 59 89
Vollwert-Tempel für Eilige: Rund 60 veschiedene Salate, drei Warmgerichte, dazu Gemüse, Quarks und Desserts sind ständig im Angebot. Man wählt an der Theke und bezahlt nach Gewicht.

San's Sandwich Bar
Eberhardstr. 47, S-Mitte
☎ 2 36 57 60
Sandwichs, Salate, Suppen, Drinks.

Udo's
Calwer Str. 23, S-Mitte
☎ 2 26 98 94
Hier gibt es legendäre Riesen-Hamburger. Achtung: Der Verzehr gelingt kaum ohne Spuren auf dem Jackett.

Vegi Voodoo King
Steinstr. 13
☎ 2 59 93 34
Fastfood vegetarisch: Falafel vom Feinsten.

Biergärten

Historischer Biergarten
Amstetter Str. 3
S-Hedelfingen
Bayerischer Biergarten unter Kastanienbäumen (K 3).

Karlshöhe
Humboldstr. 44, S-West
☎ 6 07 64 22
Ruhige Oase auf der Höhe im Westen. Wundervoller Ausblick (K 3).

Katzenbacher Hof
S-Büsnau, Zufahrt über Heisenbergstraße
☎ 68 14 11
Abgeschiedene und idyllisch, zünftige Verpflegung (K 3).

Onkel Otto
In den Stubenweinbergen 5
☎ 5 05 28 65
Beliebter Sommer-Treff ganz im Grünen in den Kleingärten auf der Wangener Höhe (K 3).

Waldheim Gaisburg
Neue Obere Halde, S-Ost
☎ 46 58 20
Einst kommunistisches Waldheim, heute idyllischer Biergarten mit Talblick (K 3).

Waldheim Heslach
S-Vaihingen
Dachswaldweg 180
☎ 6 87 22 71
Erstes Stuttgarter Waldheim mit großem Gastgarten und Kinderspielplatz. (▶ Baedeker Special S. 224; K 3)

Umgebung von Stuttgart

Zum Schiller
Bietigheim, Marktplatz 5
☎ 0 71 42 / 4 10 18
Sehr gute Küche, erstklassiges Angebot an Weinen, freundlicher Service (K 2).

Badgarten
Ludwigsburg
Mühlstr. 36
☎ 0 71 41 / 92 43 87
Ludwigsburgs schönster Biergarten, unter mächtigen Kastanienbäumen (K 3).

Zum Rossknecht
Reithauspl. 21, Ludwigsburg
☎ 0 71 41 / 90 25 51
Zünftiges und urgemütliches Brauereigasthaus. Man kann direkt am Braukessel sitzen. Solide Küche (K 3).

Einhorn
Heugasse 17, Esslingen
☎ 07 11 / 35 35 90
Schwäbische Weine und Gerichte in Esslinges ältestem Weinkeller (13. Jh.) oder in der "Backstub" von 1610.

Auskunft

Informationen zu Veranstaltungen und Aktivsport in der Tagespresse oder:

i-Punkt am Hauptbahnhof
☎ 22 28 - 2 40

Sportamt der Stadt Stuttgart
☎ 2 16 - 21 41

Zuschauersport

Stuttgart hat sich als Veranstaltungsort für hochkarätige Sportereignisse einen guten Namen gemacht. Die wichtigsten Veranstaltungsorte liegen auf Cannstatter Gemarkung: das Gottlieb-Daimler-Stadion und die Hanns-Martin-Schleyer-Halle.

Die Stuttgarter sind ein begeisterungsfähiges Sportpublikum – und ambitionierte Bewerber um die Olympiade 2012.

Fußball

Mit zwei bekannten Mannschaften hat der Fußball in Stuttgart einen hohen Stellenwert: Der Bundesligist VfB ist das erfolgreichste Sportteam Stuttgarts und zieht regelmäßig tausende Rot-Weiß-Fans ins Gottlieb-Daimler-Stadion, übrigens auch eine der Spielstätten der Fußball-WM 2006 (► Bad Cannstatt). Die zweite Stuttgarter Mannschaft, die blau-weißen Kickers, hat ihr Heimstadion zu Füßen des Fernsehturms auf der Waldau (► Degerloch).

Tennis

Der Name Stuttgart steht in der Tenniswelt für das internationale Weißenhof-ATP-Tennisturnier “Mercedes-Cup”, das jährlich im Juli auf dem Killesberg stattfindet. Nicht weniger bekannt ist das das Porsche-Tennisturnier der Damen in Filderstadt (Oktober).

Radsport

Einen festen Platz im Sportkalender der Stadt und der internationalen Zweiradelite hat das Hofbräu-6-Tage-Radrennen in der Hanns-Martin-Schleyer-Halle (Januar).

Leichtathletik Jeweils im Februar zieht der Leichtathletik Sparkassen-Cup internationale Sporttalente und unzählige begeisterte Zuschauer in die Hanns-Martin-Schleyer-Halle.

Reitsport Ebenfalls in der Hanns-Martin-Schleyer-Halle wird jedes Jahr im November das internationale Reit- und Springturnier "Stuttgart German Masters" ausgetragen.

Aktivsport

Für jeden etwas In Stuttgart bieten sich die vielfältigsten Betätigungsmöglichkeiten in Sachen Sport. Einen guten Überblick über das breite Angebot kann man sich mit vielen Broschüren, z. B. "Stuttgarter Sport-Spaß" und "Spiel und Spaß in Stuttgart" verschaffen. Sie sind im i-punkt am Hauptbahnhof erhältlich, oder man kann sie beim Sportamt bestellen.

Baedeker TIPP **Thursday Night Skating**

Donnerstagabends haben Skater freie Fahrt mit Polizeischutz und Ordnungspersonal. Treffpunkt während der Saison von April bis Oktober: der Biergarten im Mittleren ▶ Schlossgarten. Los geht's um 20⁰⁰ Uhr. (www.inline-stuttgart.de)

Eislaufen

Kunsteisbahn Waldau
S-Degerloch
Keßlerweg 8
☎ 2 16 - 47 52

Golf

Im weiteren Umkreis von Stuttgart gibt es 13 Golfplätze, nachzulesen in der Broschüre der Stuttgart-Marketing "Golf in der Region Stuttgart" (erhältlich im i-Punkt am Hauptbahnhof). Die zwei nächstgelegenen Plätze sind:

Golf-Club Neckartal
Aldinger Straße
70806 Kornwestheim
☎ 0 71 41 / 87 13 19
130 ha, 18-Loch-Platz.

Golfclub Schloss Nippenburg
Nippenburg 21
71701 Schwieberdingen
☎ 0 71 50 / 3 95 30
100 ha, 18-Loch-Platz.

Schwimmen

▶ **Mineralbäder**

Höhenfreibad Killesberg
S-Nord, ☎ 2 16 - 30 15
Idyllisch gelegen, mit großem Gelände und zwei Becken.

Inselbad Untertürkheim
S-Untertürkheim, ☎ 2 16 - 31 13
Mit fünf Becken, 90-m-Großrutsche und FKK-Möglichkeit.

Stadtbad Heslach
Mörikestr. 62, S-Süd
☎ 2 16 - 47 12

Zwei große Schwimmbecken, Springerbecken mit 5-m-Sprunganlage, Dampfbad, Sauna, Solarien, Erfrischungen an der Saftbar.	**Stadtbad Sonnenberg** Kremmlerstr. 1 S-Möhringen ☎ 76 18 06 Mit Schwimmer-, Kinder- und gesondertem Baby-Becken.	**Aktivsport, Schwimmen** (Fortsetzung)

Stadtbesichtigung

Hinweis

Die Stuttgart-Marketing GmbH bietet eine interessante Auswahl von Rundgängen und Rundfahrten in Stuttgart an; Auskünfte und Karten sind in der Touristik-Information i-Punkt erhältlich oder über ☎ 22 28 - 2 40.
Alle Rundfahrten im Bus beginnen und enden vor dem Hotel am Schlossgarten, Schillerstr. 23 (gegenüber dem Hauptbahnhof), lediglich der Stadtrundgang Historisches Stuttgart beginnt vor der Touristik-Information i-Punkt (▶ Auskunft).

Sehenswertes Stuttgart

Die Rundfahrt "Sehenswertes Stuttgart" passiert in zweieinhalb Stunden die wichtigsten Sehenswürdigkeiten Stuttgarts (Staatsgalerie, Staatstheater Stuttgart, Landtagsgebäude, Neues und Altes Schloss, Schlossplatz und Schillerplatz, Fernsehturm). Die Führung wird in deutscher und englischer Sprache angeboten.

Außergewöhnliches Stuttgart

Die Rundfahrt zeigt die Hintergründe der historischen, der städtebaulichen und der touristischen Stadtentwicklung. In wöchentlichem Wechsel werden vier Routen angeboten. Thematische Schwerpunkte sind u. a. die Entwicklung des historischen Stadtkerns, die neuen Pläne für das Gelände um den Hauptbahnhof (Stichwort "Stuttgart 21"), das Musical- und Erlebnis-Zentrum in S-Möhringen sowie das neue Messegelände.

Historisches Stuttgart

Der Stadtrundgang "Historisches Stuttgart" wird das ganze Jahr über samstags (10^{00} – 12^{00} Uhr) durchgeführt. Ausgangspunkt ist der i-Punkt am Hauptbahnhof. Im Wechsel (alle 14 Tage) wird das "bürgerliche" oder das "fürstliche" Stuttgart vorgestellt. Für Gruppen ist eine Anmeldung erforderlich (☎ 22 28 - 2 59).

Weinkundiges Stuttgart

Die Fahrt "Weinkundiges Stuttgart" wird in den Monaten Mai bis Oktober an jedem ersten Samstag im Monat angeboten und führt zu den besonders romantischen Plätzen und Weinbergen im Stadtgebiet und entlang des Neckars. Auf dem Programm stehen ein Besuch der Weingärtnergenossenschaft Untertürkheim, des Weinbaumuseums in Uhlbach – mit Weinprobe – und ein echt schwäbisches Abendessen.

Abendfüllendes Stuttgart

Der Rundgang "Abendfüllendes Stuttgart" (jeden Samstag 19^{00} bis ca. 0^{30} Uhr) beinhaltet einen geführten Bummel durch das Bohnenviertel und den Besuch eines Nachtclubs mit Show, Aperitif und Abendessen.

Sagenhaft-kulinarisches Stuttgart

Hier folgt einem eineinhalbstündigen Spaziergang mit schauerlichen oder schönen Geschichten des örtlichen Sagenschatzes ein kulinarischer Abschluss mit einem Drei-Gänge-Menü.

Stadtbesichtigung (Fts.) Individuelles Stuttgart Maßgeschneiderte Rundgänge und Rundfahrten, Halbtages- und Tagesfahrten für Gruppen können in verschiedenster Form angeboten oder organisiert werden. Informationen: ☎ 22 28 - 2 37 oder info@stuttgart-tourist.de.

Baedeker TIPP **Literatur - Spaziergänge ...**

... mit verheißungsvollen Titeln wie "Das literarische Stuttgart um 1800" oder "Exotischer Spaziergang durch die schwäbische Alhambra "Wilhelma", oder "Durch das literarische Stuttgart nach 1945" finden an Sonntagen von Juni bis Oktober um 15⁰⁰ Uhr statt und dauern etwa zwei Stunden. Das aktuelle Programm gibt es an der Infothek im Rathaus-Foyer oder unter http://members.aol.com/LitSpaz/info.html.

Taxi

Taxi-Zentrale
☎ 194 10

Taxi-Ruf
Ab 20⁰⁰ Uhr kann man über die Fahrer der Stadt- und Straßenbahnen ein Taxi zur Weiterfahrt von der Zielhaltestelle bestellen.

Frauen-Nacht-Taxi
Zur Sicherheit der weiblichen Fahrgäste übernimmt die SSB ab 20⁰⁰ Uhr einen Anteil von 3 € auf den Fahrpreis zur Weiterfahrt mit einem Taxi. (Hierzu ausdrücklich ein Frauen-Nacht-Taxi auf den eigenen Namen bestellen!)

Theater

Klassik und Moderne

Staatstheater
Oberer Schlossgarten 6
S-Mitte
Information und Vorverkauf: ☎ 20 20 90
Spielstätten:
Opernhaus (Oper / Ballett)
Schauspielhaus (Schauspiel / Ballett)
Kammertheater (Studiobühne Oper / Schauspiel)
Theater im Depot (Landhaus Str. 188, S-Ost, Studiobühne Schauspiel)

Altes Schauspielhaus
Kleine Königstraße 9, S-Mitte
☎ 2 26 55 05
Schönes Jugendstiltheater mit klassischen und modernen Stücken.

Theater tri-bühne
Eberhardstr. 61 A
(Tagblatt-Turm), S-Mitte,
☎ 2 36 46 10
Moderne Inszenierungen internationaler Regisseure.

Theater der Altstadt im Westen
Rotebühlstr. 89, S-West
☎ 61 55 34 64
Das kleine Ensemble führt klassische und zeitgenössische Stücke auf und versteht sich daneben als experimentierfreudige Kinder- und Jugendbühne.

Die Rampe
Filderstr. 47, S-Mitte
☎ 6 49 00 94
Kleines Theater im alten Zahnradbahnhof; zeitgenössische Stücke, Gastspiele.

Dreigroschentheater
Kolbstr. 4 C, S-Süd
☎ 60 60 00
Klassiker der Moderne und des Kriminaltheaters spielt das Miniaturtheater am Marienplatz.

Gemischt

Theaterhaus Stuttgart
Siemensstr. 11, S-Nord
☎ 40 20 70
Hochklassige Gastspiele aus dem In- und Ausland in den Bereichen Theater, Comedy, Kabarett, Revue, Jazz, Tanztheater; eigene Theater- und Tanzproduktionen.

Wilhelma-Theater
Neckartalstr. 9
S-Bad Cannstatt
☎ 54 39 84
Bauliches Kleinod und Probebühne der Staatl. Hochschule für Musik und Darstellende Kunst in Stuttgart.

k k t kommunales kontakttheater
Kissinger Str. 66a
S-Bad Cannstatt, ☎ 56 30 34
Politisches Theater, Kindertheater, Kleinkunst.

N. E. A. T.
New English American Theatre
Rötestr. 56, ☎ 63 43 20
Moderne englischsprachige Stücke.

Volks- und Mundarttheater

's Boulevärle – Schwäbisches Theater e.V.
Neckartalstr. 261
im Saal der TSVgg Münster
☎ 5 49 81 05

Stuttgarter Stäffelesrutscher
im Gasthaus "Im Feuerbacher Tal", Feuerbacher Tal-Str. 141
☎ 8 17 94 95

Stuttgarter Volkstheater
im Gasthaus Rebstöckle
Böblinger Str. 105
☎ 60 49 17

Musical

SI-Centrum
Plieninger Str. 100
S-Möhringen
☎ 90 06 60 (Musical Hall I)
☎ 7 25 45 (Musical Hall II)

Boulevard

Komödie im Marquardt
Am Schlossplatz, Bolzstr. 4 - 6
☎ 2 27 70 22

Varieté

Friedrichsbau Varieté
Friedrichstr. 24
S-Mitte, Rotunde der L-Bank,
☎ 2 25 70 70

Kabarett

Renitenztheater
Eberhardstr. 65, S-Mitte
☎ 29 70 75

Figurentheater

F I T S Figurentheater Stuttgart
Eberhardstr. 61
(Tagblatt-Turm)
S-Mitte, ☎ 24 15 41

La-Plapper-Papp
Werkstatthaus-Ost
Gerokstr. 7, S-Ost
☎ 2 26 82 27
Poetisches Theater mit Stabpuppen.

Theater am Faden
Hasenstr. 32, S-Süd
☎ 60 48 50
Marionettenbühne.

Theater (Fortsetzung)

Puppentheater Tredeschin
Haußmannstr. 134 C, S-Ost
☎ 48 67 27
Sehr phantasievolle Märchen- und Kasperltheater für kleinere Kinder in einem idyllischen Hinterhoftheater.

Theater in der Badewanne
Stresemannstr. 39, S-Nord
☎ 2 57 38 25
Puppentheater am Killesberg.

Pantomime

Makal City Theater
Marienstr. 12/4 (City Passage) S-Mitte, ☎ 62 62 08

Kinder- und Jugendtheater

JES Junges Ensemble Stuttgart
Eberhardstr. 61 (Tagblatt-Turm)
Stadteigene Kinder- und Jugendbühne, Theaterpädagogisches Zentrum.

Kruschteltunnel
Möhringer Str. 56, S-Süd
☎ 2 36 14 81
Kindertheater.

Theater im Zentrum
Heusteigstr. 39, S-Mitte
☎ 2 16 23 28
Kinder- und Jugendtheater

Eurythmie

Eurythmeum
Uhlandshöhe 8, S-Ost
☎ 2 36 42 30

Kartenvorverkauf

► **Vorverkaufsstellen**

Touristenkarten

Auch in Stuttgart gibt es einige Vergünstigungen für Besucher der Stadt, die einen mindestens dreitägigen Aufenthalt buchen. Man erhält entsprechende "Cards" oder "Pässe" in der Regel zusammen mit den Reiseunterlagen oder über die Stuttgart-Marketing GmbH (► Auskunft).

STUTTCARD

Die STUTTCARD mit einem informativen Begleitheft gilt an drei aufeinander folgenden Tagen. Sie kann bei der Touristik-Information i-Punkt, in den kooperierenden Hotels sowie in Verbindung mit Pauschal-Arrangements der Stuttgart-Marketing GmbH erworben werden. Man kommt in den Genuss folgender Vergünstigungen: freier Eintritt in nahezu alle Museen, bis zu 25% Ermäßigung in vielen Theatern, starke Preisermäßigungen für viele Erlebnisangebote (u. a. Besuch von Planetarium, Wilhelma, Mineralbädern), bis zu 30% Ermäßigung auf Stadtrundfahrten und Schiffsausflügen auf dem Neckar, Ermäßigungen bei fast allen Einrichtungen im SI-Centrum, viele kostenlose gastronomische Spezialitäten und Getränke sowie diverse kostenlose Shopping-Offerten.

STUTTCARD *plus*

Die STUTTCARD *plus* bietet alle diese Leistungen plus 3 Tage lang freie Fahrt mit allen Verkehrsmitteln des VVS (► Verkehrsmittel) im Stuttgarter Innenraum und bis zum Flughafen.

VVS-3-Tage-Ticket

Mit dem Nachweis einer Hotelzimmerreservierung gibt es das VVS-3-Tage-Ticket. An drei aufeinanderfolgenden Tagen kann man damit alle Verkehrsmittel des VVS (► Verkehrsmittel) benutzen. Es gibt eine preisgünstigere Version, die nur für den Stuttgarter Innenraum inklusive Flughafen gilt, und eine Luxus-Ausgabe, die zu Fahrten im ganzen Netz, d. h. auch in der Region, berechtigt.

Touristenkarten (Fortsetzung)

Stuttgart Night Pass

Nachteulen sind mit diesem Pass gut bedient: Es gibt drei Nächte lang freien Eintritt in Nachtclubs und Diskotheken. Einige Kinokassen sowie die "Schwaben Quellen" im SI-Centrum gewähren Ermäßigungen, und ausgewählte Lokale servieren ein Gratis-Getränk.

Veranstaltungskalender

Veranstaltungshinweise

In der Tagespresse ist ein umfassender Veranstaltungskalender für Stuttgart und die umliegenden Gemeinden abgedruckt. Mit dem Erwerb eines der Stadtmagazine "Lift" oder "Prinz" bekommt man die Veranstaltungen im "Monatspack".

Januar

CMT
Internationale Ausstellung für Caravan, Motor und Touristik auf dem Killesberg.

Hofbräu-Sechs-Tage-Rennen
In der Schleyer-Halle drehen sich die Räder der Radprofis in Höchstgeschwindigkeit.

Februar

Leonberger Pferdemarkt
Rund ums Pferd das größte Fest im Stadtkalender, sogar die Kinder haben schulfrei.

Fasching

Cannstatter Kübelesmarkt
Nördlichster Vorposten der Schwäbisch-Alemannischen Fastnacht. Am "schmotzigen Dienstag" in der Cannstatter Innenstadt.

Fastnachtsumzug Neuhausen
Am Sonntag vor dem Fastnachtsdienstag ist Narrenumzug im katholischen Neuhausen (Ostfildern).

Fastnachtsumzug Stuttgart
Am Faschingsdienstag in der Innenstadt.

Fasnetsumzug Weil der Stadt
In der katholischen Fasnetshochburg eine Top-Attraktion.

März

Internationales Trickfilm-Festival
Alle zwei Jahre (2004 usw.) findet das Stuttgarter Festival für den künstlerischen Animationsfilm statt.

Bernhäuser Pferdemarkt
Am ersten Montag im März dreht sich in der Filderstadtgemeinde alles ums Pferd.

April / Mai

Frühlingsfest
Das Pendant zum herbstlichen Volkstfest auf dem Cannstatter Wasen.

Schwäbische Floriade
In zweijährigem Turnus erfreut die opulente Blumensonderschau im Residenzschloss Ludwigsburg Liebhaber gehobener Blumenkunst.

Mai

Stuttgarter Pferdemarkt
Kunstreiten, Pferdeschau und Kutschenturniere auf dem Cannstatter Wasen.

Juni

Ludwigsburger Pferdemarkt
Stadt- und Volksfest ganz im Zeichen des Pferdes.

Juli

Esslinger Burgfest
Konzerte, Kabarett, Kleinkunst, Licht- und Toninstallationen verzaubern die sommernächtliche Burg.

Hamburger Fischmarkt
Von Aal bis Zander – der Karlsplatz ist Open-Air-Markt und geselliger Verzehrschauplatz.

LBBW jazzopen stuttgart
Internationales Festival mit großen Namen in Liederhalle und Bosch-Areal.

Lichterfest
Grandioses Feuerwerk im Höhenpark Killesberg. Achtung: Witterungsabhängig!

Weißenhof-Tennisturnier
Bei diesem internationalen Sandplatz-Turnier geht es um den Gewinn des "Mercedes-Cup".

HipHop Open
Das große Festival junger Musik im Reitstadion Cannstatt.

Sommermonate

Ludwigsburger Schlossfestspiele
Von Juni bis September reicht der alljährlich wiederkehrende Sommernachtstraum aus Musik, Tanz, Theater und Literatur.

Europäisches Musikfest / Internationale Bachakademie ...
... erfreuen in jährlichem Wechsel von Ende August an zwei Wochen lang die Herzen aller Klassikfans.

August

Stuttgarter Sommerfest
Weiße Zelte, Lichterschmuck, Musikbühnen und gehobene Gastronomie machen die Innenstadt rund um das Neue Schloss und den Theatersee für vier Tage zur stimmungsvollen Festkulisse.

Stuttgarter Weindorf
Auf dem Markt- und Schillerplatz treffen sich Freunde württembergischen Weins und schwäbischer Geselligkeit (zehn Tage, Ende August bis Anfang September).

September

Venezianische Messe Ludwigsburg
Markt der Phantasien für Musik, Tanz, Theater, Masken und venezianische Waren (alle 2 Jahre Anf. Sept, 2003 etc.).

Herbstflohmarkt
Einen Sonntag lang gehört die Innenstadt den Freunden von Trödel, Tand und Tauschgeschäften (Mitte September).

Cannstatter Volksfest
Der große Klassiker der Volksvergnügungen auf dem Wasen, in dreijährigem Turnus zusammen mit dem Landwirtschaftlichen Hauptfest (3 Wochen, Ende Sept. bis Anf. Okt).

Oktober

Porsche Tennis-Grand Prix
Tennis der Damen in Filderstadt-Plattenhardt.

Filderkrautfest
Echterdingen und Leinfelden stehen ganz im Zeichen des Spitzkohls.

Fellbacher Herbst
Weinhocketse in großem Stil.

November

Stuttgarter Buchwochen
Verlagsschau und Lesungen im Haus der Wirtschaft (Nov. bis Dez.).

German Masters
Internationales Reit- und Springturnier in der Hanns-Martin-Schleyer-Halle.

Advent

Stuttgarter Weihnachtsmarkt
Vorweihnachtlicher Budenzauber mit festlich geschmückten Ständen, Drehorgelspielern und Glühwein in der Innenstadt. Krippenausstellung im Alten Schloss.

Esslinger Weihnachtsmarkt
Mit besonders stimmungsvollem Mittelaltermarkt vor dem alten Rathaus.

Barock-Weihnachtsmarkt Ludwigsburg
Weihnachtliche Köstlichkeiten vor wunderschöner Kulisse (▶ Abb. S. 213).

Verkehrsmittel (Öffentlicher Personennahverkehr)

VVS

Stuttgart und das gesamte Gebiet der angrenzenden Landkreise Böblingen, Esslingen, Ludwigsburg und Rems-Murr-Kreis sind im Verkehrs- und Tarifverbund Stuttgart (VVS) zusammengeschlossen. Es gelten einheitliche Fahrausweise und Tarife.

Auskunft

Verkehrsverbund Stuttgart VVS
☎ 194 49
www.vvs.de

Deutsche Bahn AG (DB)
☎ 0 18 05 / 99 66 33
www.bahn.de

Regional Bus Stuttgart (RBS)
☎ 66 60 70

Tarife

Der Verbundtarif ist ein Zonentarif. Der Fahrausweis gilt für eine oder mehrere Zonen. Während der Gültigkeitsdauer von zwei Stunden kann man innerhalb der gewählten Zonen alle öffentlichen Verkehrsmittel in Richtung auf den Zielort benützen. Die Fahrausweise werden an den orangefarbenen Automaten an Haltestellen gelöst. Möglich ist Barzahlung, aber auch Paycard, EC- oder Kreditkarte werden von den meisten Automaten akzeptiert. Billiger als mit Einzel- und Kurzstreckenfahrscheinen fährt man mit Mehrfahrkarten- oder Tages- und Familientageskarten. An Bushaltestellen ohne Automat gibt es Fahrscheine beim Fahrer. Bei Großveranstaltungen bietet die Kombikarte (Eintrittskarte mit freier VVS-Anfahrt) Preisvorteile. Für häufiges Verbundfahren gibt es den Verbundpass, der mit einer Jahres-, Monats- oder Wochenwertmarke gültig wird.

Tageskarten

Tageskarten werden als Netzkarten ausgegeben und berechtigen zu unbegrenzt vielen Fahrten innerhalb 1 –2 Zonen oder im gesamten Gemeinschaftstarifgebiet. Sie gelten vom Zeitpunkt der Entwertung bis Betriebsschluss (einschließlich Nachtbusse). Tageskarten aus Automaten sind bereits entwertet.

VVS
Verbund-S
Vaihingen (E) Nord
R51
Kleinglattbach
Vaihingen (E)
Sersheim
Sachsenheim
Schlossberg
Vaihingen (E) Stadt
Enzweihingen
R51
R5 Pforzheim*
Kirchheim (N)
Walheim
R4 Heilbronn*
Besigheim
Bietigheim
S5
Tamm
Asperg
Ludwigsburg
Favoritepark
Freiberg (N)
Benningen (N)
S4
R31
Marbach (N)
Erdmannhaus
U5
Freiberg
Suttnerstr.
Landesversicherungsanstalt
Tapachstr.
Fürfelder Str.
Schozacher Str.
Zazenhausen Bf
Zuffenhausen Kelterplatz
Hohensteinstr.
Friedrichswahl
Borsigstr.
Sieglestr.
15
Stammheim
Stammheim Rathaus
Korntaler Str.
Heutingsheimer Str.
Wimpfener Str.
Salzwiesenstr.
Zahn-Nopper-Str.
Kornwestheim
R11
Zuffenhausen Rathaus
Kirchtalstr.
Zuffenhausen
Pragsattel
Eckardt
Fortuna
Wilhelm
Münchingen Rührberg
Münchingen
Schwieberdingen
Hemmingen
Heimerdingen
Weissach
R61
Korntal Gymnasium
Korntal
R61
Weilimdorf
Neuwirtshaus (Porscheplatz)
R61
Maybachstr.
Feuerbach
Löwentor
Wilhelm-Geiger-Platz
Feuerbach Krankenhaus
Sportpark Feuerbach
Löwentorbrücke
Nordbahnhof
Ditzingen
Höfingen
Leonberg
Rutesheim
Renningen
Malmsheim
Weil der Stadt
S6
Feuerbach Pfostenwäldle
Landauer Str.
U13
Löwen-Markt
Rastatter Str.
Wolfbusch
Bergheimer Hof
Salamanderweg
Giebel
U13
Breitwiesen
Gerlingen Siedlung
Gerlingen
U6
Eckartshaldenweg (Pragfriedhof)
Mittnachtstr.
Milchhof
Pragfriedhof
U7
Killesberg Messe
Türlenstraße (Bürgerhospital)
Hauptbahnhof
(Arnulf-Klett-Platz)
Russische Kirche
Rosenberg-/Seidenstr.
Hölderlinplatz
U2
Berliner Platz (Liederhalle)
Keplerstr. (Friedrichsbau)
Ne
Staatsgalerie
Schloss-/Johannesstr.
Schwab-/Bebelstr.
Berliner Platz (Hohe Str.)
Arndt-/Spittastr.
Stadtmitte (Rotebühlplatz)
Schlossplatz
Vogelsang
U9
Herderplatz
Feuersee
Charlottenpla
Olgaec
Rathaus
Lindpaintnerstr.
Beethovenstr.
Schwabstraße
S4 S5 S6
Millöckerstr.
Eltinger Str.
Botnang
U4 U9
Österreichischer Platz
Marienplatz
Schreiberstr.
Bihlplatz
Liststr.
10
Pfaffenweg
Universität
Südheimer Platz
20
Wielandshöhe
Heslach Vogelrain
Waldeck
Kaltental
U14
Seilbahn
20
Waldfriedhof
Haigst
Näge
Zahr
Österfeld
Engelboldstr.
Vaihingen Viadukt
Fauststr.
Vaihingen Schillerplatz
SSB-Zentrum
Vaihingen
U1 U3 U6 U8
R71
Sindelfingen
Rohr
Jurastr.
Wallgraben
Rohrer Weg
Vaihinger Str.
Möhringen Freibad
Rie
Möhring
U5 U6
Sigmaringer Str.
Plieninger Str.
Salzäck
La
R72
Goldberg
Böblingen
Böbl. Danziger Str.
Oberaichen
Leinfelden Frank
Unteraichen
Hulb
Ehningen
Böbl. Südbf.
Böbl. Heusteigstr.
Böbl. Zimmerschlag
U5
Leinfelden
R73
Gärtringen
S1
R74
Nufringen
Herrenberg
Holzg. Nord
Holzgerlingen
Holzg. Buch
Echterdingen
Flughafen
Gäufelden
Bondorf
Herrenb. Zwerchweg
Gültstein
Weil i. Schönb. Troppel
Weil i. Schönbuch Röte
Weil i. Schönb. Untere Halde
Dettenhausen
R72
S3
Filderstadt
S2
R7/R71 Horb*
R74 Freudenstadt*
R73 Tübingen*
S-Bahn-Linien
S1 S4
S2 S5
S3 S6
Stadt- und
U1
U2
U3

hienennetz

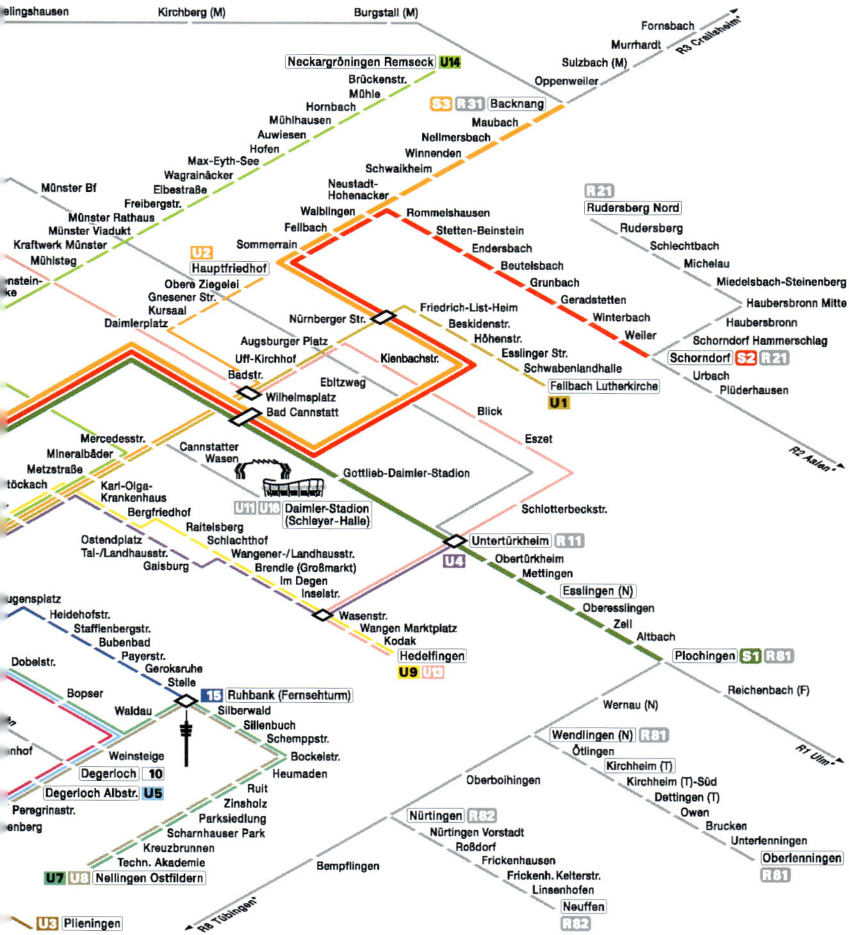

nbahn-Linien

7 U13
8 U14
9 15

Sonderlinien der Stadtbahn verkehren nur bei Großveranstaltungen

U11	U16	U17	U19
Hauptbahnhof – Daimler-Stadion (Schleyer-Halle)	Feuerb. Pfostenw. – Daimler-Stadion (Schleyer-Halle)	Degerloch Albstraße – Killesberg Messe	Vaihingen – Waldau

Regionalbahn-Linien

R11 R61 R73 R82
R21 R71 R74
R31 R72 R81

ab Stuttgart Hbf

R1 R4 R8
R2 R5
R3 R7

* nicht mehr im VVS-Tarif

Verkehrsmittel (Fortsetzung)
Gruppen-Tageskarte

Die Gruppen-Tageskarte gilt ab Kauf bzw. Entwertung bis Betriebsschluss (einschließlich Nachtbusse) und berechtigt Kleingruppen bis zu 5 Personen oder Eltern / ein Elternteil mit beliebiger Anzahl eigener Kinder bis 17 Jahre zu beliebig vielen gemeinsamen Fahrten in 1 – 2 Zonen oder – etwas teurer – im gesamten Geltungsbereich des VVS-Gemeinschaftstarifs.

Kombikarte

Die Kombikarte, eine Kombination von Eintrittskarte und VVS-Fahrausweis, gibt es derzeit für alle Heimspiele des VfB Stuttgart und der Stuttgarter Kickers, zu den großen Besuchermessen CMT und HAFA sowie zu allen Veranstaltungen der Stuttgarter Staatstheater und der Kulturgemeinschaft Stuttgart. Kombikarten für Messen, große Open-Air-Konzerte und sonstige Großveranstaltungen werden rechtzeitig durch die regionalen Medien bekannt gegeben.

Kinder

Kinder bis zum vollendeten 6. Lebensjahr werden ohne Fahrausweis frei befördert. Für Kinder vom vollendeten 6. bis zum vollendeten 14. Lebensjahr gelten die Kinderfahrpreise.

Nachtbus

Die Stadt- und S-Bahnen verkehren in Stuttgart bis ca. 0^{30} Uhr. Ist es doch einmal später geworden, schlägt die Stunde der Nachtbusse. Stuttgart und die gesamte Region sind an das weite Netz angeschlossen. Der Schlossplatz ist zentraler Knotenpunkt, um die 15 verschiedene Linien halten dort. Die Busse verkehren zwischen ca. 1^{00} und 3^{00} Uhr, mit einer Taktfrequent von ca. 75 Minuten. Einen Liniennetzplan gibt es bei den VVS-Vorverkaufsstellen.

Taxi-Ruf

► Taxi

Zahnradbahn, Standseilbahn

Als Sonderverkehrsmittel verkehren im Stadtgebiet von Stuttgart eine Zahnradbahn (Marienplatz – Degerloch) und eine Standseilbahn (Südheimer Platz – Waldfriedhof), ► Baedeker Special S. 95.

Vorverkaufsstellen

Vorverkauf Staatstheater

Vorverkaufskasse
für sämtliche Veranstaltungen des Staatstheaters im Opernhaus. Öffnungszeiten: Mo. – Fr. 10^{00} – 18^{00}, Sa. 9^{00} – 13^{00} Uhr.

Abendkasse
Die Abendkasse für alle Veranstaltungen öffnet eine Stunde vor Vorstellungsbeginn.

Kartenvorbestellung:
☎ 20 20 90, FAX 2 02 09 20
ticket@staatstheater-stuttgart.de

Sonstige Eintrittskarten

Easy Ticket Service
☎ 2 55 55 55
www.easyticket.de
Eintrittskarten für Veranstaltungen in ganz Baden-Württemberg.

"i-Punkt"
Königstr. 1 A
☎ 22 28 - 2 43
Telefonischer Vorverkauf:
Mo. – Fr. 10^{00} – 12^{00} und 14^{00} – 17^{00}, Sa. 10^{00} – 12^{00} Uhr.

Kartenhäusle
Geißstr. 4, ☎ 2 10 40 12

Stgt. Wochenblatt Kartenboutique
Nadlerstr. 10, ☎ 2 10 40 12

Südwestdeutsche Konzertdirektion Russ
Charlottenplatz 17
☎ 163 53 21

Südwestbank Ticketservice
Rotebühlstr. 125
☎ 6 64 44 20 19

Fun Point Breuninger (Mittelbau)
Marktstr. 1 – 3
☎ 2 11 15 40

Vorverkaufsstellen (Fts.)

Wein

Stuttgart ist von alters her eine der größten deutschen Weinbaugemeinden. Viele Jahrhunderte lang bildete der Wein die wirtschaftliche Basis der Region. Der größere Teil der Rebfläche wird für den Anbau von Rotgewächsen – insbesondere die Sorte "Trollinger" – genutzt. Daneben gedeihen Müller-Thurgau, Riesling, Silvaner und Kerner.

Rebsorten

Weinbaulehrpfade

Uhlbach – Rotenberg
Beginn an der Alten Kelter in ▶ Uhlbach.

Zuffenhausen – Max-Eyth-See
Beginn am Kelterplatz in S-Zuffenhausen.

Fellbacher Weinlehrpfad
Beginn an der Alten Kelter in ▶ Fellbach.

Weinverkauf

Weingärtnergenossenschaft Untertürkheim
Strümpfelbacher Str. 47
☎ 33 10 92

Weingärtnergenossenschaft Rotenberg
Württembergstr. 230
☎ 33 76 10

Weingärtnergenossenschaft Uhlbach
Uhlbacher Str. 221
☎ 32 27 78

Weingärtnergenossenschaft Fellbach
Kappelbergstr. 48
☎ 58 78 61

Weingut der Stadt Stuttgart
Sulzerrainstraße 24
S-Cannstatt
☎ 2 16 71 40

Weingut Bauer
Auf der Steig 33, S-Cannstatt
☎ 54 58 55
(Verkauf: Mi. – Sa.)

Weingut Wöhrwag
Grunbacher Str. 5
S-Untertürkheim
☎ 33 16 62

Baedeker TIPP **Beim Besen zu Gast**

Ein wichtiger Teil schwäbischer Weinkultur sind die ▶ Besenwirtschaften. Auf Karl den Großen soll das althergebrachte Recht zurückgehen, das den "Wengertern" gestattet, acht Wochen pro Jahr konzessionslos eine Gaststätte zu betreiben und eigenen Wein auszuschenken. Als Erkennungszeichen wird ein Besen vor die Türe gehängt. Es ist meistens eng, sehr gemütlich und überaus gesellig. Und Lokalkolorit, das gibt's hier gratis.

Weingut Heid
Cannstatter Str. 13/2, Fellbach
☎ 58 41 12

Weinstuben ▶ Restaurants

Tageszeitungen Die beiden großen “Stuttgarter” sind die Stuttgarter Zeitung und die Stuttgarter Nachrichten. Die Cannstatter Zeitung und die Untertürkheimer Zeitung sind Ableger der Esslinger Zeitung mit eigener Lokalberichterstattung.

Mit dem Verkauf von Trott-war können sich Obdachlose ein Zubrot verdienen.

Wochenzeitungen

Jeden Donnerstag erscheinen das Amtsblatt der Stadt Stuttgart und das kostenlose traditionelle Anzeigenblatt Stuttgarter Wochenblatt sowie der Stadtanzeiger. Abonnenten von Stuttgarter Tageszeitungen erhalten zum Sonntagsfrühstück die SONNTAG AKTUELL.

Stadtmagazine

“Lift” ist ein Stuttgarter Eigengewächs mit Lifestyle-Reportagen und Kulturkritiken aus Stuttgart und Hunderten von Veranstaltungshinweisen sowie nützlichen schulheftgroßen Service-Heftchen zu einzelnen Themen. “Prinz” erscheint in vielen Großstädten, der Stuttgart-spezifische Veranstaltungsteil ist nicht ganz so umfangreich. “Trott-war” ist die Straßenzeitung, mit deren Erwerb man Menschen auf der Schattenseite der Wohlstandsgesellschaft zu Beschäftigung und Zubrot verhilft.

Register

Verzeichnis der Karten und grafischen Darstellungen

Bildnachweis

Allianz Versicherungs-AG: S. 45
Archiv für Kunst und Geschichte: S. 32, 34, 35 (unten)
Baedeker-Archiv: S. 28
Bilderdienst Süddeutscher Verlag: S. 35 (oben)
DaimlerChrysler: S. 23
Dieterich: S. 12/13, 21, 64/65, 72, 73, 77, 87, 88, 90 (unten), 91, 101, 110, 116, 122, 145, 169, 174, 180, 196 (oben), 199, 205 (unten), 206 (rechts), 213, 229, 230
Flughafen: S. 25
Freunde der Weißenhofsiedlung e.V.: S. 182
HB-Verlag: S. 46/47, 55, 67, 69 (2x), 80, 96, 120, 125, 129, 130, 135, 137, 139, 140, 148, 156, 158/159, 161
Keltenmuseum Hochdorf: S. 136 (oben)
Knöll: S. 1
Landesbildstelle Baden-Württemberg: S. 75, 97
Lang: S. 11 (rechts)
Mercedes-Benz Classic Archiv: S. 30
Merten: S. 15
Otto: S. 119, 170, 190/191
Randebrock: S. 16, 17, 49, 60, 65, 71 (unten), 84, 85, 92, 106, 111, 112, 114, 115, 128, 136 (unten), 151 (2x), 179, 184, 196 (unten), 198, 202, 205 (oben), 206 (links), 222, 223, 227, 242
Staatliches Museum für Naturkunde: S. 143, 155
Staatsgalerie Stuttgart: S. 164, 166
Stadt Böblingen: S. 71 (oben)
Stuttgart Marketing GmbH: S. 10/11 (3x), 41, 59, 89, 90 (oben), 109, 132, 152/153, 210
Szerelmy: S. 10/11 (2x), 66, 83, 121, 146, 177
Waldheim Heslach: S. 224
Wilhelma: S. 185, 188
Württembergisches Landesmuseum: S. 56

Titelbild: laif/Müller– Staatsgalerie Stuttgart
Hintere Umschlagseite: Randebrock – Aussichtsturm auf dem Killesberg